人力资源管理
实操十一讲

丁守海　著

Lectures on Human Resource
Management Practice

中国人民大学出版社
· 北京 ·

序

我是研究劳动经济学的。可能与我在华为的那段工作经历有关，自2007年毕业留校任教后，就有一些单位陆陆续续找我上一些管理学的课，其中以人力资源管理居多。这本书算是对这12年来讲课的一个总结吧。

我相信这本书对读者会有所裨益，它是我逐字逐句打磨出来的，没有请任何人做半点代工，耗费近两年时间。如果它还不能吸引读者，只能说明我的水平太差，但我相信它对得起读者，也经得住推敲。

这本书适合于企业任何一个层级的管理者阅读，上至董事长或总经理，中至部门领导，下至人力资源专员，都可以从中找到对自己有价值的东西，因为它不但是一本人力资源管理书籍，而且是管理学的缩影，视野足够宽、实操性足够强。

超越人力资源管理谈人力资源管理，是我历来的主张。如果一个人力资源管理人员不知道迈克尔·波特是谁，不知道 MRPII（制造资源计划）是什么，不懂流程优化的 ESIA 法[①]，那他不可能成为一个卓越的人力资源管理专家，因为视野太窄，思维会受到局限。比如，不懂流程优化，怎么做岗位优化？流程决定组织结构嘛。

人力资源管理人员要深入一线，了解业务运营的全过程，这是我对人力资源从业者的第二个建议。"猛将必出于行伍"，不懂业务，如何为业务提供支撑？此时业务部门就像一个黑箱，令人生畏，是不可能设计出能驾驭它的机制的，而机制设计正是人力资源从业者的价值所在！

---

① 流程设计基本原则，分为消除（eliminate）、简化（simplify）、整合（integrate）、自动化（automate）四个步骤。

这本书有五大特点：

1. 它把人力资源管理串成十一个环节

本书脱离传统的人力资源管理六模块划分法，从前到后把它串成十一个环节来分别讲解。为什么？因为六模块划分法并不完整，最典型的就是没有员工留存管理，而今天优秀员工的留存管理又何等迫切？这需要专门的方法。

这十一个环节分别是：人力资源规划、招聘、调配、绩效管理、薪酬管理、晋升通道与职业生涯规划、任职资格管理与人才梯队建设、培训管理、劳动关系管理、优秀员工的留存管理、离职员工管理。

为了驾驭这十一个环节，我加上第一讲"人力资源管理要上升到战略高度"的相关内容，用战略主线来提高这十一个环节的协同性。另外，由于劳动关系管理偏向事务工作，我没有把它单列出来，而是掰碎了揉在其他十个环节的讲解中，所以本书的通篇结构是：战略人力资源管理＋十个环节的工作。

2. 实操、实操、实操

重要的事情说三遍。我只认一个道理，那就是管理学理论是用来解决问题的，能解决问题的理论就值得我们学习。

实操性也是本书区别于其他人力资源管理书籍的最大特点，它不仅汇集了我在华为的工作经验，也凝聚了这些年与诸多企业家朋友打交道的心得体会，不管是讲课还是咨询或当顾问，都是我与他们交流并向他们学习的过程。

我希望读者看了这本书之后至少能找出三条马上就能派上用场的工具，否则对不起他们所耗费的阅读精力。

3. 它像下里巴人聊天一样通俗

作为一名学者，我似乎应该"阳春白雪"一点才对，但我更讲究实效。写书的目的是什么？是传递信息给读者，所以必须通俗易懂。下里巴人的语言风格也许不够华丽，但能让各个层次的读者都读懂，能把复杂的事情简单化，这才叫真本事。

其实，不仅写书，即便在"高大上"的学术研究中我也一直秉持简约的语言风格，包括我在《中国社会科学》《经济研究》《管理世界》这些顶级学术刊物上发表的文章，语言都是通俗易懂的，学术圈外的人多半也能看懂一些。

怎么做到通俗易懂呢？最好的办法就是举例。在这本书里，我举了大量案例，而且它们不是从书上抄来的，更不是从网上下载下来的，而是我身边发生的真实案例，很多都是我自己实操过的。

如果工作案例还说不清楚，我就举生活案例，所以书里又出现了不少生活案例，它们看似与工作无关，但实际上也同样能折射出管理的哲理。

4. 目录很详细

为了让读者对各章节的内容一目了然，我做了一份详细的目录，基本上不看正文也能知道各节所要讲的东西，这有助于理解其逻辑关系，也便于挑选阅读。

5. 启发式学习

"学而不思则罔，思而不学则殆。"学习需要大家互动，也需要大家思考，不能光看我怎么写。为启发大家，同时也为了巩固各个知识点，我在各讲中穿插了一些思考的问题，算是习题吧。与其他书不同，我没有把习题放在每章的最后，而是穿插在各段内容中，以提高它与各个知识点的匹配度。

谨以此书献给那些在职场道路上不畏艰难、砥砺前行的勇士，你们才是真正的民族脊梁！希望此书能让您有所收获。

丁守海

2019 年 2 月 26 日于北京香山

目　录

第一讲　人力资源管理要上升到战略高度

人力资源管理在企业管理中居于极为重要的地位。企业运营需要人、财、物的支撑，人是排第一位的。人是生产力中最具革命性的因素：没有人，就什么事也做不成；员工没有战斗力，企业就不可能有竞争力。

要提高员工战斗力，人力资源管理必须跟上，但并不是每个企业的人力资源管理都能做到这一点。人力资源管理大概可分为三种状态，即人事管理、人力资源管理、战略人力资源管理。人力资源管理要为企业运营提供最大的支撑，就必须上升到战略层面，要先准确把握企业的战略方向，再围绕它做好人力资源管理的各项工作，使员工"招之能来，来之能战，战之能胜，胜之能留"。

现在很多企业还远远达不到这一高度，人力资源盲动现象严重，有的甚至还停留在传统的人事管理阶段。人力资源管理已成为制约企业发展的一大短板。

1.1　传统的人事管理无法满足现代企业的发展需要

人力资源管理的对象是人，人是有价值的。人力资源管理的根本目的就是要通过提升人的价值来驱动公司发展。人力资源管理的不同形态，就是基于对人的价值的不同理解。

1.1.1　人的价值公式

从完整意义上讲，人的价值就像企业利润，是收益减成本。

$$人的价值＝人所创造的收益－人的成本 \tag{1.1}$$

人所创造的收益又包括显性收益和隐性收益，前者如销售人员的销售收入，后者如售后服务人员的服务，它虽不直接创造价值，但对提高客户满意度很重要，有助于提升未来销售额，所以有隐性价值。于是我们有：

$$人所创造的收益＝显性收益＋隐性收益 \tag{1.2}$$

类似地，人的成本也包括显性成本和隐性成本，前者是直接发生的成本，如工资、奖金、津贴等；后者是间接发生的成本，易被忽视，比如人员错招成本、优秀员工的流失成本。于是又有：

$$人的成本＝显性成本＋隐性成本 \tag{1.3}$$

把（1.2）式、（1.3）式代入（1.1）式中，就有：

$$人的价值＝显性收益＋隐性收益－显性成本－$$
$$隐性成本 \tag{1.4}$$

不同阶段人力资源管理关注的焦点不同。

1.1.2 传统的人事管理只关注人的显性成本

健全的人力资源管理应该同时关注（1.4）式右边的四项，既要提高人所创造的显性收益，也要发掘其隐性收益；既要控制人的显性成本，又要规避可能发生的隐性成本。只有统揽全局，才能做到整体最优。

但人事管理就不是这样，它只盯着成本，不看收益，总想着怎么把工资、奖金降下来，而不考虑怎么提高人的效率。这是一种短视行为，跟一个家庭只知道省钱没什么区别。它把人视作一种负担而不是资源。既然人连资源都不算，那还谈何人力资源管理呢？

人事管理一般只以人事部门为中心，不考虑其他部门的诉求，更不考虑企业发展的需要，工作仅停留于一些表面的事务，比如人事档案、交社保、造工资表等，而忽视了人的创造性工作，特别是通过激励机制的设计来提升人的收益，结果往往是省小钱误大事。

举个例子，当企业运营遇到困难时，为降低人工成本，可能会立即启动裁员计划，过了一段时间，经营状况好转了，又启动招聘计划，但员工遣散了容易招回来难，最终导致生产受到影响。员工大进大出，反反复复地折腾，消耗更大。这是人事管理思维作祟的结果。

1.1.3　人事管理对企业发展的制约

人事管理的最大弊端就是在要用人的时候"掉链子"。比如在招聘时，总想压缩招人指标，也不管是否真的有必要；在调薪时，总想压低工资，不管工资是否真的有必要调整。一个无原则省钱的企业很难打造出一支有战斗力的员工队伍。

人事部门总与其他部门打架。按理说，像销售、研发这样能直接创造价值的岗位，编制资源应该多给一些，但有些企业招聘时往往无原则地压缩，需要招100个业务员的，给砍到60个；底薪应该开3 000元的，只给开2 000元。其结果是，要么员工招不来，要么招来的素质不行。团队跟不上，业务必然受影响。

▶ **分享 1 - 1：锱铢必较，失之交臂**

我接触过一家企业，它是做城市规划和建筑设计的，小有成就，老板也雄心勃勃地准备扩张规模，但一直苦于没有一流的设计团队。这个行业的精英大多集中在中国规划设计院、建筑设计院等体制内单位，很难挖。

有一个业界小有知名度的大咖准备带一个团队过来，老板欣喜若狂，但此人要价不菲，80万元年薪加项目分红。老板让人力资源部门去谈，负责人觉得此人要价太高，公司像他这个级别的人年薪最多不过40万元，双方一直没谈拢。就在犹豫中，另一家企业向这个大咖抛来了橄榄枝并答应了他的要求，于是他选择了这家企业。老板知道后追悔莫及。当时他光看到了80万元年薪，却没看到这个大咖所带来的团队以及项目资源的价值。

1.2　从人事管理到人力资源管理

为适应企业发展的需要，人事管理必须改革，要重新认识人的角色定位：人是资源而不是负担，员工会带来成本，更会创造价值。相应地，对人的管理也要上升到人力资源管理的层面。人力资源这一概念最早是1954年彼得·德鲁克在《管理的实践》中提出来的。

人力资源管理要求我们更关注（1.4）式中的其他项目，特别是要激发人的显性收益和隐性收益，同时要尽可能地规避人的隐性成本，不要只盯着显性成本这一项。具体地，它需要思考如下四个维度的问题。

1.2.1　如何提高人的显性收益？

人的显性收益与效率密切相关。提高人的效率，是人力资源管理的一个永恒课题。

业务员的显性收益就是多销售产品，生产工人的显性收益就是多生产良品，采购人员的显性收益就是降低采购成本……但如何做到呢？这取决于两点：一是能力；二是动力。我们用如下公式来表达：

$$人的显性收益＝人的能力×人的动力 \tag{1.5}$$

员工没有能力，什么也不会干；员工没有动力，什么也不愿干。二者缺一的话，最后都是零。要提高人的显性收益，必须从提高人的能力和激发人的动力两方面下手。

员工有无积极性取决于激励机制是否合理，典型的如绩效管理、薪酬体系、晋升制度。有的员工吊儿郎当，就是因为干好干坏一个样，体现不出"奖优罚劣、奖勤罚懒"的激励原则。干得差的，不光钱没少拿，有时甚至还晋升得更快，会让优秀员工有失落感。

再来看能力建设。有的员工想干，但不会，我们必须帮助他们提升，首先要告诉他们，要胜任这个岗位的工作就必须掌握哪些知识、具备哪些技能，这就是任职资格开发，即先让他们"照镜子"；再通过任职资格测评发现他们的哪些知识和技能还达不到要求，这是"找差距"；接下来要"补短板"，即通过培训系统来帮助他们弥补知识和技能上的不足。

可见，要提高人的显性收益，至少需要开展绩效管理、薪酬管理、晋升通道设计、任职资格管理、培训开发等工作。这些工作是人力资源管理中最重要也是难度最大的工作。

1.2.2　如何提高人的隐性收益？

隐性收益是在当前工作中没有体现出来但换个环境就可能体现出来的收益，比如，某人并不适合做销售工作，业绩一直很差，但他技术能力很强，如果调到研发岗，工作就能做好，这就是隐性收益。它像埋在地下的宝藏，需要挖掘。

可以说，人岗不匹配的员工都有隐性收益，只要调配到位，做到"人尽其才，物尽其用"，隐性收益就出来了。

要做到人岗适配，就要让员工清楚自己适合做什么，不适合做什么，将来做到什么程度。带着清晰的职业规划前进，就能少走弯路，多些动力。

可见，要提高人的隐性收益，至少要做好员工调配、职业生涯规划等工作。

1.2.3　如何降低人的显性成本？

对于不必要的人工成本，还是有必要控制的。这涉及绩效管理、薪酬管理、劳动关系管理等方面的工作。

如果让业绩差的员工拿较高的工资，这就是不必要的成本支出，理应减少。如何做到呢？要通过科学的绩效考核对员工业绩进行认定并将业绩与薪酬挂钩，避免干好干坏一个样。

另外，还要做好薪酬调查工作。那些标准化的岗位，不必开过高的工资就能招到人，应通过薪酬调查了解市场平均薪资水平，按这一水平招聘即可，避免增加无谓的成本。

劳动关系管理是降低显性成本的另一条路径，比如，对一些临时性用工需求可以通过派遣制来解决，这样能节省不少成本，特别是社保成本。

1.2.4　如何降低人的隐性成本？

有些人工成本带有很大的隐蔽性，表面上看必然发生，实际上完全可以避免。隐性成本典型地表现为错招成本、人浮于事的成本、员工流失成本、离职员工破坏的成本等。

先看错招成本。瞎招聘会产生大量的额外费用。不认真制定招聘条件，面试把关不严，就会招错人，将来还要重招，于是就会重复产生广告发布、简历下载、试用期工资、培训费用等成本，数额惊人。

再看人浮于事的成本。每个岗位到底需要多少人，心中没数，造成机构臃肿，三个人的活儿五个人干，不仅要多养两个人，效率还低。如果人力资源规划到位，这两个人的成本是可以节约出来的。

接下来看员工流失成本。很多企业忽视员工留存管理，只有当员工提出离职时，才临时抱佛脚，结果为时已晚。优秀员工离职会对企业造成巨大伤害，很难愈合，有些业务近乎荒废，整个企业都被拖垮，损失无法估量。

最后看离职员工破坏的成本。有一些员工离职后会伤害企业，他们跑到竞争对手那里或另起炉灶与公司展开竞争，窃取公司的秘密，牟取不正当利益。对于这些行为，如果视而不见，不果断制止，就会使公司蒙受巨大损失。

可见，要降低人的隐性成本，至少涉及人力资源规划、招聘管理、员工留存管理、离职员工管理等工作。

1.3　从人力资源管理到战略人力资源管理

1.3.1　人力资源管理十一个环节的工作

把前述内容总结一下，人力资源管理要为企业运营提供人的支撑，从前到后，必须做好十一个环节的工作，即人力资源规划、招聘、调配、绩效管理、薪酬管理、晋升通道与职业生涯规划、任职资格管理与人才梯队建设、培训管理、劳动关系管理、优秀员工的留存管理、离职员工管理。

这十一个环节与传统的六模块划分法基本一致，但也有不同。传统的六模块划分法包括人力资源规划、招聘与配置、培训开发、绩效管理、薪酬管理、劳动关系管理，却没有优秀员工的留存管理和离职员工管理。

今天对很多企业来说，优秀员工留不住，离职员工侵害企业行为不断，企业却束手无策，优秀员工的留存管理和离职员工管理正变得越来越迫切，甚至刻不容缓。传统的六模块划分法却没有这样的内容，这不得不说是个巨大的遗憾。

所以我们不能再固守传统的六模块，而必须从人力资源管理的全流程出发，从员工进到员工出，把十一个环节的工作做透，才能为企业运营提供全方位的支撑，而不至于做了这边忘了那边，"按下葫芦浮起瓢"。

此时人力资源管理就不再是以部门为中心，而是以公司为中心，一切以满足运营需要为出发点。能做到这一点，就已经是一个了不起的进步了。

1.3.2　企业战略指引着这十一个环节的工作

如果说人力资源管理与人事管理的最大区别是它开始为企业运营服务了，而不再拘泥于成本的管控，那么战略人力资源管理与人力资源管理的最大区别就是它不再满足于为短期的运营目标服务，而开始为长期的组织战略服务。这个观点大约从 20 世纪 90 年代开始形成。

战略人力资源管理仍要做好上述十一个环节的工作，只不过它们要在企业战略的统领下展开。我们用图 1-1 来表达这一思想。

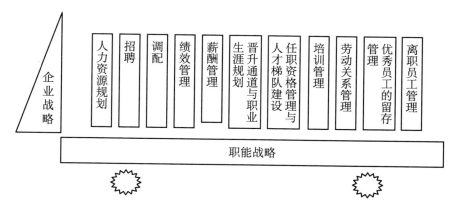

图 1-1 战略人力资源管理示意图

在战略人力资源管理模式下一切都以战略价值的最大化为准则，而不仅仅是短期利润最大化。举个简单的例子，如果企业要开发某项新业务，那么现在就要储备一些关键人才，即使短期内无用武之地，也要养起来，因为一旦新战略启动，就需要他们顶上去，可谓"养兵千日，用兵一时"。

战略人力资源管理更关注人的价值提升，而且更关注（1.4）式右边的收益项，特别是隐性收益。隐性收益需要从战略中挖掘。

举例来说，如果企业战略是以优质售后服务来赢得市场，那么售后服务人员就很重要，虽然他们没有销售收入，但对提升客户满意度这一公司战略很重要。基于此，人力资源管理的十一个环节的工作都要有所体现：在进行人力资源规划时应该优先给足售后服务人员的编制；招聘应录用那些服务意识强的员工；绩效考核要突出客户满意度；薪酬要向客户满意度高的员工倾斜。这样，售后服务效率才能得到制度保证，人力资源管理才能为战略落地保驾护航。

在战略人力资源管理模式下，要依据每个人的战略贡献来配置资源，一碗水不再是端平的，薪酬坚决向那些战略贡献大的员工倾斜，比如对一个强调差异化战略的企业来说，比起其他职系，研发员工的战略价值更大，薪酬就应该向他们倾斜，做后勤的员工年薪可能只有十几万元，搞研发的员工年薪却可以达到几十万元甚至上百万元，通过这种机制能把优秀员工引导到研发岗上位，即"好钢用到刀刃上"。

在战略人力资源管理思维下调薪也要区别对待，对那些战略价值大的员工，该加薪就要加薪，甚至要主动加薪。如果搞"好好主义"，就会导致"劣币驱逐良币"，能力强的员工全跑光，剩下的都是庸才。

▶ 分享 1-2：主动给员工年薪翻倍

一般企业都不太情愿给员工加薪，即便有，也是小幅加薪，但有一家企业就不是这样。它是做服装的，以前专门给企事业单位做工作服，后来想向个人服装方向拓展，致力于打造自己的品牌。这是一个重大的战略转型，在这一过程中，服装设计是个重要环节，能否把个人消费者对服装款式的需求融入设计中，设计师是起决定性作用的。为提高设计能力，该公司从北京挖来一名设计师，他之前的年薪大约是 50 万元，公司给他涨到 100 万元。一年后公司对他的工作进行评估，发现其能力超群，工作进展超出预期，设计的服装在市场上一炮打响，更重要的是，他还为公司组建了一个设计团队。公司考虑，这个人到哪里都是一个抢手的香饽饽，一旦别人来挖墙脚，公司就会非常被动，于是当机立断把他的年薪从 100 万元提高到 200 万元。当被告知这个消息时，该设计师都不敢相信。但公司确信这个做法不是博傻，因为他对公司太重要了，容不得半点流失风险。

1.4 战略人力资源管理首先要理解企业战略

人力资源管理要与战略相匹配，首先就要知道企业战略是什么。战略是一个企业发展的大政方针，如何描述它呢？对于这个问题，管理学界没有标准答案，但简单归纳一下，企业战略其实就是两个问题，即"做什么"和"怎么做"。

1.4.1 企业战略的第一个关键点是做什么

今天一讲到战略，很多人就会想到如下用语："我们要成为世界一流的企业""我们要发展成中国领导品牌""十年内达到千亿产值""五年内上市"等等，这些只是战略的很小一部分，即远景目标。

企业战略还涉及许多更实际的问题，首要的就是，你要做什么、不做什么，这就是业务组合。它是理解企业战略的第一个关键点。

小孩子在树立人生理想时首先要确定将来干什么。部队在行军时首先要明确行军路线，如果路线搞错了，那就会招致灭顶之灾。企业如果选错了业务方向，就算再努力也是事倍功半。正因为如此，业务方向不能随便定，要结合各种内外部因素来决定。我们通常用 PEST 模型来概括这些因素。

1965 年安索夫在《企业战略》中第一次提出企业战略的概念。当时西方国家在经历二战后十几年的经济繁荣后开始走向萧条，产品滞销问题日益严峻，摆在企业面前的一个重要问题就是生产什么才能适销对路。安索夫认为这个问题要在实践中寻找答案，这个实践就是环境分析。

今天我们对业务组合的理解已经上升到一个新的高度，它不再只围绕销售来展开了，而是围绕核心竞争力展开。比如，为拱卫某一核心产品的竞争力，企业可能会开发一个新产品，但这个新产品本身可能并没有什么利润。举例来说，一个卖西装的企业竞争不过其他品牌，为了更好地卖西装，可能要生产鞋子，把鞋子做得既便宜又美观，让消费者对鞋子产生依赖，再引导他们买西装。

人力资源管理人员一定要清楚公司未来的业务规划是什么，因为它会对人力资源管理提出第一个要求，那就是团队组建的要求。试想，一个西装企业现在要开始做鞋子了，难道不需要设计师、销售员、售后服务人员吗？这个团队与西装团队不一样，它该如何规划？从哪里招募人员？这些人力资源管理要跟上。

1.4.2　企业战略的第二个关键点是怎么做

业务组合是有关做什么的问题，竞争战略就是有关怎么做的问题，它们构成了企业战略中最重要的两块内容。

1980 年美国哈佛大学商学院教授迈克尔·波特出版了《竞争战略》一书，1985 年又出版了《竞争优势》，这两本书的出版标志着战略管理进入竞争战略时代。在这两本书里迈克尔·波特指出，战略管理的根本目的是提高企业的核心竞争力，战略应服务于竞争的需要。

商场如战场，每个企业都绕不开竞争，如何打败竞争对手是一个永恒的话题。波特认为，一个企业要立于不败之地，撒手锏无非有三：低成本、差异化、集中型。不管选择何种战略，要构成核心竞争力，都必须满足一个条件，那就是不可复制。以低成本战略为例，价格比竞争对手低未必叫低成本，只有低到竞争对手无法模仿才能称为低成本战略。

现实中竞争战略要比上述三种战略复杂得多，它要因地制宜地分析，常用的分析工具是 SWOT 矩阵。具体来说，它包括四个步骤：

1. 明确竞争对手是谁

如果连竞争对手是谁这个问题都搞不清楚，就像打仗不知道敌人是谁一样。每个企业都有很多潜在竞争对手，不能胡子眉毛一把抓，要集中火力瞄准那些与本企业有直接竞争关系的对手，特别是那些产品定位、销售渠道、营销策略与本企业相同的企业，它们经常抢走订单，因此对这些企业要高度关注。

2. 分析竞争对手的优势和劣势以及外部环境的机会和威胁

要拿到有关竞争对手和外部环境的信息，可不是一件容易的事，就以劣势为例，没有哪个企业会把自己的劣势昭示于天下，不深入调研就不太可能掌握这些信息。在一些特种行业，有些企业甚至不惜动用经济间谍等非常规手段来获取竞争对手的情报信息。情报的深度和精度决定了战役部署的质量，知己知彼，百战不殆。

3. 设计交叉战略矩阵

知道了竞争对手的劣势和优势，也就知道了我们的优势（S）和劣势（W），再结合外部环境的机会（O）和威胁（T），可以画出一个四象限图（见图 1-2）。

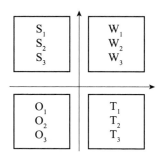

图 1-2　SWOT 分析的四象限图

在四象限图中，优势、劣势、机会、威胁包括若干项，把它们分别罗列出来，再逐一匹配，就可以组合出四种交叉竞争战略（见表 1-1）。基本原则是，"避其锋芒，攻其软肋"，对于竞争对手的优势，特别是那些难以超越的优势，不要试图突破它，而要集中火力攻击其短板。在这一过程中可以借助外部环境，达到取长补短、趋利避害的目的。

表 1-1　　　　　　　　　　　　交叉战略组合

交叉战略类型	要点
SO 战略	利用自身的优势，抓住外部环境的机遇，快速扩张。
OW 战略	利用外部环境的机遇，弥补自身的劣势。
ST 战略	利用自身的优势，化解外部环境的威胁。
WT 战略	鉴于自身的劣势，规避外部环境的威胁，实施战略防御。

现在我们来举个例子。假如有一家本土手机厂商，主要竞争对手是苹果公司。调研表明，苹果公司的主要优势是技术实力强，功能先进；劣势是成本高，价格贵。与此相反，本土手机厂商的优势是成本低，价格便宜，且模仿能力强；劣势是技术实力弱，功能一般。外部环境的机会是老

年手机市场还有很大空白，有待开发；威胁是手机技术已较成熟，很难再有创新。针对这一情况，结合表1-1，可设计出如表1-2所示的交叉竞争战略。

表 1-2　　　　　　　　　　　某手机厂商的交叉竞争战略

战略类型	要点
SO 战略	利用自身的低成本优势，抓住老年手机市场的发展机遇，迅速占领之。
OW 战略	利用老年人对手机功能要求简单的机遇，冲淡技术实力弱所带来的劣势。
ST 战略	利用自身模仿能力强的优势，进行模仿式创新，缩短与对手的技术差距。
WT 战略	鉴于自身技术实力较弱，不轻易谋求在技术上超越竞争对手，防止被拖垮。

4. 从交叉战略矩阵中选择行动方案

仍延续上例，表1-2给出了四类行动方案，但该企业认为目前最有可能实施的就是尽快切入老年手机市场，因为老年人对手机功能的要求并不高，但对价格很敏感，这正好符合公司的特点。所以，当务之急就是把手机成本进一步做低，低到竞争对手无法模仿，然后迅速抢占老年手机市场。至于其他战略，比如模仿创新则可以放一放，等将来条件成熟时再议。

理解竞争战略，对人力资源管理人员来说也是非常重要的，因为竞争战略对员工提出了行为要求，要激发出这种行为，就要靠机制的保障。机制设计是人力资源管理的一项重要工作。关于这个问题，下面将着重阐述。

1.5　有怎样的战略就需要怎样的人力资源管理

战略管理包括战略制定和战略执行两个环节。企业战略相当于战略制定，它确定了企业运营的基本方向，即做什么、怎么做，这为各部门工作提供了指针。职能战略相当于战略执行，各业务部门要为战略目标的落地提供保障。

1.5.1 有怎样的企业战略，就需要怎样的职能战略

我们用图1-3来表达这一关系。

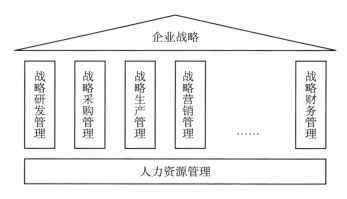

图1-3 战略管理系统

简单地说，企业战略对研发、采购、生产、销售、物流、售后服务、行政、财务等部门的工作都提出了相应的要求，有怎样的企业战略，就要求各部门产生怎样的行为。它们不能各行其是，必须紧紧围绕企业战略这根主线，心往一处想、劲往一处使，才能形成合力。研发与战略相匹配，称为战略研发管理，类似地，采购管理升级为战略采购管理，营销管理升级为战略营销管理，如此等等。

这就像图1-3中的结构，企业战略是房顶，它决定了建筑风格，进而决定了墙体和支柱的式样。欧式教堂的房顶是圆拱形的，它就要配欧式的大理石柱子，如果配几根毛竹，就不伦不类了。

在上述例子中，企业战略确定了，各部门的工作主线也就有了，它们将围绕"老年人""低成本"这两个关键词来进行，这是工作基调。

1.5.2 有怎样的职能战略，就需要产生怎样的行为

延续前例，如果手机厂商的竞争战略是利用低成本优势占领老年手机市场，那么各部门就要"闻风而动"，围绕这一战略来谋划下一步的行动思路。

以研发部为例，要为上述战略提供支撑，研发工作就必须突出两个主

题：首先，围绕老年人的需求来开发手机。老年人对手机的需求与其他群体不一样，屏幕要大、字体要粗、声音要响、操作要简便、待机时间要长、要有 SOS 功能等，这些都要融入设计中。其次，要把降低成本作为设计的一个关键点来看待。降低成本不能光靠哪一个环节，从价值链角度，它需要研发、采购、生产、销售、物流、售后服务等各个环节的支撑，其中，研发对成本的影响是第一位的。

这样，研发工作就有了指针，在"老年人"和"低成本"这两个关键词的指引下就不会走偏。我们知道，搞研发的人都有追求卓越的理想，但这与公司战略背道而驰，因为卓越是需要成本的，老年人需要的也不是性能卓越的手机，而是物美价廉的手机。研发必须把降低成本放在第一位，实行成本一票否决。

类似地，采购工作也要围绕"低成本"来进行。在保质保量的前提下，能否降低采购成本是评价采购工作的唯一准绳。没有这一准绳，采购人员就有可能会把工作重心放在其他维度，却把成本考量弃置一边。

销售工作也要围绕"老年人"和"低成本"这两条主线来部署。老年人手机的销售策略与其他群体不一样，年轻人买手机一般是网购或到专卖店买，但老年人不太可能去专卖店买，特别是农村老人更不可能自己跑到富丽堂皇的专卖店买，因此要重新规划销售渠道。再以促销为例，老年人一般舍不得消费，低价或赠送策略对他们很管用，如何把这一策略用好？这些都是要提前谋划好的。

接下来的问题是，如何让员工产生上述行为呢？

1.5.3　要产生相应的行为，就要有相应的机制

员工能否产生战略导向的行为取决于两个因素：首先，有没有这个能力或条件；其次，有没有这么做的动力。这两点都要靠人力资源管理来打造。

以研发为例，要让研发人员摒弃赶超思维，专注于设计符合老年人需求的实用型手机，就要为他们创造一个良好的环境。为提高手机的研发效

率，我们应重构以客户需求为导向的研发流程，把客户需求放在第一位，用它来牵引研发的全过程，最典型的就是引入 IPD（集成产品开发）策略。IPD 策略以了解客户需求为前提，它需要进一步的组织优化，为准确把握客户需求，在研发的前端还应设一个专门了解客户需求的岗位，比如客户体验岗，专事客户需求的调研、分析工作。

流程科学了，还要让研发人员有积极性去开发符合老年人需求的手机。很多企业对研发人员采取标准月薪制，这是造成研发效率低的一个重要原因，因为在这种制度下研发效率与工资基本是脱节的，手机设计得好不好对薪资影响不大。因此有必要重新设计薪资体系。

▶ 分享 1 - 3：研发人员的阿米巴模式

阿米巴模式是激发员工动力的有效武器，其本质是"老板吃肉，员工喝汤"，利益共沾。对这家手机企业来说，用常规手段是很难逼迫研发人员尽心尽力开发老年人手机的，唯有从内心打动他们。怎么打动呢？钱！

现在对研发人员的工资结构进行调整，每个月只发基本工资，保障基本生活。把研发团队视作一个阿米巴单元，并定期核算模拟利润（模拟利润＝模拟收入－直接成本）。每卖出一部手机，要支付研发团队一定报酬，这就是模拟收入。员工的基本工资、场地办公费、研发材料、试验费、产品返工费等都计入直接成本中。从模拟利润中提取20％作为奖金发放给研发团队，但有个条件，那就是老年人手机的销售台数必须达到多少，低于这个数，奖金就取消。

这么做的结果如何呢？第一，研发人员一定会挖空心思开发符合老年人需要的手机，唯有此，才能卖得更多，从而增加模拟收入。第二，想尽办法提高研发效率，少走弯路多节约成本，因为研发材料、试验费、产品返工费都要计入直接成本。而这些行为正是我们想要的。

1.5.4　机制靠人力资源部来设计

上述这些机制，包括流程再造、组织优化、绩效考核和薪酬设计，由谁来进行呢？显然，研发部是做不出来的，因为他们没有这方面的专业能力。这时就需要人力资源部顶上，为研发部提供激励机制的方案支持。可以说，战略人力资源管理在研发部这里找到了第一个发力点。

类似地，对市场部来说，如何让业务人员尽快开拓老年人手机的销售渠道，实现销售突破？也需要相应的激励机制来调动业务员的积极性。以绩效考核为例，在席卷式销售战略下考核要强调销售渠道的开发速度、市场占有率等指标，于是战略人力资源管理在市场部这里找到了第二个发力点。

类似地，战略人力资源管理在其他部门还能找到第三个、第四个、第五个、第六个……发力点。

思考1-1：如何向采购人员传递成本压力？

延续前例，该手机企业准备利用低成本优势迅速占领老年人手机市场，而采购成本对产品成本有重大影响，是低成本竞争战略的重要一环，控成本是采购工作的重中之重，但目前采购人员并没有这一意识，原因就在于其工资是标准月薪制，工资中虽有绩效工资与考核挂钩，但考核指标包括及时性、采购质量、采购数量、采购成本等多个维度，采购成本对考核结果及绩效工资的影响非常有限。为解决这一问题，需要设计一套新的激励机制。你认为这套机制该如何设计？

答疑参见封底微信号。

1.5.5　战略人力资源管理是连接企业战略和职能战略的桥梁

我们简单概括一下，战略人力资源管理就是与战略相匹配的人力资源管理，它服务于企业战略，并在企业战略的指引下开展工作。人力资源管理要为企业战略服务，就必须找到相应的抓手，这个抓手就是职能战略。

企业战略提出做什么、怎么做，各业务部门负责执行。在这一过程中，人力资源部要从前述的十一个环节入手，为职能战略提供保障。

这个关系如图 1-3 所示，企业战略就像是司令部，决定打谁、怎么打。职能战略就是各战斗连队，负责打。人力资源管理就是武装部，负责招募新兵；也是担架队，负责救治伤员；还是炊事班，要做好饮食服务。

又如图 1-1 所示，企业战略牵引着职能战略往前跑，职能战略带着人力资源管理往前跑，这样人力资源管理就跟企业战略衔接上了，此时人力资源管理才能称为战略人力资源管理。

1.5.6 战略人力资源管理的两大发力点

既然企业战略有两大模块的内容，即做什么、怎么做，那么战略人力资源管理就应与之匹配，有两大发力点，那就是战略人力资源规划和激励机制设计。

1. 战略人力资源规划

"兵马未动，粮草先行"，对应于未来的业务发展规划，人力资源规划要跟上，要为团队组建做好准备。做什么样的事，就需要什么样的人。人力资源规划要为后续的招聘、调配、优秀员工的留存管理，甚至离职员工管理提供基础。

2. 激励机制设计

"重赏之下，必有勇夫"，有什么样的竞争战略，就需要员工产生什么样的行为，而要引导出这样的行为需要机制做保障，特别是绩效管理、薪酬管理、晋升通道与职业生涯规划、任职资格管理、培训等都要跟上。机制设计是战略人力资源管理最富有挑战性的一项工作，也是检验人力资源管理水平的一块试金石。

这样，人力资源管理十一个环节的工作都找到了它们的位置，唯有劳动关系管理例外，因为它涉及较多的事务性工作，且与其他模块有交集，我们没有把它单列出来，而是揉到其他环节中，在后续章节中我们将重点谈其他十个环节的工作。

1.6　人力资源管理的再定位

杰克·韦尔奇说：人力资源负责人在企业中应该是第二号人物，在战略会议上应该拥有一席之位。但实践中，很少有企业能做到，因为人力资源管理没有创造应有的价值。业务在往前冲，人力资源管理却在拖后腿，二者脱节严重。

1.6.1　人力资源管理要从职能导向转向业务导向

要改变上述状况，人力资源管理就必须改变工作导向，从过去的"以自我为中心"转向"以业务为中心"，从"我能做什么，我就做什么"转向"业务部门需要我做什么，我就做什么"。唯有此，人力资源管理才能为业务发展提供真正的人的支持。这就是所谓的从职能导向转向业务导向。

很多企业的人力资源部门都有"衙门作风"，做事只挑简单的做，或自己会做的做，至于复杂的事、不会做的事，就尽量推掉。业务部门只能干瞪眼。它们经常会遇到很多关于人的问题的困扰，需要人力资源部门来帮助解决，比如在业务冲刺的关键时期销售员却出现了懈怠，再比如，每年春节过后很多优秀的员工提出加薪要求并以离职相威胁。面对这些问题，业务部门渴望人力资源部拿出一套解决方案，但后者出于畏难情绪常常拒绝。说到底，这就是"以自我为中心"的思想在作祟。

现在设想一下，如果把人力资源部独立出来成立一家人力资源服务公司，你还会这样无视客户需求吗？还会因为自己不会做就不去做吗？我们要带着营销的思想去做人力资源管理，把业务部门想象成内部客户，无条件地帮助它们解决业务发展过程中所遇到的人的问题，是毋庸置疑的。

1.6.2　人力资源管理要服务好三层客户的需求

从营销的角度讲，人力资源管理要提供好服务，就必须搞清楚目标客户是谁，进一步地，他们的需求是什么。毕竟，营销的本质就是提供客户需要的解决方案，如果连客户是谁、客户需求是什么都搞不清楚，那还谈什么解决方案呢？

概括起来，人力资源管理的内部客户有三层，他们的诉求也各不相同。

（1）员工，这是最底层客户。他们需要人力资源部门提供基础服务，比如办理入职手续、缴纳社保、查询工资、核查考勤、了解公司的薪资政策等，这些都是同质化、常规性、事务性的工作，技术含量低，重复性高，还耗费精力。很多企业人力资源部的精力主要就耗费在这些上面。

（2）业务部门领导，这是中层客户。如上所述，他们在业务发展过程中经常遇到各种人的问题，比如招聘、考核、调薪、培训、优秀员工的留存等各个环节，都可能会遇到困惑，都需要人力资源部门协助他们拿出解决方案。要做到这一点，就必须把业务知识和人力资源专业知识结合起来。试想，让一个对业务工作一无所知的人去设计业务员激励办法，是多么荒唐。

（3）决策层领导，这是高层客户。他们需要人力资源部门站在全公司的视角、从战略维度，统筹规划人力资源的各项工作，把业务部门和人力资源部门、人力资源部门内部各个模块统领起来，形成合力，达到整体最优，并为公司战略落地提供支持。这凝聚了战略人力资源管理的根本要求。

1.7　战略人力资源管理的三层分工趋势

在战略人力资源管理模式下，人力资源部门千头万绪，既要思考企业战略，又要满足业务发展对机制设计的要求，更要应对日常事务性工作。那么如何才能协调好这些工作呢？那就是分工！

与人力资源部门的三层客户相对应，我们通过三层分工来分解工作。具体地，用图 1-4 所示的三支柱模型来表示，即 HRSSC、HRBP、HR-COE。这最早由戴夫·乌尔里希于 1996 年提出，大约于 21 世纪初引入中国。

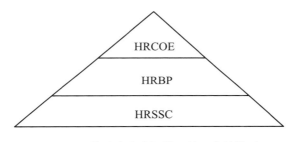

图 1-4 战略人力资源管理的三支柱模型

1.7.1 通过 HRSSC 把事务性工作解放出来

HRSSC 是 HR shared service center 的简称，即人力资源共享服务中心，是 HR 标准服务的提供者。为了让人力资源部门将更多的精力聚焦于更有价值含量的工作，需要把那些大批量、同质化、事务性的人力资源服务工作分解出来交给 HRSSC 打理。像入职手续办理、工资查询、劳动合同管理这样一些工作，不做不行，做了也不会带来太大的价值增值，唯一的办法就是尽快地、高效率地完成。为了高效率地完成，可利用多种手段。具体包括如下几种。

1. 网络自助服务

今天信息技术迅速发展，很多常规的事务性工作未必非要通过人工来完成，可以借助网络、自助值机甚至人工智能技术下的语音模拟等手段来执行。据称，光这些手段就能解决近 2/3 的事务性工作，极大地节约人工投入。

2. 服务代表

当然，即便是事务性工作，也有些是个性化的，自助服务无法解决问题，这时就需要人工来解决了，但终究还是常规工作，技术含量并不高，所以在这个层面所配备的服务代表通常是人力资源部门较低级的员工。他们大约能解决 1/4 的事务性工作。

3. 服务专员

余下的那部分事务性工作的技术含量更高，需要更专业的人来处理，这时就需要配备特定 HR 领域专家来解决了，这种事务性工作占 10％左右。

HRSSC 对解放人力资源部很重要，但它要建设成功，一般要 3～5 年的时间，在此之前，人力资源部还不能完全抽身去搞战略性的工作或机制设计类的工作，还必须配备较多精力到这些烦琐的事务性工作上。在这一过程中再逐步转移。

另外，并不是所有的 HR 工作都适合放到 HRSSC 中，只有大量的、重复性的、同质化的工作才适合放进来，它们通常是可清晰定义、可用标准化文档来处理的，最好是能批量处理或自动化处理的。IT 建设对 HRSSC 很重要。

1.7.2 通过 HRBP 为业务部门提供方案支持

HRBP 是 HR business partner 的简称，即人力资源业务伙伴，它主要体现了业务部门领导对人力资源专业服务的方案需求，是三层分工的"腰"，至关重要。

如前所述，人力资源管理今天遇到的最大挑战就是业务部门经常会遇到各种人的问题，需要人力资源部提供解决方案。这些问题不一而足，可能涉及招聘，也可能涉及考核，还可能涉及员工流失等，总之，可能出现在人力资源管理十一个环节中的任何一个环节。不管什么问题，人力资源部都要扑上去，与业务部门配合拿出可行的解决方案，可谓"兵来将挡，水来土掩"。

这些问题都是高度个性化的,不可能用标准化的解决方案来应对,它对人力资源部提出了很高的要求。为胜任这一工作,必须做好两个配合。

1. 人力资源部与业务部门的配合

任何一个机制设计都离不开业务知识,也离不开人力资源的专业知识,业务部门懂业务,知道问题的关键点在哪;人力资源部懂专业,知道工具和方法,二者缺一不可。如果两个部门不配合,设计出来的机制多半会出问题。

当然,人力资源管理人员也要尽量了解业务知识,这叫"人力资源业务化",业务部门领导也要懂一些人力资源知识,这叫"业务人力资源化",这样,双方沟通时会更顺畅。现在有很多公司的人力资源人员都是从业务一线抽调回来的,这很好,有了业务知识基础,再掌握人力资源专业知识,就齐备了。

现在的问题是,很多业务部门领导并不懂人力资源知识,认为解决方案靠人力资源部提供就可以了,他们也不知道 HRBP 的定位是什么,需要 HRBP 帮助自己解决什么问题,自己怎么配合 HRBP。这些问题不解决,HRBP 就换汤不换药,只是换个名字而已,干的事还跟以前一样。

2. 人力资源部内部的配合

"闻道有先后,术业有专攻",每个人力资源部专家都有自己擅长的领域,有人擅长招聘管理,当业务部门遇到招聘难题时,就由招聘专家来出招;有人擅长绩效管理,当业务部门遇到考核难题时,就由绩效管理专家来制订方案。

从这个角度讲,HRBP 是模块化的工作方式,是应业务部门的需求而将若干个领域的专家组织起来设计解决方案,它带有一定的分割特征。

1.7.3 通过 HRCOE 将各模块人力资源工作统筹到战略主线下

我们常说"整体大于全部",意思是指各个局部都是最优的,但把它们简单加总起来却未必是整体最优的。任何一个系统，先整体统筹，再分部实施，才能达到整体最优。

HRBP 就面临这个问题。它以业务部门的需求为导向，以解决问题为最高原则，这不可避免地会过于具象，只见树叶不见森林。各问题由对应领域的专家来解决，这种割裂会使人力资源管理各个模块失去内在的联系，如果没有人来统筹驾驭，就可能会丧失潜在的协同效益，并与战略脱节。

HRCOE 就是致力于解决这一问题的。它是 HR center of expert 的简称，即人力资源专家中心。说是中心，对一个上千人的企业来说，可能只配一个 HRCOE，因为要求极高，既要有开阔的战略视野，又要精通人力资源各个模块的工作，可谓又宽又专。当上 HRCOE 算是人力资源从业人员的一个职业目标吧。

HRCOE 要为各部门、各地区、各业务单元配备 HRBP，以最大化地贴近业务发展的需要。HRCOE 要从公司战略出发，统一制订人力资源各项政策、流程和方案，并将各模块工作有机统筹起来，既满足业务发展的灵活需求，也能在公司战略的驾驭下达到总体最优。这种统筹体现在两个维度：

1. 将公司战略渗透到 HRBP 各模块工作中

因为急于"解决问题"，HRBP 在制订方案时容易从问题本身出发而忽视公司战略的内在要求，甚至背道而驰。举个例子，某公司的战略是通过提高客户满意度来占领市场。现在业务部门为了冲刺业绩，要求 HRBP 制订一套新的激励方案，以调动销售员的干劲。HRBP 在设计方案时可能会只聚焦于销售业绩，而忽视客户满意度的考量。HRCOE 要提醒各HRBP，激励标的是业绩，但要以客户满意为前提，那种以损害客户满意度为代价的业绩，不仅不奖励，还要受到惩罚。这就把公司战略融入方案设计中了。

2. 将 HRBP 各模块工作有机衔接起来

人力资源管理是一个有机整体，如果 HRBP 各模块的工作各自为战，不配合，那么衔接的主线就会断裂。举例来说，如果业务部门发现绩效考核有问题，同时培训又供求错位，就会求助于 HRBP。后者分部展开工作：一是由绩效管理专家配合业务部门优化考核方案；另一个是由培训管理专家做培训优化方案，特别是培训需求的挖掘方案。表面上看，两个小组在分别做方案，但实际上，它们之间有紧密的内在联系。为什么？培训需求从哪里来？组织诊断就是一条重要渠道。考核结果出来后，人力资源部门要据此分析员工的能力短板，并形成培训需求。此时 HRCOE 就要提醒两个小组要加强沟通，并"并案"，在绩效管理方案和培训优化方案之间搭建一个衔接的通道。这样两个模块的协同效应就出来了。

1.8　战略人力资源审计

正如财务要审计一样，人力资源管理也要审计，以保证不偏离正确的方向。人既要低头走路也要抬头看路，走一段路就要抬头看看，不要走岔了。战略人力资源审计就是为了保证人力资源管理工作不偏离战略方向。

1.8.1　一般人力资源审计强调人力资源管理的效率后果

人力资源审计脱胎于管理审计。1932 年英国管理学家罗斯出版了《管理审计》一书，标志着管理审计概念的正式诞生。罗斯认为，管理审计的核心就是对管理工作的绩效后果进行评价。直到 1955 年，托马斯·卢克出版了《人事管理审计与评估》一书，人事审计的概念才正式出炉。

国内最早进行人力资源审计研究的是中国人民大学劳动人事学院的杨伟国教授，他出版了《战略人力资源审计》一书。他把人力资源审计定义为对组织的整个人力资源管理系统进行全面检查、分析和评估。传统意义上的人力资源审计沿袭了管理审计的基因，强调人力资源管理系统"解决问题"的能力，即为业务部门提供人的支撑的能力，仍是以效率后果作为评价依据的。

既然是对人力资源管理系统进行全面检查，那么人力资源审计涵盖的范围就应该包括人力资源管理的全过程，从人力资源规划开始，一直到离职员工管理，涵盖前述的十一个环节。人力资源审计既可以涵盖上述全过程，也可以挑其中的某一个或几个环节进行审计，前者叫全面审计，评估的是整个人力资源管理系统的效率后果；后者叫专项审计，只评估其中一个或几个环节的效率后果。

举例来说，职位审计其实就是人力资源规划的专项审计，它要审计岗位设置是否科学、岗位职责是否合理。再比如人力资本流动审计其实就是员工留存管理的专项审计，它要审计企业是否制定了科学的留人机制，执行效果是否达到预期。通过审计，我们要评估这些环节的人力资源管理工作是否有效，存在什么问题，以及未来的改进点。

当然，人力资源审计还可能会涵盖其他一些维度，比如从国家劳动规制政策的角度审计企业人力资源管理的合规性与法律风险。另外，还可以从治理结构的角度推出人力资源治理审计，以评估企业的人力资源治理结构是否完善。

1.8.2 战略人力资源审计更强调人力资源管理的战略匹配性

一个人立志要当科学家，结果上学时跑去做生意了，生意做得很成功，赚了很多钱，从一般的人力资源审计的角度讲，他成功了，因为效率很高，但从战略人力资源审计的角度讲，他失败了，因为他迷失了方向。人常说"不忘初心"，这个初心就是指战略方向。

一个运营高效率的人力资源管理系统可能是战略低效率的。这也是战略人力资源审计的价值所在。它更强调人力资源管理系统能否为企业战略落地提供长期的支持。能提供战略支持的人力资源管理系统，当下效率一定是高的，但反过来，当下效率高的人力资源管理系统未必能为战略提供长期支持。

战略人力资源审计必须深入人力资源管理的具体细节，落脚点是人力资源管理的十一个环节。类似地，它可以评估整个人力资源管理系统的战略匹配性，也可以根据问题的轻重缓急，挑其中一个或几个环节进行专项的战略审计。

战略人力资源审计已不再满足于人力资源管理能否为业务运营提供强支撑，这只是基本要求，它更强调人力资源管理能否与战略相匹配，这才是核心竞争力的真正所在。基于此，战略人力资源审计还要审视以下问题：（1）战略对它有怎样的要求；（2）实际政策是怎样的；（3）政策执行的实际效果；（4）与战略要求的差距；（5）未来改进点与建议。

具体的战略人力资源审计如表 1－3 所示。

表 1－3　　　　　　　　　　战略人力资源审计透视表

环节	战略对它有怎样的要求	实际政策是怎样的	政策执行的实际效果	与战略要求的差距	未来改进点与建议
人力资源规划					
招聘					
调配					
绩效管理					
薪酬管理					
晋升通道与职业生涯规划					
任职资格管理与人才梯队建设					
培训管理					
劳动关系管理					
优秀员工的留存管理					
离职员工管理					

下面举个例子来具体阐释一下。

假如某企业的竞争战略是差异化，即依靠有特色的新产品开发来打败对手，确立市场优势。研发人员对这一战略的实施至关重要，他们会对人力资源管理各个模块的工作提出相应的要求。在进行战略人力资源审计时要对照这些要求检验相关政策的制定是否科学，以及政策执行效果是否出现偏差。

（1）在人力资源规划环节，研发人员编制要适当多给。经测算，为确保研发队伍素质，引入淘汰机制，编制冗余度应不低于 30％，即如果工作需要 100 人，编制至少要给 130 人。在审计时我们发现编制只给了 105人，这就会带来隐患：由于冗余度太小，不敢淘汰不合格的员工，进而影响人员素质和研发质量。

（2）在薪酬管理环节，为凸显研发的战略价值，并鼓励优秀人才向研发岗位集中，在同等条件下，研发人员的薪资要和其他岗位特别是后勤岗位拉开差距，平均数要高出 1 倍以上。但审计发现，研发岗位和后勤岗位的平均薪酬差距只有 20％。这种平均主义会打击优秀人才做研发的积极性，使关键岗位得不到关键人才。

（3）在绩效考核环节，既然公司要依靠研发来确立差异化优势，那么对研发人员的考核就必须突出结果导向，要引入一版成功率、新产品销售指标等，同时要把新产品开发小组当作 SBU（战略业务单元）来管理，奖金与新产品销售业绩挂钩。但审计发现，对研发团队的考核仍大多局限于过程考核，无法识别研发结果的优劣，同时，研发人员的工资还是采取标准工资制，新产品销售情况对其薪资没有什么影响。这会严重制约研发人员开发适销对路的产品的积极性，也难以实现压力传递。

（4）在晋升通道设计环节，为重奖那些优秀的研发员工，同时也为了更好地留住他们，应该建立双通道的晋升机制，同时把专业通道拉长，使优秀员工在较长时间内都有机会晋升。但审计发现，晋升双通道形同虚设，专业通道很短，只有初、中、高三级，优秀员工的专业晋级机会少，而且各级捆绑的利益小，对员工没有吸引力，导致优秀员工流失严重。

（5）在离职员工管理环节，鉴于研发人员离职后可能会带走重要的技术资料并对公司造成伤害，要防患于未然，完善竞业禁止条款，并通过股权激励等手段设置预防手段。但审计发现，公司对离职的研发人员没有追踪系统，既没有提出竞业禁止要求，也没有设置预防手段，一旦离职员工与竞争对手联手或自立门户与公司对着干，公司就会束手无策，后果不堪设想。

这就是通过战略人力资源审计所发现的问题，接下来就要针对这些问题提出相应的改进建议了，此处不再赘述。

1.9　业务部门也要参与人力资源管理

1.9.1　没有业务部门的配合，人力资源管理必败无疑

人力资源管理要取得好的绩效，光靠人力资源部是不行的，还需要业务部门的配合。道理很简单，业务部门懂业务，人力资源部门懂专业，就像螺栓和螺母，只有紧密配合，才能形成合力。

如果业务部门领导当"甩手掌柜"，对人力资源工作不管不问：一不提人力资源服务需求，让人力资源部自己去"猜"；二不配合人力资源部做相关工作，那人力资源部就只能"瞎子摸象"，乱设计方案。最后出问题了，双方又扯皮。

试想，招聘、考核、调薪、晋升……哪个工作离开业务部门领导的配合而单独依靠人力资源部就能推进？

正因为要配合人力资源部开展工作，所以业务部门的领导也要懂一些人力资源管理的基础知识，不能只局限于本部门的业务知识。专业性的业务知识加上一般性的人力资源管理知识，是业务部门领导所应具备的知识结构。毕竟，管理的对象是人，管理者要想管好人，就应该懂一些人力资源管理知识。

人力资源从业人员也应该懂一些业务知识，懂业务流程，这会在人力资源方案设计中发挥巨大作用。专业性的人力资源管理知识加上一般性的业务知识，是人力资源管理人员所应具备的知识结构。

有了这样的交叉知识基础后，业务部门领导与人力资源部在配合时就

有共同语言，更默契，否则，鸡同鸭讲，彼此听不懂，现实中就会造成业务部门和人力资源部配合不畅。

1.9.2 业务部门和人力资源部在人力资源管理中的分工

在人力资源管理中，业务部门和人力资源部要有分工，侧重点不同，具体体现在视野范围、重点环节、分工配合、工作内容、知识要求等维度，如表1-4所示。

表1-4　　　　　业务部门和人力资源部在人力资源管理中的分工

分工维度	业务部门	人力资源部
视野范围	局部性、应用性	全局性、长期性
重点环节	选、用、育、留	十一个环节全过程
分工配合	提出问题和需求	提供工具、方法和方案
工作内容	执行并反馈	设计、组织、指导、监督
知识要求	专业性的业务知识＋ 一般性的人力资源管理知识	专业性的人力资源管理知识＋ 一般性的业务知识

业务部门和人力资源部在人力资源管理中的分工可以简单概括为两点：第一，业务部门提出问题和需求，人力资源部提供工具、方法以及解决方案。这一点，我们已反复强调了，不再赘述。第二，人力资源部给出方案后，业务部门执行并反馈结果给人力资源部，后者再据此修改完善。打个比喻，即"人力资源部出填空题，业务部门填空"。

另外，与人力资源部不同，业务部门"功利心"比较强，参与人力资源管理主要是为了解决业务发展中所遇到的人的问题，没遇到问题，它们不会想到参与；遇到问题，它们就想火急火燎地解决问题。这些问题通常是局部的，更强调应用性。人力资源部则不同，它们要考虑整个公司人力资源管理的全局和架构设计，有前瞻性，要"没事找事"。

1.9.3 业务部门人力资源管理应聚焦于选、用、育、留四个环节

如前所述，人力资源管理共有十一个环节的工作，人力资源部要全程

参与，业务部门则不同，它们主要参与四个应用性最强的环节的工作。

1. 选

深度参与招聘是业务部门参与人力资源管理的一个重要环节。招错人，受害最大的还是业务部门。什么样的候选人合适，业务部门最有发言权，也拥有最终拍板权。业务部门不能指望人力资源部把人招好了直接送过来，那是荒唐的，就像儿子想让父母把媳妇找好了直接送进洞房一样荒唐。

2. 用

人招来了，怎么才能用好呢？这不能光指望人力资源部，它们最多只设计一套激励方案。但方案是死的，人是活的，具体执行效果还取决于业务部门领导的领导能力。更何况，激励方案的设计也离不开业务部门领导的参与，因为他们最清楚员工在想什么，最看重什么激励标的。

3. 育

如何提高员工作业技能，使之不断满足企业发展的需要？对于这个问题，业务部门领导负有不可推卸的责任。员工的工作职责是什么？需要怎样的技能？员工的技能短板在哪里？通过怎样的培训才能尽快地弥补？这些问题，业务部门领导比谁都清楚，把这些内容反馈给人力资源部，才能制订有效的培训方案。培训结束后业务部门领导还要督促员工把所学知识应用到工作实践中，学以致用。今天企业都强调"低重心"培训，在作业现场，业务部门领导应该亲临一线，对员工进行指导培训。这些都是"育"的内容。

4. 留

业务部门领导对本部门优秀员工的流失率负有第一责任，原因很简单，人是他们在用，优秀员工能不能留住，主要取决于他们的日常管理。当然，公司的制度是否合理也会对员工留存产生重要影响，因此，在这个问题上，业务部门和人力资源部要通力合作。举个例子，如果公司缺乏晋升通道而导致员工产生离职的想法，虽然这是公司制度上出了问题，但业务部门领导也应该观察到员工的这些异常表现并向人力资源部反馈。如果"事不关己，高高挂起"，既没注意到异常，也不向人力资源部反馈，最后员工流失了，那么领导是要承担责任的。

从下一讲开始，我们将从前至后分别介绍人力资源管理的十一个环节的工作，每一讲介绍一个环节，其中，劳动关系管理穿插在各个环节中，不再单列，因此共有十个环节的内容呈现给读者。

第二讲　人力资源规划

《礼记·中庸》云："凡事预则立，不预则废。"

对于企业的未来发展战略，我们要谋划如何为它提供人的支撑。如果企业要开发一个新业务模块，就要组建一个新的团队，人力资源部应提前考虑：该团队应包括哪些岗位？履行何种职责？各岗位需要多少人？工资怎么开？任职者需具备什么资格？这就是定岗、定责、定编、定薪、定员，即"五定"方案，它为后续的人力资源管理工作提供了指针。

2.1　人力资源规划的"五定"方案与因事原则

人力资源规划应该从因事原则出发，"因为要做什么事，所以才……"这样规划方案才经得住推敲。

2.1.1　"五定"方案

一是定岗。企业应设置哪些部门？各部门又该设置哪些岗位？这是一个组织结构设计的问题。每年年底，企业都应该做一次组织盘点，看看部门、岗位设置是否科学合理，部门或岗位设置要力求精简，不要冗余，也不要缺位。

二是定责。要明确各岗位的职责边界，把"该做什么"的问题讲清楚，让任职者心里有数，才能杜绝推诿扯皮。岗位职责清晰的重要标志就是，当出现任何责任事故时都有明确的责任主体来承担责任，而不是和稀泥。

三是定编。各岗位人员需要给多少编制？编制既要有总数，也要在各职系之间分配，分配要突出战略导向，有保有压。

四是定薪。基于各岗位的价值评估，确定其薪酬区间，如无意外，任职者的薪酬不应突破此范围。定薪也要突出战略导向，对于那些战略价值大的岗位，在薪酬上要有充分的体现。定薪是招聘工资确定的依据。

五是定员。要为各岗位确定合适的任职资格，它为招聘奠定了基础。

2.1.2 因事原则

人力资源规划的出发点是工作需要：（1）因为要做什么事，才设相应的部门或岗位，这是定岗。（2）做的事就是岗位职责，即定责。（3）因为要做多少事，各岗位才需要多少人，这是定编。（4）因为要做这些事，才发这样的薪酬，这是定薪。（5）要想好做这些事，任职者应具备什么资格，这是定员。这样设计出来的五定方案都是围绕"事"来进行的，不会乱设。

有些企业设计部门或岗位不是根据因事原则来进行的，而是根据因人原则，对应人来设计，这会导致组织结构混乱。比如，有领导安排亲属来上班，公司就对应这个人的条件设一个助理岗位，但助理岗位究竟是干什么的，并不清楚，最后这个人要么没事干，要么就瞎干，乱插手别人的工作。

因事原则是个好东西，它既适用于企业的组织结构设计，也适用于国家治理。诸葛亮指出，"为官择人者治，为人择官者乱"，意思是不能因人设官，要因事设官、因官择人。

2.2　定岗

企业组织结构的一般形态是，上有总经理，下有几个分管副总，每个副总再分管几个部门，每个部门再设若干个岗位。"人在岗位上，岗在部门中。"部门和岗位设置是组织结构设计的核心。

那么，企业究竟该设哪些部门呢？每个部门又该设哪些岗位？定岗就是要解决这个问题，它在回答"设什么岗位"这一问题之前，还要回答"设什么部门"的问题。这些都要根据因事原则来解决，而"事"可以通过流程来推导。

2.2.1 流程决定组织结构

流程决定组织结构是组织结构设计的基本原则。如果说流程是有关"怎么做"的问题，那么组织结构就是有关"谁来做"的问题，部门和岗位可以从流程来推导。

我们知道，任何一项工作都由若干个环节组成，它们不能增加也不能减少，更不能颠倒顺序。就以水滴穿石为例：首先，水在房顶上形成水滴；然后，水滴从房顶掉落；最后，水滴落在石头上。这些环节就组成了流程。

流程中每个节点就是一项职责。知道了这些职责，就知道要做哪些事，为了做这些事，需要设计相应的部门或岗位，这就是流程决定组织结构的基本原理。

以开饭店为例，它的基本运营流程是，招徕食客—买食材—做饭菜—上菜—就餐服务—结账—收拾打扫，为做好这些事，需要设置相应的部门，招徕食客需设营销部，买食材需设采购部，做饭菜需设厨房，上菜和就餐服务需要设大堂，结账需要设收银台，打扫卫生需要设保洁部。

每个作业环节又可以细分出子流程，以做饭菜为例，基本流程是，摘菜—洗菜—切菜—做菜，为完成这些工作，需要在厨房里设相应的岗位，摘菜和洗菜设摘菜工，切菜设切菜工，做菜设厨师。这样，部门和岗位就全出来了。

由上可见，部门是从主流程推导出来的，岗位是从子流程推导出来的。

2.2.2　主流程决定部门设置

主流程是一个企业运营所要经历的主要节点。延续前述例子，开饭店的主要节点就是营销—采购—做饭菜—餐饮服务—结账—收拾打扫。把这些大的节点连起来就是业务主流程，它对公司效益和价值增值产生直接影响。

理解业务主流程的最好钥匙就是价值链（VC），这个概念是 1985 年由迈克尔·波特提出来的，波特把企业创造价值的过程分解为一系列相互关联的活动，把这些活动连接起来就是价值链。价值链又可以分为基本活动和辅助活动，基本活动是指那些能对企业价值增值产生直接影响的活动，最典型的就是生产—销售—储运—售后服务；辅助活动是指那些不能对价值增值产生直接影响但对企业运营来说又不可或缺的活动，它们为基本活动提供支持，典型的如行政、人事、财务等。

需要指出的是，迈克尔·波特把研发、采购也划入辅助活动中。对这一点我是不敢苟同的。20 世纪 80 年代强调以生产经营为中心，这个划分没有问题，但今天技术飞速发展，客户需求不断演进，研发越来越重要，可以说直接决定产品的生命力，把它列作辅助活动是不合时宜的。采购也是一样，如果企业执行低成本竞争战略，那么采购对降低成本的作用不言而喻。

以一家典型的高科技企业为例，基于上述理解，可以把它的价值链画出来，如图 2-1 所示。

从图 2-1 可以看出，该高科技企业的基本活动包括研发—采购—生产—销售—交付—售后服务，辅助活动则包括行政、人事、财务、网管等。现在的问题是，谁来执行这些职能呢？组织结构设计的一个基本原则是部门化，即把相关职能集中于一个部门。主流程中一个节点对应于一个职能模块，而每个职能模块都需要一个部门来执行，这就是部门设计的基本原理。

图 2 - 1　某高科技企业的价值链

对应于图 2 - 1 中的基本活动，这家企业需要设置的部门有：研发部、采购部、生产部、市场部、储运部、售后服务部。对应于辅助活动，需设置行政部、人力资源部、财务部、网管中心。

2.2.3　子流程决定岗位设置

主流程在每个节点还会衍生出相应的子流程，每个子流程也是由一系列动作节点组成的，它们前后连贯，顺序不能颠倒，关键节点不能遗漏。这些动作不能凭空臆测，要从实践中推导，比如通过对标同行业标杆企业，再结合本企业实际情况设计出一个好的作业流程。

以研发为例，主要节点包括：

（1）制订年度研发计划。与其他工作一样，研发也应该根据公司发展战略、新产品开发规划等制订年度研发计划，并分割成若干个研发项目。

（2）立项。各研发团队根据自身情况申请项目，经评审后立项。研发立项书应标明研发目标、主要内容、研发进度、重大节点及标志性成果、研发团队组成、成员分工、工作方案、可能遇到的主要问题及解决对策等。

（3）收集客户需求信息。正式进行研发前首先要了解客户需求。研发的本质是了解客户需求，并提供解决方案，不了解客户需求，研发就是瞎子摸象。客户需求信息收集质量对研发成败有决定性作用。

（4）收集竞品信息。研发可以站在别人的肩膀上展开，可以从竞争对手那里获得灵感和启发。不了解竞争对手同类产品的设计进展情况，就会走很多弯路。收集最新竞品并"解剖麻雀"，对模仿研发来说尤为重要。

（5）设计预研方案。基于上述信息，先设计一个总的框架性方案，它相当于研发大纲，勾勒出产品的概貌，描述了未来的研发方向。框架一旦出问题，后续研发都会偏离正确的轨道，所以预研方案很重要。

（6）评审预研方案。这是IPD策略的核心。在正式研发前，组织专家评审预研方案，只有评审通过才能开展后续研发，否则预研方案就要推倒重来，直到通过为止。通过这一关能够把今后可能出现的问题扼杀在萌芽状态，以达到提高研发效率的目的。

（7）整理基础研究资料。这有点像学术研究中的文献综述。每个产品研发都需要掌握一些基础知识，在正式研发之前，可通过查阅、整理相关研究资料来获取这些基础知识。

（8）研发。

（9）中试。产品设计出来后，在正式投入生产前还要进行相关的性能测试，有问题的，还要修改设计方案。中试相当于研发检验。

（10）评审设计方案。中试通过后，研发团队可以提交最终设计成果进行评审，只有评审通过，才能结项，研发奖金才能结算。

（11）申报专利。今天知识产权保护越来越重要，对于一些创新性的研发成果要及时申报专利，保护自身利益。专利数可以作为评价研发成效的一个重要尺度，在立项之初就作为一个要求明确地提出来。

（12）归档整理设计文件。为确保研发资料传递的顺畅性、完整性、保密性，对研发文档资料进行专业化管理，已成为研发管理的重要一环。

接下来的问题是，谁来做这些工作呢？我们要开始设计岗位了。

第1、2、6、10项工作，即制订年度研发计划、立项、评审预研方案、评审设计方案，都是总揽型或评审型工作，需要对整个公司研发有一个总体把握，并熟知研发细则。为此我们设总工程师岗位，由他来牵头组织这些工作。

第3、4项工作是收集市场信息，包括客户需求信息、竞品信息，需要大量走访调研。为此，设调研员岗位来履行这些职责。

第5项工作即设计预研方案，需要设一专门岗位即架构师岗位，由他来牵头组织相关专家设计。

第7、8项工作，即从预研框架出发，通过整理基础研究资料，开展具体的研发工作，设设计师岗位来履行。

第9项工作即中试，设测试员岗位。

第11、12项工作即申报专利、归档整理设计文件，设研发助理岗位来履行。

这样，研发部的岗位就都出来了。可以看出，它遵循的仍是"因事原则"，即为了做什么事，才设什么岗，这样就不会出现该设的岗位没设、不该设的岗位乱设的现象了，每个岗位都设置得有理有据，不多不少。

如果违背这一原则，不搞清楚要做哪些事，就乱设岗位，岗位设置就可能会出现冗余或缺失，有些岗位不知道做什么，有的事没有岗位分担，给管理带来麻烦，甚至给企业带来重大损失。现实中这种案例比比皆是。

▶ 分享 2-1：岗位缺失，酿成大祸

某白酒企业研制出一款白酒，为提高销售效果，花200万元请一位知名陶瓷设计师设计一款陶瓷酒瓶。设计师很快就将一款精美的陶瓷作品交给了该企业，后者对设计方案很满意，并交付厂家大量生产。然而，在该企业准备封装销售时，设计师却发来律师函，告知该企业无权使用设计方案，因为合同中载明设计方案是双方共有知识产权，而对共有产权的理解是未经过对方同意，任何一方均不能单独使用该方案，否则将被诉诸法律。为了不耽误上市，企业只能与设计师交涉，在另付200万元后，设计师才签订了一份同意对方使用的补充协议书。企业吃了一个大大的哑巴亏。为什么合同中这么大的一个漏洞没有被发现？原来企业根本就没有人对各类合同进行专业把关。经过这次教训后，企业设立了法务员岗位，并招聘了专职法务员对各类合同进行评审，算是吃一堑长一智吧。

2.3　定责

从前述推导可以看出，定岗之前先要定责，责在前岗在后。定责与定岗就像硬币的两面，因正而反，因反而正。

2.3.1　部门职责分解表

可以说，根据因事原则设立的岗位，在岗位设立之初就明确了职责是什么。而现实中很多企业在岗位已经存续多年的情况下，还不清楚它的职责边界，还要梳理它的职责，这在程序上已经颠倒了，属于补课性质。

现在我们以研发部为例，结合前述的流程推导过程，把定岗与定责之间的关系用一张表概括出来，如表2-1所示。

表2-1　　　　　　　　　　　　研发部职责分解表

编号	职责	总工程师	调研员	架构师	设计师	测试员	研发助理
1	制订年度研发计划	✓					
2	立项	✓					
3	收集客户需求信息		✓				
4	收集竞品信息		✓				
5	设计预研方案			✓			
6	评审预研方案	✓					
7	整理基础研究资料				✓		
8	研发				✓		
9	中试					✓	
10	评审设计方案	✓					
11	申报专利						✓
12	归档整理设计文件						✓

表2-1把研发部的部门职责和各个岗位的职责边界清晰地连接起来，

研发部到底要做哪些事，各岗位分别承担哪些事，用打钩的方式被分解到各个岗位，彼此之间的关系一目了然，不会再推诿扯皮。

2.3.2　岗位定责的要点

岗位职责是开展人力资源管理各项工作的基础，比如，招聘条件、薪酬管理、绩效考核都要以它为基础，所以梳理一定要到位，职责一定要清晰。清晰的标志就是具体，提起职责就能立即想象出工作的内容，职责最忌讳的就是笼而统之。我们不能图省事，草草地冒出一句"按质按量完成领导交办的任务"，这是敷衍，不是职责，因为不能展示任何具体的工作内容。

那么，如何做到具体呢？

一般在用词上，职责要尽量用动宾结构来描述。职责就是这个岗位该做什么，它是一个动宾结构的句式，一个动词加一个名词，能把该做的事情说清楚，比如，秘书有一个职责是起草文件；内勤有一个职责是预订票务；销售员有一个职责是提报市场信息，这些都是动宾结构。

思考 2-1：后勤条线的岗位职责该怎么定？

上面以研发部为例讨论了职责划分问题，企业中还有一些部门，比如行政部、人事部、财务部，并不像研发部那样只有一条作业主线，能够按照前后顺序拎出一个清晰的流程节点，它们通常是多项作业同时进行。以行政部为例，用车、加盖印章、接待、领用办公用品等作业是并行的，并不存在流程上的先后关系。对这些部门来说，流程法已然失效。那么，这些部门的职责该如何梳理呢？

答疑参见封底微信号。

2.3.3　用岗位说明书把岗位职责说透

岗位说明书以岗位职责为中心，说明岗位该做什么、预期工作效果、任职者需具备什么条件等，大致包括如下六个方面的内容。

1. 基本信息

基本信息包括岗位名称、所在部门、岗位代码、直接主管岗位的名称、主要任职者、岗位审核者等。岗位名称很重要，人如其名，最好的岗位名称是一听到岗位名称就能联想到岗位职责的核心内容，比如成本会计、预算会计。岗位代码在统计信息时经常用到，比如统计人工成本信息等，输入岗位代码就会很方便。

2. 岗位目的

一般情况下岗位职责不是三条五条就能罗列清楚的，用一句话把职责的核心内容概括出来，就像一篇文章的中心思想，其好处是，即使员工不能记住每一项职责，也至少知道最核心的职责模块，不至于在工作中捡了芝麻丢了西瓜，出现重大的职责疏忽。

岗位目的的常用句式是：为达到什么目的，在什么限制条件下，做哪些关键的事。以合同评审岗为例，其岗位目的的句式是：为规避合同风险，提高合规性，在法律、法规及我司业务发展要求下，排查合同风险、核对商务条款、指导合同签订。这样，合同评审人员就很清楚他要做的关键事情有三项。

3. 关系地图

在现代组织中，每个岗位都不是存在于真空中的，都要与其他岗位发生联系，这可以用一张图来展示，目的有二：一是让该岗位的任职者清楚他们为谁服务；二是在今后的评价体系中，引入下游岗位的考评，并对上游岗位形成制约，提高内部服务意识。以合同评审员为例，下游岗位就是那些需要合同评审的岗位，比如销售员、采购员。合同评审服务质量会对他们的工作产生直接影响，这要在关系地图中反映出来。

4. 职责描述

对应于每一条岗位职责，从工作内容、预期结果、时间占比等维度做进一步的阐释，如表 2-2 所示。

表 2 - 2   岗位职责描述表

	工作内容	预期结果	时间占比
职责 1			
职责 2			
职责 3			
职责 4			
职责 5			

以培训专员为例，其岗位职责有五项，即挖掘培训需求、制订培训计划、组织培训、促进培训转移、维护师资关系。在这些职责中不能胡子眉毛一把抓，要有重点地分配精力。根据微笑曲线的原理，一项作业链条的最前端和最末端的价值最大，就培训过程而言，最前端是挖掘培训需求，最末端是促进培训转移，它们的价值要大于其他环节，所以时间分配要多于其他环节，比如各占 30%，而制订培训计划、组织培训各占 15%，最后留 10%的时间给维护师资关系，这样培训专员也知道工作重心在哪里。但在日常工作中，很多培训专员沉迷于琐碎事务而不能自拔，订会议室、订车票、印教材，不亦乐乎，却没有时间挖掘培训需求，促进培训转移，这是舍本取末的，主要还是对岗位职责的时间分配没有概念。

对应于每一项职责，还要说清楚它所要达到的预期目标。仍以培训专员为例，组织培训的预期结果就是受训员工专业知识合格、操作技能达标。

5. 评价标准

对于每项职责是否达到了预期效果要有一个评价方式，即要有一个或几个 KPI 指标来评价它的完成情况。把这些指标综合起来，就是评价一个岗位工作做得好不好的标准体系，它为后续绩效考核奠定了基础，相当于 KPI 指标池。

以采购员为例，有一项职责是预测价格，这项工作做得好不好就要看价格预测得准不准，考核指标就是价格预测的误差率。

🔵 **分享 2－2：某饲料企业是如何评价采购员的？**

> 在饲料加工过程中，以玉米、豆粕、鱼粉、煤炭等为代表的大宗物资的采购成本会对生产成本产生巨大影响，为降低采购成本，饲料企业一般都会要求采购员大致预测上述物资的价格波动趋势以寻求最佳订货时机。有一家著名饲料企业对采购员的考核指标中就有价格预测的准确性一项。它要求采购员能在 5% 的误差范围内预测到一个月后的大宗物资价格，比如采购员预测 5 月份一级煤炭的日均成交价是 500 元/吨，届时实际价格的上下浮动范围就不能超过 475～525 元/吨。采购员为了准确地预测煤炭价格，就要充分了解煤炭市场的运行情况，判断国民经济的未来走势，甚至预测发生自然灾害的概率等。

6. 招聘条件

如果一个岗位出现空缺，该招什么人？这涉及招聘条件问题。招聘条件不能凭空臆测，我们应该反问，招一个人是来干什么的？为做好这些事，他应该具备哪些条件？注意，这些只是基本条件即合格条件。

这个问题在后面的定员、招聘环节还要细述，这里从略。

2.4　定编

定编就是核算各岗位编制。从每年三季度开始，各企业都要制订下一年度的生产经营计划。对应这一计划，下一年需要多少人？各岗位又分别需要多少人？人力资源部需要拿出一个方案，这要分两步来进行：首先核算人员总数，然后分解到各岗位形成岗位编制。

2.4.1　总编制

生产经营计划需要人、财、物的支撑，干多少活就需要多少人，但二者未必呈 1∶1 的关系。

思考2-2：经营规模翻倍，人数也要翻倍吗？

如果某企业计划下一年生产经营规模比上年增加一倍，人员也要增加一倍吗？显然不需要，那么到底需要增加多少呢？老板们最关心的是总量概念。如果你是人力资源总监，你该如何回答这一问题呢？

答疑参见封底微信号。

编制仍要根据因事原则来推算。生产经营任务分解到各岗位头上形成岗位的总工作负荷，再根据人均工效定额推算出所需的编制数。比如某钢构企业销售额为10亿元，销售员共有50人，人均工效是2 000万元，如果下一年销售额要达到20亿元，那么在现有人均工效基础上，销售员的岗位编制就要增加到100人。除非人均工效提高，否则编制数的增速与经营规模就会保持绝对一致。

但现实中我们很少发现人员增速与经营规模增速保持绝对一致，多数情况下人员增速会慢于经营规模增速，比如经营规模翻倍，人员只增加30％。究其原因，主要是不同岗位人均工效定额的弹性有差别：有些岗位，特别是生产类、销售类的岗位，人均工效定额基本确定，浮动区间不大，编制基本随经营规模同比例浮动。而另一些岗位，比如后勤，人均工效定额的弹性区间较大，即便要做的事多了，不增加编制人数，通过现有人员加班也能完成，因此岗位编制增速就会慢于经营规模的增速，进而拉低编制总数的增速。

传统理论认为，根据人均工作负荷来推算人员编制是最科学合理的，但实际中这说起来容易做起来难。人均工作负荷到底定多少合适？谁也说不清，它随很多因素，比如技术、能力、装备等的变化而变化。

那么，怎么才能简单快捷地核算人员编制呢？最简单的方法就是对标，即对标同行业标杆企业，看看它们的人员编制是怎样随营业额变化的。有些企业老板就用对标方法来定编，其基本逻辑就是"别人能做到的我们为什么做不到？"该方法虽然简单粗暴，但确实挺管用。

▶ 分享2-3：对标优秀企业的人员编制变化

> 　　某些生产制造企业，在技术水平既定的情况下，工人的生产负荷基本固定，人员规模基本随经营规模的变化而变化。而对于高科技企业，以知识型员工为主，个人的潜力巨大，适当的激励机制能极大地激发员工的创造力，在人员数量不增加的情况下经营规模也可能快速膨胀。以华为为例，随经营规模的扩大，员工也在不断增加，但人员增速远赶不上经营规模的增速。1998年华为的销售收入为89亿元，员工人数在1.8万左右，到2016年，营收突破5 000亿元，员工总数为16万。经营规模扩大了55倍，而人员规模只增加了约8倍，这意味着人均功效提高了5倍多，为涨薪创造了条件。

2.4.2　岗位定编

　　总编制出来后还要在各个岗位之间分配。为便于阐释，下面我们将以职系为单位来进行剖析。职系是若干个职责相近的岗位的综合，它就像大学里的院系，是由若干个相近的专业组合而成的。企业里常见的职系如表2-3所示。

表2-3　　　　　　　　　　　　常见的职系划分

职系	所含岗位
营销类	客户经理、产品经理、客服人员、营销策划、市场财经、公共关系
技术类	软件开发、硬件开发、测试、技术支持、制造工艺、维修
操作类	生产工人、装配工、库管、文员、跟单员、调度员
专业类	IT、计划员、会计、出纳、审计、金融、采购、人力资源、合同管理、文秘、法务
管理类	各职系管理通道的任职者

　　职系划分出来后，总编制应该如何在各职系之间分配呢？这里不能给出具体的办法，但有一个统一的原则，那就是"炮火向一线集中"：一线编制要偏松，适当多给；后线编制要偏紧，适当少给。

1. 一线编制要偏松

典型的一线岗位如表 2-3 中的营销类、技术类、操作类职系，它们要么直接面对外部客户，要么直接创造价值，不仅重要，而且可替代性弱。以业务员为例，一个好的业务员并不是随时都能找到，因为业务员不是标准岗位，需要筛选、过滤、培养，有一个过程。一线岗位的工资一般与业绩钩挂，成本补偿机制明确，员工拿得越多，公司也赚得越多，所以一线岗位应放宽编制，甚至敞口招人。

扩大一线人员编制还有另一层用意，那就是内控，防止一线岗位特别是那些关键的一线岗位被少数人所裹挟，建立储备人才梯队。

◆ **分享 2-4：一个萝卜一个坑，对吗?**

> 人们常说"一个萝卜一个坑"，意思是需要多少人就给多少人，不多也不少。如此经典的话放在企业中却未必是有效的。为什么? 因为不同职系的性质不同，像营销类、技术类岗位，在多数企业都居于核心位置，基于防范的原因，就不应该是"一个萝卜一个坑"，应该一个坑多配几个萝卜;而人事、行政、财务这些后勤岗位，可以是"一个萝卜两个坑"。两类部门平均下来，是"一个萝卜一个坑"，所以这句话只适用于企业总体，而不适用于局部。

如果死守"一个萝卜一个坑"原则，会有很大隐患，因为无储备人才，核心岗位对现任者的依赖度大，即使出了问题，老板也不敢拿他怎样，否则工作将停摆。"沉淀层""金混子"皆出于此，根源就在于编制上没有冗余。

怎么办? 类似于鲶鱼效应，核心岗位要引入倒逼机制，一个坑多配几个萝卜，给现任者施压。这虽会增加一定的人工成本，但从长期看，核心岗位储备了人才，降低了对个人的依赖度，能激发组织活力，利多弊少。

◎ 分享 2-5：省级代理商必须转变省人的观念

　　笔者接触过一家医药企业，其产品很特殊，是用外敷药代替内服药，疗效好，还能弘扬传统中医精髓，国家也支持。但这个药在临床上使用方法与一般药不同，医生要先根据病人的病症调配药剂，涂抹上去后再敷上药膏。因为属于创新药，很多基层医生不会用，影响销售。为解决这一问题，该药企制定了新的营销策略，那就是加强对基层医生的培训，通过提高他们的诊疗能力来带动药品销售。在这种模式下培训人员就很重要了，培训质量对销售效果有决定性影响。

　　培训岗应该大量招人，但很多省级代理商就不愿意多招，生怕多花钱，毕竟一个培训师年薪大约要 20 万元。很多省级代理商只招一个培训师，培训师们忙得脚不沾地，不仅影响培训效果，还形成了对他们的过度依赖。久而久之，有的人放公司鸽子，甚至与竞争对手联合坑公司。在这种情况下，公司才意识到问题的严重性，严令各省级代理商必须配备 2 个以上培训师，再小的市场也不能只配备一个培训师，对多招培训师的公司予以补贴。此后情况才慢慢好转。

2. 后线编制要偏紧

　　很多企业都存在岗位负荷不均现象，并典型地表现为业务条线忙、后勤条线闲，慵懒习气扩散。老板对此一般都深恶痛绝，认为这是绩效考核没有跟进引起的，但实际上编制才是问题的根源。三个人的活儿五个人干，就算考核再严格也没用，冗员问题不是考核能解决的，工作不饱满，员工要么无所事事，要么没事找事，滋生无谓的管理，给业务条线找麻烦。

　　我们要反过来，压缩后勤编制，五个人的活儿三个人干，用工作负荷来驱动人的动能：第一，工资提高了，员工动力也就上去了；第二，工作负荷上去了，员工不得不想办法提高办事效率，简化管理。

● **分享 2 - 6：三个臭皮匠赛过诸葛亮？**

> 　　人常说："三个臭皮匠顶个诸葛亮。"我认为，这个观点不一定对，特别是在做后勤编制时是个严重的误区。后勤人员不是多多益善，而是越多越坏事。原因很简单，一个和尚挑水喝，两个和尚抬水喝，三个和尚没水喝。如果你是老板，是愿意用 2 万元/月的工资招一个能干的人，还是愿意用 8 000 元/月招两个慵懒而无能的人呢？答案不言自明。自古以来，兵不在多而在精。实践中，很多企业就不是这样，它们贪大求全，后勤人员配备得满满当当，能干活儿的却没几个，因为工资低，这些人干起活儿来吊儿郎当的，还觉得理所当然，形成"低工资—懒散"的恶性循环，这个局面必须打破。

　　压缩后勤编制是人力资源规划要恪守的一个基本原则。不能业务还没起来，就把文秘、内勤、会计、行政、库管、司机等岗位招满了，须知道，"菩萨好请不好送"。后勤岗位多为标准型岗位，招聘不难，等业务起来再增加编制也不迟。过早地满员甚至冗员，只会增加无谓的成本。

2.4.3　如何压缩冗员？

　　企业经常被冗员问题所困扰，特别是到了岁末年初，很多集团都会给分（子）公司下达指标，要求控制人工费用，这时压缩人员编制的问题就摆到了管理人员的面前，他们把这个任务再推给人力资源部，要求它拿出方案，但怎么压缩呢？这是很令人头疼的。

　　笔者曾接触过很多企业包括大型央企，在与它们沟通如何解决冗员问题时，我通常会提三点建议：第一，人力资源人员要有解决冗员问题的思想准备，这是职业决定的，不能回避。第二，勇气来自智慧，要设计出有技术含量的方案，这才是自身价值的体现。第三，什么样的方案有技术含量？那就是"既能压缩冗员，又不会搞得鸡飞狗跳"，怎么才能做到呢？用结构优化的方法来解决数量型矛盾！下面我分三个步骤来讲解。

1. 岗位合并

"人在岗位上"，人的冗余很多是源于岗位冗余。设一个岗就要配一个人，但有些岗位没必要单设，可以与其他岗位合并。比如，行政文秘与行政内勤可能就能合并：前者是做文书类工作的，例如起草文件、收发流转文件、记录会议纪要等；后者是做杂务支持工作的，例如文印服务、文具管理、接待访客等，这两个岗位的工作量都不大，人员经常赋闲，就可以合并为一个岗位。

2. 身兼多岗

如果岗位不能合并，且各个岗位的工作负荷不饱满，就可以通过身兼多岗来压缩人员规模。比如，一家小酒店的前台接待人员可以兼门童和售货员：当客人登记入住时，他就是接待人员；有人拉着行李箱进门，他迎上去，此时充当门童；有人在边上小商店挑东西，他过去结账，此时是售货员。如果前台接待、门童、售货员各配一个人，工作负荷就会都不饱满。我们经常看到有些酒店的门童闲在那里发呆，商店员工在玩手机，大体就属于这种情况。

我判断一个企业员工工作负荷是否饱满有个非常直观的方法，那就是员工是不是下班就回家：如果 5 点下班，5：30 就人去楼空了，那么这个企业多半是工作负荷不饱满的，就有压缩编制的空间，有些岗位就可以合并或身兼多岗。

今天的社会竞争非常激烈，一个企业要想生存，就要付出比别人更多的努力；一个人要想立足于职场，也要付出比别人更多的汗水，加班并不过分。反过来，如果一个企业从来没有加班，一提到加班员工就强烈反对，那就是企业把员工惯坏了，由此可反推员工的工作负荷太轻，有加压空间。

思考 2-3：身兼多岗，工资要涨吗？

企业经常会被身兼多岗的工资问题所困扰。比如，有的出纳兼司机，他会说，"我一个人干了两个人的活，应该给我涨工资"，这话对不对？换个角度，如果让一个司机兼出纳，他提出涨工资，这又对不对？如果对，该怎么涨？

答疑参见封底微信号。

3. 把压缩下来的人员充实到一线

其实，压缩人员编制的最大压力就是"开除人是要得罪人的"，但这是一个极大的误解，压缩人员编制并不意味着要开除人，这是两回事。

压缩编制的目的是什么？提高效率。很多情况下，效率低并不是因为人多，而是人员配备不合理，典型的就是前面讲的"一线缺人，后勤冗余"，结果造成后勤部门人浮于事，一线还在拼命地从外面招人。一线缺人是常态，它就像一个蓄水池可以吸纳大量人员。试想，哪个企业不缺优秀的业务员或研发人员？他们能直接创造价值。

我们完全可以在不裁人的前提下通过优化人员结构来提升效率，具体做法是把压缩下来的冗员充实到缺人的一线岗位，这样就把从外面招人的成本节约下来，实现控制费用的目的，同时还能净化工作氛围，用工作负荷驱动每个人的激情，把慵懒习气赶出去，可谓一举多得。

当然，我们还可以用其他一些方法，比如招聘兼职人员等来解决冗员问题，此处不再赘述。

▶ **分享 2-7：某食品企业的岗位编制调整**

2016 年年底，某食品企业做年度人力资源规划，通过组织盘点发现行政部有冗员，工作负荷不饱满，遂决定压缩 3 个编制，但董事长担心辞退这三个人过于残酷，于心不忍。但事后证明这种担心是多余的，因为一线岗位特别是售后服务岗缺人。原来该企业的售后服务工作由业务人员兼做，渠道客户的一些诉求会被业务员拦截而反馈不到公司，他们报喜不报忧，客户满意度受到影响。针对这一情况，公司决定加强售后服务工作，并与业务分离，成立专门的售后服务岗，通过客服专线与客户直接对接，提高信息对称性。压缩下来的三人转至该岗位。公司既没有辞退他们，还优化了岗位结构，强化了服务功能。

思考2-4：如何让各部门自觉自愿地精简编制？

压缩人员编制，人力资源部要拿出方案，方案的科学性很重要，但各部门的能动性也不可忽视，如果各个部门主管领导自觉自愿地想把编制控制下来，那么工作就会好做很多。但从人的本性上来说，各部门领导一般都是希望人员编制能多给一些。如果您是人力资源总监，能否设计一种机制使各部门领导自觉自愿地减少编制要求？

答疑参见封底微信号。

2.5 定薪

定薪就是要解决薪酬预算的问题，既包括人工成本总预算，又包括各岗位薪酬预算。

2.5.1 人工成本总预算

作为全面预算的一个组成部分，企业每年都要测算可能发生的人工总开支并进行资金筹划。一些企业发不出工资表面上是现金流出了问题，实际上更可能是因为没有做薪酬预算，对于发工资"心里没谱"。

薪酬预算有两种做法：一是根据下一年的营收计划，框死工资总额，然后在每个职系乃至每个岗位间分配，这是自上而下的方法。二是根据各岗位编制及其工资区间，汇总出一个薪酬总额，这是自下而上的方法。我们一般将这两种方法结合起来，先敲定薪酬总额，再汇总各部门的岗位编制及工资预算，最后调平，这与一般的预算编制流程没什么区别。

2.5.2 各岗位薪酬预算

企业人工成本总预算由各部门工资预算加总而来，而部门工资预算又由各岗位薪酬预算加总得来，所以做工资预算必须深入岗位层面。各岗位薪酬预算要分两类岗位来做：

一是实行标准工资制的岗位，比如行政、人事、财务、采购、客服、信息中心等后线部门。岗位工资预算＝岗位人数×人均工资预算。岗位人数通过定编解决了，人均工资则是一个中位值的概念。即便是同样的岗位，由于绩效不同，各人的实得工资也不一样，但在同一薪级中工资高的有个上限，工资低的也有个下限，它们规定了任职者的最大工资差距。工资预算不能考虑最好和最差这两种极端情况，而应考虑一般情况，这对应的就是工资结构中的中位值。所以，岗位工资预算就是用该岗位的人数乘以岗位工资的中位值来计算。

二是实行提成（计件）工资制的岗位，比如销售、生产，甚至是工效挂钩突出的研发部门，这些岗位的工资一般包括底薪与提成（计件）部分，底薪按编制人数与底薪中位值之乘积来计算，提成（计件）部分则与销售收入或生产量挂钩，将二者加总，可得岗位薪酬总额。

2.5.3 各岗位的工资区间

在标准工资制下，一个岗位的工资水平不是一个死数字，而是一个浮动区间，有下限也有上限。薪酬预算要求我们勾勒出这个区间，这要结合内外平衡来做：对内，工资取决于岗位价值，价值越大，工资也应该越高；对外，要结合劳动力市场工资调查来做，不能距离市场工资水平太远。画出这个区间后，我们对各个岗位能开多少工资就大致有数了。

▶ 分享2-8：招聘工资不能跟着感觉走

有的企业由于没有工资预算，对各个岗位最高可以开多少工资，最低应该开多少工资，心里没数，招聘时谈工资跟着感觉走。比如要招一个出纳，来了一个应聘者，各方面条件甚合老板心意，与老板相谈甚欢，应聘者张口就要8 000元工资，老板也一口应承，问题是会计的工资只有6 000元，给出纳开8 000元工资就会导致工资倒挂。我们知道，会计岗位的价值要大于出纳，在工资结构中位置比出纳高，正常情况下，出纳的工资要低于会计，除非能证明出纳业绩特别优秀，或会计业绩特别差。而对新聘员工来说，尚无法证明其业绩就如此乱开工资，这会导致工资关系混乱无序，"没大没小"。这根本上还是因为没有工资结构概念。

当然，对一些确实优秀的应聘者可以脱离工资结构限制，但要走工资特区。正常情况下是不应突破工资结构限制的。

思考 2-5：应该录用哪位？

某企业招聘行政总监，有两位候选人，其中一个女同志更优秀，但工资要求也比较高，达到 15 000 元/月，另一位男同志较差，但工资要求也低，为 8 000 元/月。按现有工资结构，行政总监的工资区间为 6 000～10 000元，那位女同志的工资要求已经突破这个区间很多，男同志恰在其间。您认为应该录用哪位？

答疑参见封底微信号。

2.5.4　薪酬的战略导向性

薪酬预算是资源分配的重要交汇点，它要有导向性，并向重要的岗位倾斜，把优秀人才引向这些岗位。

岗位的重要性在很大程度上取决于竞争战略。同一个岗位在不同竞争战略下的重要性是不一样的。如果一个企业选择低成本战略，那么那些对降低成本有重要作用的岗位，比如采购员，就应该得到更高的薪酬。相反，如果选择差异化竞争战略，那么研发人员就应得到更高的薪酬。

这种导向性反映在岗位编制和岗位工资两个维度上，对那些具有战略意义的关键岗位，人员编制要给足，人均工资也要给到位，相应地，它在薪酬预算中的占比也会较高。举例来说，如果某企业强调差异化战略，那么首先要保证研发类岗位在编制中占有较大的比例，比如不低于60%（如果今年给 100 个招聘名额，那么要先拿出 60 个给技术类，其他职系分得余下名额）。其次，在同等条件下研发岗工资要比其他职系高，比如，比平均水平至少要高出 30%。将二者综合起来可以估算出，在总薪酬预算中研发岗的占比不低于 78%！也就是说，企业要把超过 3/4 的人工开支投向研发岗。

如果某企业的竞争战略是通过快速响应的售后服务来占领市场，那么就要在售后服务人员的工资上有所体现，比如，比平均工资水平高出 50%。唯有开出更高的工资才能把优秀人才导向售后服务岗，售后服务质量才能得到保障。

▶ **分享 2-9：某企业薪酬预算的导向性**

某物联网教育企业的竞争战略是为高职、中职院校提供精良的教学仪器，并通过培训来提高高职、中职院校的物联网教学能力，提高客户黏稠度。在这一战略下，岗位编制要全面向培训岗倾斜，同时，这些岗位的工资也要普遍高于其他岗位，培训岗的工资中位值比平均水平要高出 40%。那些吃苦耐劳、愿意多出差多培训的人员，工资甚至超过销售人员。按一般理解，营销岗是最重要的，业务员工资的中位值也应该最高，但在该企业的培训战略下，培训岗的重要性不亚于营销岗，所以薪酬的指挥棒指向了前者。在它的牵引下优秀员工更愿意"走出去"搞培训。让最优秀的人做最重要的事，是人力资源配置的一个重要法则。

反过来说，如果薪酬预算没有战略导向性，或薪酬导向与企业战略背道而驰，就会产生人才的逆向流动。试想，如果拿的工资比后勤人员多不了多少，谁还愿意辛辛苦苦地跑去搞研发、做销售呢？人才会纷纷后撤，导致"一线紧，二线松，三线肿"的不合理现象。

2.6　定员

2.6.1　定员条件满足最低标准即可

定员就是为各岗位物色合适的任职者，这里首先要界定清楚任职资格，岗位说明书中要说明候选人应具备什么条件，招聘时要以此为参考。

定员条件坚持的是合格标准，它是必要条件而非充分条件，即合格的任职者应该具备这些条件，但光有这些条件未必就能胜任，就像招聘时要求应聘者要有民事行为能力，但光有民事行为能力未必就能胜任一样。

2.6.2 定员条件源自岗位职责

这些基本条件包括学历、毕业院校、专业、知识、作业技能、从业经验、资历证书等，都是一些显性因素。它们应该从岗位职责来推导，遵循因事原则：对应每一条岗位职责，任职者要做好这些事，需要具备什么条件。逐一推导后，加总就可以得出定员条件了。

以司机为例，岗位职责有三，即开车、维修保养车辆、接待客户。要做好这三项工作，分别应具备如下条件（见表2-4）。

表2-4	司机的定员条件
岗位职责	应具备的条件
开车	驾照、驾龄、年龄、健康、无违章记录
维修保养车辆	基本的维修技能、熟悉车辆结构、高中或高中以上学历
接待客户	形象得体、懂商务接待礼仪

定员条件出来后，就可以启动招聘了。关于这一问题将在下一讲重点讲解。

第三讲　招　聘

3.1　弥补人员缺口的三个步骤

当人力资源规划方案出来后，就要弥补人员缺口了，但它并不一定要通过招聘来实现，此前可以通过内部调配和员工推荐来弥补，不够的再对外招聘。

3.1.1　调剂

当某岗位存在缺口时，首先应看看企业内部有没有合适的人选来做，而不是到外面去招聘。比如当研发出现岗位空缺时，公司内部的中试、产品支持、售后服务人员中就可能有人能胜任，应该把机会优先留给内部人员，其好处是：第一，把合适的人调到合适的岗位上，能更好地实现人岗匹配；第二，规避了外聘时的识别成本。企业对外聘人员的了解程度远没有对内部人员的了解程度高，存在较大的错招风险。

内部调配需要建立内部劳动力市场，对人岗错配进行矫正。关于这个问题，我们在下一讲将重点阐释。

3.1.2　内荐

如果内部调配没能完全弥补人员缺口，内部举荐也是可考虑的选项，"举贤不避亲"。目前，谷歌、微软、苹果、华为等世界级的高科技企业，员工举荐正成为一种重要的人员弥补方式，在新员工中的占比越来越高。

这就像婚恋市场，通过交友网站认识的就像外部招聘，通过亲友介绍认识的就像员工举荐。交友网站的注册会员形形色色，鉴别成本高，成功率低，甚至有骗婚现象。熟人介绍的成功率则相对较高，行骗的很少，原因就在于有熟人担保和过滤。类似地，员工推荐也有隐性担保机制。

为提高员工举荐人才的积极性，企业应对内荐进行奖励。有些企业甚至规定举荐任务，完成的有奖励，完不成的还要受罚。

思考 3-1：举荐员工该如何奖励？

几乎每个企业都会对员工举荐人才进行奖励，多少不等。有的企业规定，凡被举荐人入职转正的，每成功推荐一个奖励 500 元。也有奖励 1 000 元的，似乎并没有一个统一标准。您认为，举荐人才的奖励力度应该定多少合适？

答疑参见封底微信号。

"重赏之下，必有勇夫"，如果奖励力度到位，员工一定会全力搜寻身边的人，效果可能超过想象，招人难的问题也会迎刃而解。

▶ 分享 3-1：通过员工举荐化解招聘难题

某快消品销售公司现有员工 500 人，2015 年因业务扩张计划再增招业务员 500 人，如按部就班地走招聘程序，短期内很难完成招聘任务，也难以保证新进人员的质量。经研究决定发动现有员工的力量，让他们推荐自己的亲戚、同乡、同学、好友加盟，并规定每人至少要推荐一名新员工，如试用期满转正，则视为举荐成功，进行相应的奖励，如未完成，则要受罚。罚的力度约为奖励的 1/4。该举措推出三个月后，通过举荐方式入职的员工达 300 多人，进人速度明显加快，且三个月留存率达 70% 以上，说明举荐的精准度较高。

3.1.3　招聘

如果前两步还不能填补人员缺口，那就要启动对外招聘了。对外招聘面临诸多不确定性和风险。招错一个人可能会对公司造成巨大的伤害，而且职位越高，伤害越大。对此，我们要有足够的准备。

▶ **分享3-2：一朝被蛇咬，十年怕井绳**

某网络公司的人力资源总监缺失，老板希望尽快招一位新的补上。因为这个岗位非同小可，我曾建议内部选拔，但被老板否了。他们迅即启动招聘程序，并在一个月时间内收到近百份简历。经几轮筛选，有三位候选人进入最终的面试环节，最后一轮由我主持。与三位候选人进行深度沟通后，选中其中的一位候选人。应该说，他的知识、经验、能力都很棒，但言行稍显轻浮，且有两次离婚经历，背调进展也不顺。因急于用人，我们疏忽了这些疑点，对其品性的把控不到位，造成了一次严重的招聘事故。此人在试用期内即出现骚扰女员工的不端行为，造成恶劣影响，被终止试用关系。此后该公司又启动了第二轮招聘工作，但鉴于前次的教训，老板小心翼翼，如履薄冰，各候选人不是这里有问题，就是那里有疑点，老板也不敢再轻易录用了。最后还是通过内部选拔，由绩效薪酬主管继任。

现实中类似的教训还有很多，它们警示我们招聘要慎重，但企业也不可能永远不招聘。那么，如何才能提高招聘效果呢？下面我们将逐步讲解。

3.2 招聘冗余度

3.2.1 为什么要有冗余度？

如果某岗位有 N 个缺口需要通过招聘来弥补，那么基于如下原因，招聘时不能只招 N 个，而要有一定的冗余度：首先，原岗位的任职者可能有调离。比如销售员编制是 100 人，现有 70 人，表面上看人员缺口是 30 人，但这 70 人中可能有 10 人会在年内离职或调离，所以缺口实际上是 40 人。其次，即便是对这 40 人的缺口，招聘时也不能只招 40 人，因为新聘人员中还会有淘汰或离职的，如果淘汰率是 50%，那么，40 人的缺口就要至少招 80 人，留 40 人以备淘汰。

冗余度的好处是显而易见的，冗余度越大，企业筛选人才的余地也越大。

有的企业舍不得多招人，要几个招几个，一点冗余都没有，结果动弹不得，不管什么人，招进来以后根本不敢动，凑合着使，有一种"娶鸡随鸡，娶狗随狗"的感觉，人才竞争力一开始就输在起跑线上。相反，冗余度大，企业就可以像一个大筛子，大进大出，迅速识别并淘汰不合格者，企业放得开手脚，员工经得住考验。这实际上是引入新员工间的 PK 机制，通过 PK 来识别员工的"成色"。

当然，冗余度大，也要付出额外的成本，但从长期看，为识别出真正的人才付出一定的成本是必然的，也是值得的。

3.2.2　冗余度定多少合适？

它要结合两方面因素来考虑：

（1）职系间的区别。有的岗位，比如研发、销售、客服类岗位，挑战性大、流动性强、培养周期长，冗余度自然要高一些，特别是销售类岗位更高。而另一些岗位，比如会计、文员，流动性小、培养快、可替代性强，略有冗余就可以了。

（2）企业文化。企业文化是一种价值观，反映在招聘上就是对人才的看法。坚持中庸文化的企业认为"良匠无弃材，明主无弃士"，人人都是人才，只有你不会用的人，没有不能用的人。这样的企业招聘冗余度就不必太大；相反，如果一个企业信奉狼性文化，坚持认为人分三六九等，能用就是能用，不能用就是不能用，"朽木不可雕也，粪土之墙不可圬也"，那么，对不能胜任者也不会手软，冗余度就会大。

◉ **分享 3 - 3：某企业招聘冗余度大得惊人**

　　某通信企业在业务爬升阶段需要大量引进人才，据初步测算，各岗位合计需补充近 2 000 人，该企业信奉狼性文化，在确定招聘冗余度时手笔很大，定为 200％，即实招 6 000 人，留 4 000 人以备淘汰。其理由有两点：首先，未来的企业竞争力取决于人才，要打造人才竞争力，就要有冗余，因为有冗余，才敢淘汰；有淘汰，才有压力，即便为此多付出一些成本，也在所不惜。其次，每年招聘 6 000 人，基本上能把人才市场上的目标人才"一网打尽"，不仅能筛选出自己想要的人才，还能让竞争对手招不到人，使竞争对手只能从二级市场上捡被自己淘汰的员工，一开始就输在起跑线上。这是"主动出击"的狼性文化的具体表现。

3.3　科学制定招聘条件

　　招错人有两种可能：一是招聘条件没设好，压根就不知道该招什么样的人；二是面试关没把好。第一种是没想好，第二种是看走眼了。现实中很多企业招人效果不好就是因为招聘条件定得太随意。

3.3.1　冰山模型

　　我们都知道，找对象不能只看相貌、身高、学历等显性因素，一个人能不能跟你过好日子并不主要取决于这些因素，关键还是看人品、价值观等内在的东西。

　　招聘也是一样，人力资源管理中有一个冰山模型，其大意是，一个人对一个岗位的胜任能力，只有 20％取决于知识、经验、技能等显性的东西，这就像冰山浮在水面上的部分，更大的部分取决于人格特质、价值观、自我认知、内驱力等隐性的东西，它们就像沉在水面下的部分，虽然这部分看不到，但是最重要的。

实践中我们也经常可以看到，决定一个人工作出色还是平庸的主要还是这些内在的因素。有的人知识丰富，能力强，但懒散成性，太过张扬，无法与人合作，也难当大任；相反，有的人知识、能力中等偏上，但价值观正、忠诚度高，团队意识强，反而能做出更大的业绩。

可惜的是，人们在招聘时往往会忽视水面下的部分，容易"被表象所蒙蔽"，这是造成错招漏招的主要原因。

▶ 分享 3-4：电影《万箭穿心》

看过《万箭穿心》这部电影的人估计心里都久久不能平静，它的真正悲剧还不在于马学武的死或李宝莉的苦，而在于孩子培养的失败。这种失败还有很强的隐蔽性，因为马小宝获得了当年武汉市高考状元的殊荣，似乎非常成功，但是他的冷酷无情令人震惊。他把早年丧父的痛迁怒于母亲，虽说他的母亲对此确有一定的责任，但在丧偶后毅然决然地挑起了养家糊口的重担，承受了很多其他女人难以承受的生活重负和屈辱。十几年的艰辛都无法感化他的儿子，马小宝在考取高考状元并拿到奖学金后做出的第一个决定是与母亲决裂并把她逐出家门，这才是让人万箭穿心的。从智商来看，这个孩子无疑是顶级的，但从他那坚硬如石头的内心来看，将来也未必是可堪大用之才。

总结一下，招聘时不能只看学历、知识、技能等显性的东西，而且要看内在的人格特质、价值观、内驱力等隐性的东西，这是制定招聘条件的一个重要法则，我们把它概括为"价值认同，合适就好"。

3.3.2　价值认同

这是针对"冰山"水面下的部分。

统计表明，世界 500 强 CEO 有 70% 都是一开始能力平平的人，随着时间推移，知识、能力、经验的"短板"不断得到弥补，而品性、价值观、忠诚度的优势不断凸显，最终脱颖而出。而那些价值观不端、职业素养差的人，私心杂念较重，劣根性不断暴露。

正因为如此，在德与才之间，是"德"字优先，"才"字居后。

▶ 分享 3-5：中国古代人才选拔的德才顺序

中国古代的人才选拔标准可概括为"德才并举，以德为先"。《周礼》中强调，考其德行，察其道义。孔子曰：选贤与能，讲信、修睦。荀子曰：论德而定次，量能而授官。李世民说：今所任用，必以德先，学识为本。王安石曰：德厚而才高者为长。康熙则说得更直白：才德难以兼全时，以立品为主，学问次之。这些古代的选拔标准，对今天的企业招聘是不是有启发意义呢？

对企业来讲，除了常规意义上的品德、品性、修养外，最大的"德"就是与企业价值观的匹配度。价值观是一个企业的灵魂，是共同的行为准则，也是一种行为取向。价值观内化可以让员工形成一股合力和士气，"上下同欲者胜"。

在员工甄选过程中，是否认可企业文化要列作一个重要的审视维度。孔子在《论语·卫灵公》中提到，"道不同，不相为谋"，意思是合作共处首要考虑的就是要有相同的价值观。从这个意义上讲，一个人就算再有才能，如果不认同企业的价值观和行为准则，也不宜录用。

▶ 分享 3-6：不参加军训，请走人

山东一家知名食品企业计划新聘50名销售员。有两名应聘者结伴来面试，与面试人员相谈甚欢，他们有娴熟的销售技能、丰富的工作经验，过去有辉煌的销售业绩，甚至可以带来一定的渠道资源。对企业来讲，这些都是很难得的，但当面试官提到，入职后需进行1周军训时，他们面露难色，表示来就是为了赚钱，军训耽误时间，希望免掉这一环节，直接下市场。此问题后来被汇报到老板那里，老板强调，军训是企业文化的重要一环，目的是要打造员工的团队精神、服从意识、吃苦耐劳精神等。但他们坚持不参加军训，老板认为，这点

苦都吃不得的人将来跟企业走不了多远，能力再强，也应放弃，最终没有录取他们。

3.3.3　合适就好

这是针对冰山模型水面上的部分。

"合适就好"的意思是应聘者的学历、知识、技能等"够用"就行，不必"攀高枝"。"够用"是指与岗位要求相适应：低了，胜任不了；高了，英文叫 overqualified，是能力浪费。研发人员的学历要研究生以上，这是对的，因为没有足够的理论功底，无法开展研究工作，但销售员就没必要具有这么高的学历，产品简单的企业，大专学历就可以了；至于司机，则高中学历即可。

合适就好与第二讲的定员条件是相对应的，是从岗位职责推导出来的，体现了"因事原则"，即为了履行好岗位职责，需要应聘者具有怎样的学历、知识、技能。比如，出纳有收付现金的职责，为履行好这一职责，他需要具有识别假钞的能力。再比如，除错工程师的一个职责是识别并消除程序中的 bug，这需要他有识别错误程序的"火眼金睛"，这些都可以现场测试。

在具体操作中，一般是先把岗位职责罗列出来，然后针对每一条职责，分析任职者应具备什么条件，把它们加总起来，就是冰山模型水面上的条件了。

思考 3-2：行政文秘应具备哪些条件？

行政文秘的岗位职责很庞杂，您能否把它简单梳理一下，并对应于每一职责，从学历、知识、技能、经验等角度，分析应聘者应具备哪些条件？

答疑参见封底微信号。

今天我们常把"价值认同，合适就好"比喻为 70 分人才，就是冰山模型中水面上的部分能打 70 分，够用就行，但水面下的部分能打 100 分。这个概念最早由松下幸之助提出，当初松下集团刚成立时无力与三菱、住友等大企业争夺人才，更偏好学历、知识、技能只能打 70 分的中上等人才，而正是这些中上等人才一手创造了松下奇迹。他们的优势是：首先，姿态低，能正确认识自己的不足，因此更容易与人相处并融入团队。其次，他们有很强的内驱力去追赶顶尖人才，不断创造卓越的业绩。最后，由于自身条件一般，他们对公司给予的机会更加珍惜并心存感激，对公司也更加忠诚。

3.4　目标人才群及应聘诉求分析

招聘条件确定好后就要开始寻找目标人才群了，目标人才群的定位是否精准直接决定了招聘效果，这与营销是一个道理。

3.4.1　带着营销的思想做招聘

从本质上讲，招聘就是营销。一般意义上的营销是把产品销售出去，而招聘是把企业"销售"出去。试想，在人力资源市场上，应聘者选择我们企业而不是其他企业，不就是把企业"销售"给他了吗？

带着营销的思想做招聘，先要瞄准目标人才群。我们知道，销售产品时企业要先选择目标客户群，因为不同客户群的消费诉求是不同的，只有瞄准某一目标客户群才能更精准地分析其消费诉求并更好地满足它。

类似地，招聘时也要先瞄准目标人才群，分析其应聘诉求，唯有此，才能制定有针对性的招聘策略。

3.4.2　选准目标人才群

一般来讲，应聘者有两类：一类是应届毕业生，对应于校招；另一类是职场熟手，对应于社招。他们各有利弊，应届生没有经验，不能立即上手，需要一个培养的过程，但可塑性强，容易灌输价值观，培养忠诚度。职场熟手则相反，入职后能很快上手，培养成本低，但价值观已成型，很难重塑，企业黏性低，这也是很多企业家忌惮空降兵的原因。

企业究竟应瞄准哪类人才，要慎重考虑，不能光图"即插即用"，熟才也是短平快的代名词，一旦遇到风吹草动，很容易树倒猢狲散。这跟栽树是一个道理，你愿意选一棵小树苗，慢慢培植，让它苗壮成长，还是直接从山里挖一株大树，移植过来？后者看着诱人，实则吓人，甚至害人。

▶ **分享 3−7：移栽的大树如此脆弱**

> 2016 年 9 月份，我去厦门出差正好遇到台风"莫兰蒂"登陆，晚上从市区经过，发现很多大树被连根拔起，横七竖八地躺在马路上。我非常不解，就问司机为什么这么粗的树被轻易拔起。他说，现在城市建设为尽快形成绿化效果，都是从深山老林里找一些数十年甚至上百年的大树，连根挖起，送到市区栽种，很快就枝繁叶茂。问题是，这些大树被挖过来栽种，根扎得不深，当然不牢靠，一遇强台风就被连根拔起。这与企业招聘中的熟才是不是类似呢？

有些行业很强调员工团队的稳定性，比如，对高科技企业来说，研发团队的稳定性就特别重要，在招聘研发人员时就要权衡好长短期利益关系，不能太短视。

相对于熟才来说，应届毕业生还有一个优势，那就是"初生牛犊不怕虎"，闯劲足，这对打造组织战斗力尤为重要。以黄埔军校为例，学生军的战斗力是有目共睹的，相比之下，旧军阀虽然有点经验，但都是痞子军，真正碰到硬仗，不堪一击。所以，不要被那点可怜的经验所迷惑，品质重于经验！

从我所接触的企业来看，那些真正有战斗力的企业，班底人马绝大多数都是靠学生军"武装"起来的，他们一开始就注入了"战斗基因"。

现实中不少老板还没有这个意识，总停留在"招人马上就要能出活"

的传统思维上，屡次的教训也在迫使他们转变思维："十年树木，百年树人"，参天大树不是挖过来的，而是栽出来的。

▶ **分享 3 - 8：招个投标员怎么就那么难？**

> 某工程橡胶企业需招聘一名投标员，负责制作商务标书，老板通过社招招了不少员工，但都干不长，不是嫌远就是嫌没班车，反正总能找到理由，两三个月就离职。转了半年换了好几茬，也没个定落。
>
> 后来朋友给推荐了一个国企内退的老大姐，技术娴熟，工作也认真，做标书更是手到擒来，工资开 5 000 元。开始几个月大家相处甚欢，但接下来的一件事让两人产生了嫌隙。因公司投标项目并不多，如果光做标书，工作负荷太小，这时候老板想加强车间的精细化管理，把成本管控工作抓起来，这就要求进行成本核算。以前没人懂，现在来了这么个能人，老板就想要充分发挥她的余热，结果这位大姐不愿意了，理由很简单，当初来公司说得很清楚，就是做标书，怎么又增加成本核算工作呢？如果要做，得涨 1 000 元工资。
>
> 老板心里很不舒服，心想我们毕竟是小公司，身兼多岗是常态，怎么能张口就涨工资呢？但碍于情面，还是给她涨了 1 000 元。这下老板心里又不平衡了，觉得涨得有点多，工作量还要再加码，就又给她指派了一个工作，就是车间工人计件工资的核算。以前都是工人自己报计件，车间主任签字生效，现场无人检验，以至于残次品也算计件工资。这次她又不愿意了，认为老板成心跟自己过不去，是拼命榨取她的剩余价值，再次要求涨薪。短短几个月内连续两次提出加薪，令老板无比愤怒，没有再答应她，那位大姐也理所当然地拒绝了新工作。两人嫌隙也越来越大，最终不欢而散。
>
> 从表面上看，社招似乎省钱，但实际上可能会亏更多的钱。转了一年，工资支出了好几万元，人换了好几波，一个没留下，不是亏钱是什么？如果一开始就通过校招招一个吃苦耐劳的学生，可能半年就

能上手了，忠诚度还高。后来老板确实从当地一所大专院校招了一位
应届毕业生，这个女孩子很踏实，学习劲头也足，适应速度大大超过
老板的预料。这事才算最终解决。

3.4.3　目标人才群的应聘诉求分析

带着营销的思想做招聘就必须了解目标人才群的应聘诉求，所谓的
应聘诉求就是他希望从你所提供的职位中获得什么？一般来说，无外乎
薪酬、发展空间、企业文化、工作环境、人力资本提升、福利等几个
维度。

要想吸引人才，就要在其中某一个或某几个方面发力，并在人才市场
上形成自身的特色和竞争力，打造所谓的雇主品牌效应，比如华为的高
薪、宝洁的培训、星巴克的人文关怀、微软的工作环境，甚至谷歌的伙
食，这些都是招聘的法宝。

当然，不同人才群诉求的侧重点也不同，"萝卜白菜，各有所爱"，只
有精准地把握目标人才群的应聘诉求，才能"投其所好"，设计好后续的
招聘策略。

这就像营销，如果瞄准的目标客户群是低收入群体，他们关心的消费
诉求就可能是价格，营销策略的重点是赠送、打折等价格措施；如果瞄准
的是高收入群体，他们关心的诉求可能就是消费体验，营销策略的重点可
能就是服务。

如果目标人才群是男性，因为肩负养家重任，薪资吸引力就很重要；
相反，如果目标人才群是女性，她们更看重家庭—工作的平衡，那么工作
环境、企业文化、休假等福利就很重要。

思考 3-3：应届生和往届生的应聘诉求有什么区别？

如前所述，不管什么人，在应聘时都会很看重薪酬、发展机会、企业
文化、工作环境、人力资本提升、福利等因素，但不同的人其诉求侧重点

不同。你认为，在上述因素中，应届毕业生最看重什么？往届毕业生又最看重什么？只有搞清楚这些问题，才能有针对性地设计好校招和社招的招聘策略，提高招聘效果。

答疑参见封底微信号。

3.5 招聘策略

了解目标人才群的应聘诉求后，就要有的放矢地制定招聘策略了。虽然不同群体的诉求重点不同，但薪资一般都是排在靠前位置的，所以薪资策略很重要，薪资有无竞争力会直接影响招聘效果。

3.5.1 如何在不增加人工成本的前提下提高招聘薪资竞争力？

有人担心，提高薪酬竞争力会增加企业的人工成本。其实，这种担心是没有必要的，是对薪酬竞争力概念的一种误解。薪酬竞争力并不等于高工资。

我举个例子，如果一个企业开出的工资是底薪 4 000 元/月＋10 万元年终奖，另一个企业是底薪 8 000 元/月＋3 万元年终奖。你会选择哪一家企业呢？

我相信，多数人会选择第二家。第一家的总年薪是 15 万元，第二家是 13 万元，大家为什么要舍高取低呢？原因就在于人都是有风险规避倾向的，虽然第一家的年薪更高，但底薪不足 5 万元，余下 10 万元年终奖是风险收入，不确定性太大；第二家虽然年薪少 2 万元，但底薪就有近 10 万元，保障性高。

由此我们得出一个重要结论，薪酬竞争力并不取决于总薪资水平，而取决于薪资中与业绩无关的那部分薪资水平，即所谓固定工资水平。这就为招聘中薪酬策略的设计打开了思路，要提高招聘效果，就要在薪酬结构上动脑筋。

有的企业舍不得松开底薪的口子，结果门可罗雀，没人来，招聘就玩不转。与其如此，不妨放手一搏，把固定工资抬上去，浮动薪酬降下来，工资总额不变，但薪酬竞争力上去了。能吸引应聘者，才能盘活招聘的第一步棋。

俗话说："招之能来"，如果招之不来，没人搭理，招聘第一步就成了死棋，底薪定得低又怎样呢？

▶ **分享 3-9：某企业的招聘奇招**

> 在快速发展期，某企业每年招聘达数千人，如此大体量的招聘，如何完成呢？他们祭出了竞争性薪酬策略的大旗。但面对数量如此庞大的新员工，如果工资太高，人工成本压力就会太大，怎么兼顾？只能从薪资结构上做文章了：对于本科生，同行业的平均底薪为 2 000 元，他们开出 3 000 元；对于硕士生，同行业平均底薪为 3 000 元，他们开出 5 000 元。这样的薪资结构很有煽动性，很多学生冲着高底薪就过去了，但他们从来没问过年底奖金是多少。到年底他们才发现年终奖并没有多少，这样掰着手指头算算，底薪加上年终奖实际上并不比其他企业高多少。

3.5.2 竞争性薪酬必须辅以强淘汰机制

现在的问题来了，如果开出很高的底薪，结果却招来一群不能胜任的人，那老板还受得了吗？开出高底薪是为了吸引能人而不是庸人。

问题是，一开始我们很难百分之百准确地识别出一个人到底是能人还是庸人，这要留出足够的容错空间，通过某种机制迅速识别出员工的适应能力与胜任力，再辅以强淘汰机制将不合格员工过滤掉。

比如，通过新员工培训来迅速识别他们的胜任力。近乎苛刻的军训、高强度的产品知识学习、团队活动、脏累苦危的工作分配是惯用手段，经不住考验的就启动淘汰程序。

这是一个残酷的游戏，但十分有效，因为没有最优选择只有次优选择。如果上帝能在一开始就告诉老板谁合适谁不合适，就不需要走这些弯路，既然不能，就只能靠摸索和试错。

这里秉承的是"非 0 即 1 的薪资理念"，而不是"0.5 的薪资理念"，胜任者直接拿以 1 为代表的高底薪；不胜任者被淘汰，底薪直接降为 0，而不是凑合着拿 0.5。

有些企业正好相反：一方面，开较低的底薪；另一方面，出于补偿的心理，放低对员工的要求，即使发现员工不胜任，也凑合着用，员工干得差也心安理得，"反正就拿这么点钱"。这种恶性循环使员工丧失了战斗力。

诺贝尔经济学奖获得者斯蒂格利茨有一个著名的效率工资理论，意思是：当企业开出高于市场平均水平的工资时，能力强的人蜂拥而至，虎视眈眈，现有员工必须努力胜任工作，否则迅即被取代。对企业来讲，开出这样的高工资是值得的，因为它带来了效率。

思考 3-4：如何解决电销员的招聘难题？

某快消品电销公司 2017 年计划招聘 1 000 名电话销售员，但大半年过去了，只招到寥寥几十人，照此趋势，年内是根本不可能完成招聘任务的，老板犯愁。该公司在武汉，按理说，在这样的中心城市应该不缺销售人才，关键还是工资。电销员的工资一般都是底薪＋提成的模式，底薪与其他公司一样，基本都在 2 000 元/月左右的水平，但因为利润率较低，该公司的提成点要低于其他行业。招聘经理认为，这是公司的天然劣势决定的，也是招不来人的关键所在，这很难改变。您同意这个观点吗？该企业的目标人才群应该是什么样的人？他们有哪些特殊的应聘诉求？针对这些诉求，有什么好的办法来改善招聘效果？

答疑参见封底微信号。

3.6 如何高效率地面试？

面试是为了识别应聘者对拟聘岗位的胜任能力。

传统面试以问与答的形式来进行。问是第一个环节，能否问出高质量的问题，直接决定了对应聘者胜任能力判断的准确性，这叫效度；答是第二个环节，能否保证候选人的回答真实可信，决定了判断依据本身的科学性，这叫信度。

3.6.1 围绕招聘条件分步设计面试环节

如前所述，招聘条件包括很多方面，学历、知识、技能、经验、人格特质、价值观、内驱力，甚至个人爱好等。

不同维度的考核，要通过不同的方式来进行。知识、技能、经验的考核相对容易一些：知识的考查通过一张试卷就可以解决了；技能通过现场实操即可识别；但对人格特质、价值观的考核则比较难。正因为如此，面试应将几个维度的因素分开来考查，所以面试也要分几个步骤，不能指望一次面试就解决所有问题。

举例来说，某企业要招一个外贸业务员，招聘条件是：大专以上学历、了解产品知识、熟悉外贸业务的作业流程、外语沟通能力强、掌握外语信函写作、能基本准确地判断汇率波动趋势、有较强的商业敏感性和团队精神。

针对这些因素，面试可分五轮进行：

第一轮：机考。对于产品知识、外贸业务基本流程、英语写作能力等，完全可以通过网上机考来考查，既快又准。不及格者直接淘汰。

第二轮：电话面试。由 HR 专员进行，核实应聘者的应聘动机及其真实性，同时对应聘者的基本知识、能力、素质做初步判断，筛选出初试名单。

第三轮，初面。由人力资源部会同业务部门的骨干进行，重点考查应聘者的外贸业务实操能力、汇率判断能力、外语沟通能力等。

第四轮，群面。有条件的企业可以组织一次群面来考查应聘者的商业敏感性、团队精神。这些素质很难通过常规面试来考查，群面是一个不错的方法，有时候它也被称为无领导小组面试。

第五轮，终面。由业务部门主管来组织，重点考查应聘者与团队的匹配性，并最终拍板。这就像谈对象，一个能力强、品行好的人，不一定就适合结婚，还要看脾气、秉性、爱好。招聘也一样，一个能力强、综合素质高的员工，也不一定就适合你的团队。所以，在这一环节的面试中，主管可能会"天马行空"，随意地聊一些无关的话题，比如业务爱好、未来的理想、喜欢什么运动之类的，但主要是考查应聘者与团队的匹配性。

思考3-5：招外派软件工程师，面试应分几个环节？

某公司要招一名系统软件开发工程师，并准备派驻印度班加罗尔工作3年，该公司在班加罗尔已有5个人的工作团队。您认为，任职者需要具备哪些条件？进一步地，为测试应聘者的这些条件，面试应分几个环节进行？分别测什么？

答疑参见封底微信号。

3.6.2 根据招聘条件问有效度的问题

异常有效的面试必须满足两个条件：一是效度，即面试官问的问题要有效，通过对它的回答，能判断应聘者的胜任能力。二是信度，即应聘者的回答要真实可信。

首先来看效度。面试是个技术活，面试官要经过系统的培训才能上阵，因为"问"是个大学问，问不出高质量的问题，面试效果就无法保证。

那么，怎样才能问出有效度的问题呢？答案就是围绕招聘条件来问。而招聘条件来自岗位职责，一个岗位有什么样的职责，就会对候选人提出怎样的要求，比如，秘书有个职责是记录会议纪要，这就要求他有速记的能力，那么面试时就要考查其速记能力，要询问他是怎么做速记的或速记秘诀。

如果要招一个采购员，采购员有一项职责是预测原料价格，这就要求他有一定的价格预测能力，那么面试时就应该问他是怎么做价格预测的，或模拟一个场景，让他现场做价格预测。

如果招一个培训专员，他有一项职责是分析培训需求，那么面试时就应该问他是怎么分析培训需求的。

从这里可以看出，如果岗位职责不清晰，招聘条件就不清晰，面试时就会失去方向，乱问瞎问。

3.6.3 如何识别应聘者回答的信度？

面试是一场心理博弈，应聘者总想"装得"很优秀，面试官则试图看穿真相。即便面试官问的问题有效，应聘者回答不诚实，也会造成误判。今天很多应聘者久经沙场，经验丰富，甚至能猜到面试官想听的答案，带着答案上考场，这样的回答是毫无价值的，如果面试官识别不出来，就会造成误判。

面试官"听"的技巧就是识别应聘者回答真伪的技巧，为提高这种技巧人们设计了很多新的面试方法，比如 STAR 面试法。过去是预测未来的最好的钥匙，面试不能只局限于应聘者所说的"结果"，还需要他还原"过程"，即让应聘者把故事的过程完整地复述出来，打破砂锅问到底，据此检测回答的可信性。

所以，在 STAR 面试法下，面试官不只是问"你做过什么"，而是问"你是怎么做的"，应聘者的回答也不再是简单的"有"或"没有"，而是要完整地展示事件的各主要节点，比如，事件发生的背景（situation），他所承担的任务（task），遇到了什么困难，他又采取了哪些行动（action），最后达成的结果（result）及证明材料。在这种方法下应聘者很难撒谎。撒谎容易圆谎难，如果他没有做过，上述各环节都可能会穿帮。

面试的第二个利器就是弗洛伊德口误，意思是指，让一个人放开了说，说的时间长了，很多他本想隐藏的东西就会藏不住，据此就能识别出他的真实想法。"言多必失"就是这个道理。很多面试方法都是依据这个原则来设计的。

为确保应聘者说的时间足够长，面试时间不能太短，面试人数也不能太多，否则每个应聘者分得的时间太少。另外，面试时要尽量让应聘者多说，面试官的主要任务是抛出好的问题，把他们说的欲望勾起来，然后多听。

面试官最忌多说，更忌讳引导应聘者，那样应聘者会掩饰自己的真实想法。

▶ **分享 3 - 10：打破砂锅问到底，让她露馅**

乌鲁木齐一家公司的行政秘书突然辞职，给大家的工作带来了很大不便。公司启动招聘程序，经过层层筛选，有三个候选人进入终面，其中一位姑娘特别抢眼，大家对她的印象都很好。鉴于前次的教训，大家很关心她能否长期任职，这是一个有效度的问题。不出所料，她信誓旦旦地表示自己愿意长期在这里工作。按一般程序，这个问题可能到此就结束了。

但她的简历上写着她的户籍地是吐鲁番，于是面试官就问她为什么从吐鲁番到乌鲁木齐。她说 4 月份男朋友到乌鲁木齐来发展，她就跟过来了。如果这个问题到此结束，信息价值就不大，因为她还没有把故事还原完整。于是面试官进一步问她男朋友是做什么的，为什么来乌鲁木齐。她说，男朋友是吐鲁番一家软件公司的项目经理，这家公司承接乌鲁木齐联通的一个项目，他作为项目经理被派到乌鲁木齐。接着面试官又问她，这个项目的项目周期大概有多长。她说可能要 2 年左右，已进场大半年时间了。她男朋友负责调试，目前进展顺利。最后面试官又问了一句，项目结束后他的安排，她说要调回公司总部，并可能会升职。公司据此判断，这个女孩不太可能长期在乌鲁木齐工作，而是随男朋友回吐鲁番。最终，公司一致决定弃用她。

3.6.4 从登记表和简历看疑点

面试时，登记表和简历是非常重要的材料，它是识别应聘者的一个重要窗口，凡是发现疑点的，都应该发问，所以也是问问题的另一个重要源头。一般来讲，登记表和简历中如下一些信息应该引起关注：

1. 行文

如果一个人的思维是缜密的，那么他写的东西也应该是流畅的，逻辑上通顺、条理清晰。反之，如果他写的东西前言不搭后语，颠三倒四，那么他不太可能是一个思维清晰的人。

登记表或简历中最好预留手写的部分，因为从笔迹上能看出来这个人的些许品质。如果字迹潦草、错别字连篇、乱涂乱改，那么此人多半是个不讲究的人。应聘材料是展示自己的一个重要窗口，做事认真的人一般都会工工整整地写，就算要涂改，也会小心翼翼地用涂改液。

2. 空白处

多数登记表和简历都是模板化的，各项内容都应该认真填写，如果有空白处不填写，就要引起注意，是忘了写、不愿写，还是不便写？

3. 工作经历

这里有两个信息要格外关注：一是从竞争对手处来，这是很敏感的。为什么抛弃他们而投奔这里？今天在商业竞争残酷激烈的背景下，有些企业会不择手段地窃取对手的信息，借应聘名义向竞争对手输送经济间谍也是常有发生的。应聘者为何不顾这一嫌疑而来应聘？还是简单地被竞争对手所抛弃？

另一个要关注的信息就是人往低处走。人常说："人往高处走，水往低处流。"如果一个人离开了大公司而奔向另一家实力更差的小公司，谋求的职位也不高，那就值得推敲了。是被淘汰的，还是遭遇排挤，或其他难以言表的原因？

4. 薪资要求

一般来讲，在同等条件下，人们更愿意在一个熟悉稳定的环境下工作，除非薪资有较大幅度的上涨，比如30%以上，才会产生跳槽的冲动，这叫风险溢价。如果应聘者薪资期望与上一份工作的薪资相比没有明显上涨，那就是不正常的，他可能是被动淘汰的，实属无奈，因此能力存疑。

5. 履历间断或重叠

一般情况下，一个人不可能同时从事两份以上的工作，因此当存在履历重叠时，应该了解其中的原因。履历间断则更要引起警惕，在此期间应聘者究竟做什么了，为什么不填写，可能有一些难言之隐。一些忠诚度不高、工作不踏实、老是脚底抹油的人，在这一方面通常会露出马脚。一般来讲，超过6个月的履历断档就应列入异常情况。

6. 跳槽频率与原因

这是重点要看的。每个企业都害怕招到那些"养不住"的员工，动不动辞职，跳槽成性。过去是预测未来的最好工具，我们从他过去的跳槽频率可以推断他的职业忠诚度和企业黏性。如果在一个单位的平均工作时间短于3年，说明这个人的流动性较大，将来抬腿走人的可能性也比较大。当然，有些辞职是可以理解的，比如企业迁往异地等原因，这些可以通过背景调查来核实。

7. 更换过职业或工作性质

如果一个人的职业规划是明确的，那么他是不太可能轻易改变职业路径的，比如从销售员变成行政内勤，或从研发人员变成会计，如果履历表中存在这种情况，就可能是没有定力或能力不够，这需要进一步核实。当然，在相关岗位间的工作变动是正常的，不必大惊小怪，比如在销售与客服、研发与销售之间轮换。今天随着轮岗的普及，这种现象也越来越多。

3.6.5 弗洛伊德口误与面试法创新

正如前面的冰山模型所描述的，一个人对某一岗位的胜任力不仅取决于学历、知识、技能、经验等显性因素，更取决于人格特质、价值观、自我认知、内驱力等隐性因素，后者被统称为胜任力素质，素质很重要，但又很难测试，这构成了面试的最大难点。

一个人是外倾的还是内倾的？敢为性如何？宜人性高还是低？这些都很难通过常规方法来识别，甚至相处很久也难以看清，"知人知面不知心"。

面试时测试一个人的胜任力素质，就不能再靠传统的问答方式来进行，它要有一套特殊的方法，弗洛伊德口误为我们提供了指针。

弗洛伊德是精神分析理论的鼻祖，他提出过一个著名的心理学理论：每个人在与人沟通时都处于戒备状态，会选择性地说话，知道该说什么，不该说什么，这样说出来的全是片汤话，而真正能反映他本性和真实想法的话，他一个字也不会说。这样的沟通就毫无意义。但如果我们能创造一个舒适、轻松的环境，让他变得安逸并放松戒备，同时拉长沟通的时间，让他自由地说，畅所欲言，那么久而久之，他就会"忘乎所以"，把一些"不该说的话"也在不经意间倒出来，这些脱口而出的"错话"能反映他内心的潜意识和真实想法，也是判断他的人格素质的重要突破口，所以按弗洛伊德口误，对于别人不经意间说的错话、笑话、疯话、梦话，千万不要不当回事，一定要认真对待。

实际上弗洛伊德口误并不局限于语言，还可以推广到动作，特别是毫无戒备情况下的细微反应，比如不经意的肢体语言、应激反应等，都是洞悉一个人内心世界的窗户。

基于这一原理可以设计出很多新的面试方法，比如内部评价中心、场景模拟、群面等。以群面为例，它让一群应聘者通过集体讨论等形式展示自己，再结合其他一些场景设计来识别各应聘者的秉性特征，今天这一方法已得到广泛应用。再比如场景模拟，它通过"偶然""不经意"地创设一个环境，来观察应聘者的应激反应，并据此推断他的特征。

如果要招一个办公室主任，这个岗位要做的工作就是内引外联、对接协调，那么招聘条件中沟通能力和求助能力就很重要。关于求助能力，可以在电梯中"面试"，在拥挤的电梯中他应该请别人代按按钮，相反，如果他拨开人墙自己伸手去按，就说明他没有求助意识和合作意识。

如果要招一个情报员，他就应该有意识地通过各种手段来搜集信息，而不是循规蹈矩，即具有马基雅维利主义特质。面试结束可以请他带一份信封敞口的"重要资料"给档案室，如果在递送途中他偷看，并按下一步指令行动，就说明他有马基雅维利主义特质，相反，如果他循规蹈矩地把资料原封不动地送达档案室，而未执行规定动作，就说明他没有马基雅维利主义特质，也不适合这个岗位。

组织行为学的一个基本原理就是，人有怎样的性格特点，就会产生怎样的行为，这些行为会通过各种细节展示出来，据此可反推其人格特质，所以细节很重要。

面试中的细节，是识人的重要依据。细节越小，信息量越大，"明察秋毫"大概就是这个意思，也是弗洛伊德口误的核心所在。

▶ 分享 3－11："我怕我会喜欢上你"

讲到弗洛伊德口误，我想起了一件往事，它验证了从细节看人是多么地准。那时我刚留校任教不久，当一个研究生班的班主任，有个学生老是旷课，还挂了几科，他的导师很着急，找我想办法。我把这个男生叫到办公室训了一顿，结果他还委屈地哭了，他说他也不想这样，但确实静不下心来学。我问为什么，他说他失恋了。我也没多想，觉得可以理解，毕竟，失恋是痛苦的，我们年轻时都失恋过，知道那滋味。但这个学生接下来的一番话让我感觉到一丝异样。

或许是为情所困，他打开了话匣子跟我倾诉苦衷。那个让他痛不欲生的女孩是一个外校学生，他们是一次偶然的机会认识的，他很喜欢那个女孩，一直在追她，但她很矜持，一直没正式答应他，但也没有明确拒绝，始终若即若离。说是男女朋友关系吧，他们连手都没拉过；说是正常朋友关系吧，遇到情人节、生日，还大大方方地接受他的礼物，而且每年生日还过两次，一次是阳历，一次是农历。总之，求而不得是痛苦的。我说你追了那么久还是追不到，就放弃算了，毕竟，人是讲缘分的，缘分不到，强求也没用，放手就是放过自己。他说那个女孩每次收到礼物都会说："你对我这么好，我真怕哪天会喜欢上你"，所以总抱着希望。

　　听到这，我果断地打断他说："你死了这条心吧！第一，她是不会爱上你的；第二，她也不值得你爱。"这个男生很诧异地看着我，我解释道："就冲着她老挂在嘴边的这句话，我断定她不是个善类。原因很简单：首先，她不喜欢你，否则，不至于跟你交往这么久却没有一点表示。其次，她想吊你的胃口，不让你绝望。'我怕我会喜欢上你'有非常丰富的内涵：（1）我明确表示目前还没喜欢你，这避免了将来可能出现的纠纷。（2）但我将来可能会喜欢上你，所以你也不要灰心，可以继续追我。这足以说明她心机太深。她的目的是什么呢？通过这种不咸不淡的交往从你这里得到好处。不喜欢你，却心安理得地接受你的礼物，功利心很强；喜欢就是喜欢，不喜欢就是不喜欢，用片汤话吊着别人，稍显缺德。"我说，"将来你想娶一个这样的媳妇吗？"

　　这个男生眼神中透着疑虑，我说你要不信，可以去做一次调查，到她的学校，甚至到她的家乡，问问她的同学、邻居、身边的人，一定会有痕迹的。果不其然，这个男生找到了这个女孩的学校，春节期间还找到了她的家乡，经过一番了解，他大吃一惊，原来这个女孩从高中开始就很不本分，可以说劣迹斑斑，连她的亲戚都对她颇有微词。回来后这个男生彻底死心了，也解脱了。

生活中如此，工作中也是如此。通过细节来观察人，在招聘中大有用武之地。有的企业为了测试应聘者的办事效率，会设计一个场景，比如对几位意向人搞一次招待午餐，美其名曰答谢，实则是观察行事风格。那些吃饭慢吞吞、唠唠叨叨的人，很可能就是做事节奏慢的人，就可能会被淘汰。

思考3-6：如何测试一个人的敢为性？

场景模拟既适合招聘，又适合内部选拔。比如老板要从A和B两个人中选一个人来担任某分公司的总经理，这个岗位对任职者的决断力和敢为性有很高要求。A和B两人其他条件都差不多，唯有决断力和敢为性方面，老板希望任用一个更强的人。你能帮老板设计一个简单的方法测试一下他们的决断力和敢为性吗？

答疑参见封底微信号。

3.7 面试官培训

面试是一个专业性很强的工作，如果不经过专门培训，仓促上阵，面试效果就会受到影响。那么，如何才能成为一名合格的面试官呢？

3.7.1 面试前要认真阅读三份材料

面试的核心是考查应聘者对一个拟聘岗位的胜任能力，所以一定要了解拟聘岗位的岗位职责、招聘条件，同时对应聘者要有轮廓性了解，为下一步发问做准备。基于此，面试前一定要认真阅读如下三份材料：

（1）岗位说明书。要对拟聘岗位的岗位职责和招聘条件耳熟能详。有的应聘者反问面试官这个岗位是做什么的，面试官面面相觑、语焉不详，那真是笑话，你都不知道招人家来是做什么的，还面试什么呢！

（2）登记表。

（3）简历。在应聘者进来前，面试官就要通过登记表和简历对他/她形成一个轮廓性的认识，且准确度要达到六成以上，如果达不到，要么是他/她履历造假，要么是面试官的眼力不够。面试就是来验证这些的。

如果说岗位说明书反映了"应该怎样"，那么登记表和简历就反映了"他是怎样的"，中间到底有无差距，或有多大的差距，需要通过面试来识别。

我们要善于从登记表和简历中发现有用信息、异常信息或话题，并为下一步的发问做好准备。可以说，发问就是从这里开始的。关于如何从登记表和简历中发现异常信息，前文已述及，这里不再赘述。

3.7.2　发问的七个步骤

面试官一定要懂得科学地发问，在沟通中会问的人比会听的人高明，会听的人比会说的人高明。问出高质量的问题才能获得高质量的信息。

1. 暖场

暖场时间要控制在整个面试时间的 2% 以内，按一场面试 30 分钟计算，暖场时间大约半分钟即可。

2. 导入阶段

导入阶段的发问一定要简单，容易回答，其目的是舒缓应聘者的压力，便于后面张口说话，如果一开始就僵死了，后续问答就会受阻。

导入阶段问的问题一般都是片汤话，通常是应聘者会准备的问题，所以回答起来没有什么障碍，轻车熟路。典型的问题如：请自我介绍一下，或请简单介绍一下你的上一份工作。虽然这些问题没什么技术含量，但从应聘者的回答可能会引出后续的话题性问题，所以也要认真地听。

导入阶段也要有时间控制，不能让应聘者漫无边际地撒开了说，一般来讲，这个阶段占时约为 5%，按 30 分钟计，应在 2 分钟以内。

3. 用开放性问题引出话题

通过导入阶段应聘者的回答，可以从中寻找一个突破口开始发问，这个问题要满足两个条件：首先，它与招聘条件密切相关；其次，为了让应聘者敞开说，一定要是开放性问题。

就以招聘业务员为例，在导入阶段会问应聘者：请问之前你是如何开展销售工作的？他会回答：首先要建立并维护客户关系，然后要了解客户需求，再根据客户需求做产品方案及标书，投标，商务谈判等。

他的回答里提到了建立并维护客户关系，而这一能力也是销售员必须掌握的基本能力，为了测试这一能力，我们有必要问一个开放性的问题，比如，对于一个从不认识的新客户，他是怎么建立客户关系的。

4. 用行为性问题进行验证

这时候应聘者可能会千方百计地说明他是有一套办法来建立客户关系的，但这个回答未必可信，因为即便没干过的人也能胡诌几句。为验证他是否真的具有这个能力，可以用行为性问题进一步发问，其典型句式就是：请举一个例子。

行为性问题就是要他还原故事的完整过程，而不是简单地告知结果，常用的就是 STAR 面试法，这个方法前文已述及。

对于上述例子，在回答过程中，要求他说明是在什么时候、什么背景下遇到一个怎样的新客户，为建立客户关系，有哪些人参与，各自的分工是什么，其中他又承担了怎样的任务，采取了哪些具体的行动，最后达成了怎样的结果。

如果他没有做过，那么就算搜肠刮肚地编，也会露出马脚。

5. 用探索性问题继续追问

为进一步识别在对上述问题的回答中是否有捏造或杜撰，还要对其中的一些细节做进一步的追问，而且问题越细越好，典型句式包括：为什么呢？怎么……后来怎样呢？

仍延续上例，如果应聘者在陈述时提到他一开始去拜访客户时人家对他不理不睬并采取不友好的行动，那么这时候可以问一句：他怎么这样呢？

如果他真的做过，那他就能合情合理地回答出来，甚至能从后来发生的事情推出答案，比如，他与某某关系不好，而这个人与我们关系一直不错，所以有戒备心。

6. 用假设性问题进一步求证

对于重要问题，要有打破砂锅问到底的精神。对于前面所问的问题，如果还不放心，这时候可以进一步问一些假设性问题，所谓的假设性问题是在他身上还从未发生的事情，但请他设想一下如果遇到会怎样处理。通过对这种假设性问题的回答也能窥见一些奥秘。

"如果有人打你的小报告，你怎么办？"就是一个常见的假设性问题。校招时可以问学生："如果你不喜欢一门课，你怎么处理？"通过他的回答也能看出其处理矛盾的方式和能力。

在上述例子中，为进一步验证应聘者建立并维护客户关系的能力，可以问一句："你遇到过蛮不讲理的客户吗？"他如果说没有，那么就可以问他："如果遇到蛮不讲理的客户，他跟你提非常过分的要求，你会怎么处理？"通过其回答，多少能看出他在建立并维护客户关系上是否有自己的一套办法。

7. 确认

关于建立并维护客户关系的问题已经谈了很多，该收一收了，这时候可以请他简单概括一下他是怎么建立并维护客户关系的。

3.7.3 如何听

能问出好的问题还不够，还要会听。听是衡量面试官水平的另一个尺度。一个好的面试官在听的时候至少要做到以下几个方面：

1. 排除干扰

有的面试官面试时打电话，或低头看手机、玩微信，一副心不在焉的样子，这些都是极不礼貌的，是对应聘者的不尊重。面试时面试官代表的是公司形象，如果你不尊重别人，应聘者可以据此推断这家公司也不怎么样。

面试地点一定要预定好，最好不要在会议室，因为会议室是公用的，很可能面试时有人推门进来或要用会议室，这样给应聘者的感觉很不好。面试地点要专场专用，确保面试时不受干扰。

2. 少说多听

面试官一定要克服说的欲望，把说的机会让给应聘者。一般来讲，面试官说的时间加起来不能超过面试总时间的20%。

3. 不带偏见

真正的倾听是客观公正地倾听，而不是带着偏见去听，否则就会有选择性，只听那些对自己胃口的话，其他话则置若罔闻。如果应聘者是个女同志，面试官最容易形成一种偏见，那就是她要照顾家庭和孩子，不能把全部心思用在工作上，这样在面试时就会格外关注那些能验证她的心思都在家庭上的话，而对于工作上的话则会有意无意地忽略，最后证明"她工作确实是不会上心的"。

4. 及时反馈与总结

认真倾听的人不会长时间一动不动地听，他们一般会对听到的话做出反应，比如对认同的话点头赞同，对有疑问的地方进行确认，"您的意思是……"只有互动、反馈，沟通才是双向的，效果才会好。

5. 注意思考，前后对比

应聘者说的话有些是经过加工的，真假难辨，面试官在听的时候一定要带着脑子听，边听边思考，识别真假的最好办法就是前后对比，如果应聘者在这个地方这样讲，在那个地方又那样讲，前后不一致，不能自圆其说，就要引起警惕。

如果要招一个研发人员，那么能加班就是一个有效度的问题，如果应聘者说能加班，那么这未必可信，还要辅之以别的信息，有意识地关注他的作息表，如果他透露每天晚上十点前就睡觉，那前面的话就要打折扣了。

6. 做好记录

好记性不如烂笔头，一个好的面试官一定会带笔记本，边听边记，这样才能不遗漏重要信息，事后梳理起来也方便，应聘者也觉得他专业。

3.7.4 面试中的注意事项

面试是面试官与应聘者的互动过程，效果取决于双方，在这一过程中，既要防止应聘者提供虚假信息，也要防止面试官"主观臆断"，戴"有色眼镜"看人，这里有几点需要注意：

（1）晕轮效应。晕轮效应是指应聘者某一个方面很突出，面试官由此推断其他方面也一样好。最常见的情况就是，对那些漂亮的应聘者，面试官容易产生一种错觉，觉得她人品也一定好，性格一定温和，总之样样都好，但实际中可能恰恰相反，很多漂亮的人性格并不好。

（2）联结反应。联结反应是一种奇特的心理反射，当我们看到某个人时容易将其与另外一个不相干的人或事物联系起来，引起快感或厌恶感。不管是哪一种情况，都会干扰判断的客观性。

（3）出场顺序也会影响面试效果。如果一个上午安排 20 个人面试，那么时间就会很紧张，前面入场的人会面临更苛刻的"盘问"，但随着时间的推移，面试官"筋疲力尽"了，对后入场的人的把控会越来越松，以至于"虎头蛇尾"。所以面试人数要有控制，不能太多。

（4）要强调诚实性。面试官希望应聘者"如实相告"，同样应聘者也希望面试官能"坦诚相待"，不要夸大其词或隐瞒什么。有些面试官为了吸引应聘者，会夸大入职后的利益，对一些不利的东西则刻意回避，这不是一种诚实的态度，不应提倡，因为害人害己。

美国管理学家威茨曾统计过，新员工离职的一个重要原因就是面试时面试官所承诺的东西无法兑现，是"画饼"，期望越大，失望越多。也许当初面试官想更快地招来人，但没想到的是，人来得快走得也快，来来走走，徒增成本，所以他建议面试官把未来工作的真实面目包括不利的一面都如实地展示给应聘者，让应聘者客观地评估自己是否适合这个工作，这叫真实工作预览。

▶ **分享 3 - 12：挂羊头卖狗肉的招聘要不得**

有家企业明明是要招一些销售员，但怕没人应聘，招聘广告中就写成客服岗，等应聘者入职后，再游说他们改做销售员，如果不同意，就终止试用。这种做法很不妥当，给人造成不诚实的印象，而且解决不了问题。应聘者是冲着客服岗来的，多半还是不愿做销售，反倒是这种人员大进大出，给企业增加了不少费用。以北京为例，我们粗略估算过，仅发布招聘广告、下载简历、面试等费用，一个入职者就要 1 500～2 000 元。如此折腾不是劳民伤财还招人骂吗？

3.8　招聘创新

为提高招聘效果，在招聘渠道、招聘方式等方面，各企业可以结合自身情况进行一些大胆的尝试，"不拘一格招人才"。

3.8.1　招聘渠道创新

随着社会分工深化，招聘流程外包（Recruitment Process Outsourcing，RPO）正成为大规模招聘的一种备选方案。如果一个企业要在短期内招聘大量程序员、业务员，仅凭一己之力很难完成，这时候就可以借力于 RPO 来实现。企业把招聘需求告诉外包公司，后者从岗位设计、职位描述、招聘条件、信息发布、简历筛选、人才测评，直至最终的人员输入，提供全流程的服务。RPO 可以按项目制的形式走，是一种定制化模式，在一定程度上能把企业解放出来。

另外，有些招聘未必非要在正规的招聘场所进行，可以适时转移"战场"。营销学上有一句话叫：你要出现在客户出现的地方。招聘也一样，企业要出现在目标人才出现的地方。举个例子，如果要招一个游戏开发人员，最好的招聘场所不一定是人才市场，那里人虽多，但精准度不高，100 个应聘者中可能只有 1 个真正懂游戏开发，相反，如果把招聘场所搬到游戏厅，或许效果更好。

3.8.2 目标人才创新

招聘是为了满足用人需要，只要能满足用人需要，有些岗位未必需要全职的，也可以是兼职的，有时候兼职的效果甚至更好。

以农业生产资料企业为例，在招聘销售员时就可以招种植大户兼职销售，他们自己就是使用者，因为种植规模大，在消费者中拥有较高的声誉，让他们做代言人再合适不过。在农资行业，让种植大户做兼职销售员是个普遍现象。

如果要开一家高档的收藏品商店，面向小众化的高端人群推销文玩、玉器等奢侈品，就不必到人才市场招聘专职销售员，因为招来的人也未必真正懂这些奢侈品，甚至没有机会接触到这些小众消费群，那么最好的办法就是招兼职业务员，比如高端的全职太太，她们有钱有闲，乐于交际，人脉广泛，自己就是消费者，在鉴赏、把玩、交际的过程中，向亲朋好友推荐产品，乐在其中，推销效果也肯定不赖。

3.8.3 招聘工作前置

当然，招聘中还有很多创新方法，比如校招前置。

一般来讲，校招只在毕业季才启动，但仅凭几次面试又很难准确地识别人才。为解决这一问题，企业可以与高校联合开设一些课程，在教材中植入本企业设备，同时捐赠设备建实验室。可以让那些对本公司有兴趣的学生选修该课程，通过观察其课业表现、考试成绩、上机实操效果，判断他们的专业基础、技术能力以及与本公司的匹配性，在毕业前就通过协议把那些合适的学生锁定，比如约定若毕业后来公司工作就给予一定金额的奖励，甚至直接赠予股票。通过提前锁定人才，避免毕业季人才争夺的"红海"。

锁定目标人才后还要安排导师与之对接，在他们入职之前，就要加强平时的联系和沟通。这样做有两个目的：第一，让毕业生提前进入状态，提前了解公司和工作。第二，防止节外生枝。如果平时没人对接，毕业前学生就处于放羊状态，可能会再接触其他单位并被撬走。

▶ **分享 3 - 13：暗藏玄机的校园大赛**

　　某民办培训机构专做中小学课外辅导，生源火爆，优质师资严重短缺，尽管它常年社招，但效果并不理想：一则需求量大，零散招聘根本满足不了需求；二则社招来的师资流动性大，优质师资的留存率低。为解决这一问题，它开始将目光转向应届毕业生，与当地的一家师范大学联合，以冠名方式举办教学基本功大赛，并对获奖学生进行重奖，其中，特等奖奖金高达 20 万元，一等奖奖金也达 10 万元。"重赏之下必有勇夫"，此事在校园引起了巨大轰动，很多学生踊跃报名。该企业通过大赛扩大了自身在该校的知名度，为招聘做好了铺垫，那些获奖学生也作为目标人才被提前锁定。通过这种方式，该机构在短短几年时间内组建了一支近 300 人的优质师资队伍。

　　当然，招聘创新还包括很多其他的内容，不再一一赘述。

　　思考 3 - 7：如何避免"请菩萨容易送菩萨难"？

　　有家企业招一个营销策划人员，面试时遇到一个应聘者，能力强，表达顺畅，从业经验丰富，老板有意向引入但又举棋不定，担心他是个只会纸上谈兵的人。毕竟，人招进来后，万一看走眼，即便在试用期内辞退也不是容易的事。如果你是招聘负责人，能不能设计一个方案，使企业既不会错失英才也不会看走眼？

　　答疑参见封底微信号。

第四讲　调　配

4.1　人岗错配是最大的人力资源浪费

将员工招进来后就要将其放到相应的工作岗位上，把合适的人放到合适的岗位上，叫人岗适配，"人尽其才、物尽其用"。如果人岗错配，就会误事。

4.1.1　不是人不行，是组织不行

爱因斯坦是一个天才，做科学研究是一流的，但如果让他当厨师，就不一定能做出一桌可口的饭菜。放错了位置，天才也会变成废物。

有的人擅长跟人打交道，但做事不严谨，将这样的人放到销售岗位上最合适，让他搞研发就勉为其难。有的人就喜欢挑毛病，老跟人磕磕碰碰，做中试最好。

企业就是一个组织，本质是将一群人的劳动组合起来转化为产出，劳动组合的科学性决定了产出的效率。人人都有优点，也有缺点，分派任务的基本原理是利用每个人的优点，规避其缺点。从这个角度讲，一个企业的效率低，原因可能不在于"人不行"，而在于"组织不行"。

这就像战场上，士兵再强大，排兵布阵搞错了，战斗力也上不去。

4.1.2　人岗错配的隐蔽性

现实中，人岗错配有多种表现形式，有的是显性形式，但更多的是隐性形式，比如没有分工。200多年前古典经济学的奠基人亚当·斯密就曾提出：分工决定效率。在一个没有分工的组织中，每个人都做"一整套"

的事，但每个人都有适合他做的事，也有他不适合做的事，既让他做适合的事，也让他做不适合的事，就存在一定程度的错配，而且人人都存在错配，效率就不可能高。

▶ 分享4-1：引入昂贵的百度竞价后，业绩为什么还上不来？

某资质代理公司，服务很专业，品质有保障，但因知名度不高，业务一直没起色，后来想到通过百度竞价来导入客户资源，每个月付费高达数万元，但业务起色仍然不大。为什么呢？我们先了解一下该公司的工作流程，再看其人员分派情况。

其业务流程是，先通过百度竞价引起潜在客户的关注，后者点击链接页面，这时候客服人员对接，通过在线沟通，引起对方进一步的合作兴趣，并留下联系方式，再由业务人员拨打客户电话，进行线下沟通、谈判，并最终签单。这里，有三个关键节点，即百度竞价—在线获取号码资源—线下沟通签单。

那么这三项工作分别由谁来做呢？百度竞价由两个推广专员做，这没问题，问题在后两个环节——在线获取号码资源和线下沟通签单，这两个环节全部由业务人员来做，他们并没有分工。公司有15个业务员，他们天天都蹲守在电脑旁，等弹窗出现，如有客户点击链接，按先来后到原则，在线答疑，拿到号码资源后，就直接给客户打电话推销。

这样做有两个问题：首先，工作负荷不饱满。我们统计过，百度竞价每天能导入的客户资源只有5个左右，却有15个业务员在等，所以，大部分业务员都处于闲置状态。其次，会降低成交概率，浪费宝贵的客户资源。这些业务员有的适合做线上客服，但做线下业务推广不一定行；另一些人则相反，做线下推广是一把好手，但线上沟通不太擅长。让他们同时做线上和线下的工作，就是"人岗错配"，它只会造成两个结果：要么好不容易导入几个客户，但因为在线客服没做好，拿不到号码资源，鱼没有入池；要么好不容易拿到号码资源了，线下谈判没做好，鱼虽入池了，但钓不上来。

为解决这一问题，我们根据各业务员的专长，将其分成两组，第一组是在线客服。他们只负责获取号码资源，拿到号码资源后交给第二组。第二组只负责线下谈判。通过这一调整，让每个人做他所擅长的事，避开他不擅长的事，既不浪费宝贵的导入资源，也不浪费宝贵的号码资源，同时也节约了人力成本。通过分工，我们发现在线客户只需3人，线下谈判只需5人。按业务能力排名来筛选，留下最能干的8个人，其余7人转岗。这既提高了各环节的成交概率，也节约了近一半的人工成本，可谓一举两得。

俗话说：好钢用到刀刃上。一些最重要的工作，应该由最有能力且最适合的人来做。但现实中很多企业出于公平等因素的考虑，通常让那些能力平平的人来做，或"轮流坐庄"，这样看似公平，但是以牺牲效率为代价的，得不偿失。

在这个问题上，企业与国家一样，应当效率优先，其次才是兼顾公平，不能本末倒置，机会应当优先留给那些最能胜任的人。

思考4-1：如何提高电销公司的进线成交率？

某公司专门从事电话销售工作，通过电视播放产品广告，并留下以400开头的销售热线电话。广告播出后，各地咨询电话纷纷打入，近300名接线人员接听、讲解，并力促成交。但我们发现，进线成交率不足10%，远低于同行业近15%的平均水平。为找到其中的原因，我们剖析了其工作任务分派过程并发现，每当有电话接入时，300名接线员按随机概率接听，即谁有空闲谁接听。而这300人中，有能力强的，也有能力弱的；有新员工，也有老员工；有经验丰富的，也有经验不足的；有的人成交概率高达30%，有的人不足5%。如果让您来设计，当有电话接入时，如何分给这300个接线员，进线成交率才能提高？

答疑参见封底微信号。

4.2　入职培训是预防人岗错配的第一关

4.2.1　先发射后瞄准

把合适的人用到合适的岗位上，就像发射导弹，存在发射与瞄准的先后关系。一般情况下是先瞄准再发射，但有时很难一下子瞄准，就可以先发射再瞄准，这其实就是一个矫正过程。

只要有矫正机制，哪怕一开始把人放错地方，也没什么好担心的。

如果有个人很优秀，我们想招他，但并不知道他适合干什么，该怎么办呢？是先搞清楚他适合干什么再招进来，还是先招进来再说？答案显然是后者，如果要搞清楚后再招进来，恐怕会错过人才。不如先招进来，再通过各种试错方法找到适合他的岗位。

招聘"管培生"就是采用这个做法。招聘时只对应聘者提综合素质要求，而不过多地涉及专业要求，招进来后也不定岗，通过一段时间的培训、实习和观察后再定岗。这就是一个瞄准的过程。

4.2.2　新员工培训的二次识人功能

入职后的观察，可以从新员工培训开始。

新员工培训除了培训知识和技能外，还有一个重要的功能，那就是识别员工的潜质，是继面试之后识人的一个重要补充，能为人岗匹配提供进一步的依据。

这与饭桌识人是一个道理。一个看似温文尔雅的人在饭桌上可能露出原形，狼吞虎咽，吃独食，剔牙……这些都会改变你对他的最初判断。

入职培训其实就是一个"大饭桌"，在这一段时间的集体生活里，每个人都有足够的机会展示自己，也有足够的机会暴露自己的本性。

就拿吃苦耐劳来说，面试时你不太能看出来一个人能不能吃苦，但军训时，娇气不娇气、吃不吃得苦，是装不出来的。

集体讨论也是识人的一个重要方式，培训要多设这样的场景，这与群面类似。集体讨论时有人闷不吭声，不愿分享；有人性格乖张，是"杠精"。

通过这些连续的观察，我们就能基本准确地描绘出一个人的"脸谱"，对他适合做什么心里有数。培训结束时，培训负责人要给每个新员工做总结。如果发现他不适合当初应聘的岗位，可以建议他调整岗位。从这个角度讲，员工的职业生涯规划是从入职培训开始就启动的。

▶ **分享 4－2：入职培训与第一次调配**

> 某公司新员工以 30 人为一班进行集中的入职培训，培训内容除了解公司的基本发展历程、组织结构、规章制度、产品知识等之外，还包括军训、企业文化、职业素养等。培训形式除正式授课外，还包括集体讨论、户外拓展、互动游戏等。每个班安排一个班主任，对新员工进行指导、监督，观察培训期间的各种表现，培训结束后，根据其表现，对新员工的未来职业生涯规划提出意见，比如，适合做什么，不适合做什么。有的员工本来应聘的是销售岗，但培训期间表现出并不擅长与人打交道，但思维很缜密，据此班主任建议他不要从事销售工作而转岗做研发工作。但最终如何，还是尊重员工自己的意愿。即便员工不同意转岗，也要告诉他今后在这个岗位上要克服哪些缺点对其未来发展有所裨益。

4.3　内部劳动力市场与转岗

4.3.1　不要轻易淘汰能力不够的员工

虽然入职培训能在一定程度上预防人岗错配，但仍不能杜绝。

即便某人一开始是适合某一岗位的，但随着时间的推移，知识、技能老化，也可能不再适合该岗位了，所以人岗错配是一个动态的概念，随时都可能发生，这就要求企业有一种常态化的矫正机制，这个机制就是内部劳动力市场。

如果说入职培训是预防"新人"人岗错配，那么内部劳动力市场就是纠正"老人"人岗错配。人岗错配是"赶鸭子上架"，责任不在鸭子，而在赶它的人。内部劳动力市场就是要把鸭子从树上引回到适合它的水里。

企业培养一个人不容易。如果某员工认同企业文化，对企业忠诚，仅仅因为不适应某个岗位的工作，就被淘汰，实在太可惜，应该通过内部劳动力市场再给他提供一些机会。

由此延伸出一个问题：对于那些能力不胜任的员工，各分（子）公司、部门能不能自行开除？答案显然是否定的。人力资源部是"人"的总阀门，所有人员的招聘都是由人力资源部统筹的，相应地，出口也应由人力资源部统筹。用人部门只能用人，不能开人，如果不适合，可以退给人力资源部，但自己无权直接开除。原因很简单，公司的调配范围比各分（子）公司、部门大得多。一个员工不适合这个部门，不代表他不适合其他部门。

▶ 分享 4 - 3：三十精兵哪去了？

某公司因业务整合，A 分公司被裁撤，在人员分流方面，经集团人力资源部统筹协调，有近 30 名业务精兵留下，被整合到 B 分公司。大约半年后集团人力资源部对这 30 人的情况进行跟踪回访，却发现大部分已被 B 分公司辞退，早已人去楼空。究其原因，B 分公司以女员工为主，而这 30 人多为男员工，B 分公司领导认为，无论是工作习惯还是生活习性，诸多方面都存在不便，因此变着法子让这 30 人走人。因担心集团阻挠，他们先斩后奏。这件事在集团引起了很大震动，显然集团对分（子）公司的人力资源管控有问题。实际上，这 30 名业务精兵都是跟随公司多年、能力突出、忠于公司的员工，是公司的宝贵财富，之所以业务整合时没有淘汰他们就是出于这个考虑，只要转岗得当，应该能很快重新发挥作用，却没想到被分公司随手抛弃了，实在可惜。

4.3.2 调配流程

为保证"人尽其才，物尽其用"，对退还给人力资源部的员工，应该走如下几个调配步骤。

首先，用人单位要说明退还的理由。如果理由是此人不适合该岗位，那么，就要写清楚为什么不适合，同时说明他适合干什么，建议调换到什么岗位。否则，就是对当事人的不负责任。退人，应该是基于了解的前提，既然了解他，就不仅要知道他不适合干什么，还要知道他适合干什么。说不清人家适合做什么的，就说明对他的了解还不够，就不能草率退人。

其次，根据调岗建议，人力资源部与相关部门接洽，为员工争取新的机会。当然，这要征得双方的同意。在一些技能互补的部门通常会有这样的机会，比如，把销售员调到客服岗，或把研发人员调到中试岗。有跨部门工作经验的人往往更受欢迎。

最后，如果调岗不成，还可以通过更大范围的搜寻—匹配做进一步的尝试。比如把员工的相关信息发布到内部劳动力市场网站上，让其他部门来挑选，模拟外部人力资源市场进行匹配。

逾期匹配不成功的才启动淘汰程序。这是一个痛苦的抉择，因为除非是态度出了问题，否则仅仅因为匹配不合适就淘汰，于员工于企业，都是一种伤害，要尽量避免。

4.3.3 良匠无弃材，良主无弃士

如果真的出现员工匹配不到合适的岗位的情形，那么人力资源部就要反思内部调配系统是否有效，因为从理论上讲是不应该出现这种情况的。

唐太宗李世民说："良匠无弃材，明主无弃士"，意思是在一个好的君主眼里，什么人都能用。他进一步阐释："明主之任人，如巧匠之制木，直者以为辕，曲者以为轮；长者以为栋梁，短者以为拱角。无曲直长短，各有所施。"

如果一个人匹配不到合适的岗位，就相当于无用之弃木，是"朽木不可雕也，粪土之墙不可圬也"，这是孔子的观点，但在管理学上并不适用，它反映出企业的识人、用人系统出了问题，至少还没有达到李世民所说的境界。

思考4-2：送货员该如何转岗？

某公司有一个近千人的物流团队，送货员在送货的同时还负有搭销的任务。每年公司根据送货业绩对送货员进行排名，垫底的5%，被视为不适合该岗位，要转岗或淘汰。他们中大多数并不是工作态度不端正，恰恰相反，在企业工作多年，工作都很认真，但因年龄渐长，体力跟不上，逐渐呈现出劣势。出于最基本的感情，公司希望对这些人不要一棍子打死，最好能在内部消化掉。您认为，这些人转到什么岗位合适？对此，可以设计一个怎样的转岗机制？

答疑参见封底微信号。

4.4　打破组织惰性与防止人员板结化

4.4.1　永葆组织活力是个永恒的话题

古人云："生于忧患，死于安乐"，企业也一样，如果没有忧患意识，躺在现有业绩上睡大觉，就会滋生太平意识，搞办公室政治，离衰落也就不远了。

一个有抱负的企业总会通过各种手段来灌输危机意识，重燃组织斗志，因为它深知一个没有活力的企业是走不远的，但这又何其难也。

关于人性的假设，麦格雷戈曾提出了著名的 X－Y 理论，他认为人总会尽量逃避责任，不愿担当，只要条件允许就会得过且过。当一个企业历经创业初期的艰辛发展到成熟阶段时，就很容易滋生太平意识，特别是那些创业元老，会产生"打下江山坐江山"的享乐思想，丧失斗志。

要解决这一问题，就必须引入外力的强制干预，打破路径依赖，让员工不断重生。重生就是打破一成不变的工作状态，向员工不断输入新的刺激信号，唤醒他的斗志，这就像电击疗法。

4.4.2 人员固化是大忌

当一个人初到一个岗位时，总会有一种新奇感、敬畏感和压力，为尽快适应，一般都是诚惶诚恐地工作，虚心请教同事，刻苦钻研业务，这时他是有活力的，但随着时间推移，经验越来越丰富，与同事也越来越熟，压力逐渐消失，新奇感、敬畏感荡然无存，如果还让他在这个岗位上坐下去，就极易滋生太平意识。

我们把这种现象称为人才板结化，它就像吃饱了饭不运动的人，食物全部堆积在肠胃里不能蠕动，消化就会出问题，医学上叫胃动力不足，它与组织活力不足是一个道理。现代养生之道讲究饭后运动，通过运动来提升消化能力，企业也要通过运动来提升组织活力，不要让员工在一个岗位上久坐不动，通过"动"来打破"组织胃动力不足"问题。"流水不腐，户枢不蠹""人挪活，树挪死"，讲的大概都是这个道理。

▶ **分享 4－4：如何防止老员工滋生惰性？**

> 员工到一定年龄后是容易滋生惰性的。这里既有职业倦怠的因素，也有职业天花板的原因，另外，多数人在这个年龄已经成家立业，照顾家庭、教育子女的顾虑比其他年龄段的人都要强烈。"家庭消磨人的斗志"虽然是一个不近人情的提法，但确实有一定道理。如何重燃员工的斗志，是摆在企业面前的一个重要课题。为了做到这一

点，有的企业近乎绝情，让员工远离家庭，就像战争年代士兵不能拖家带口一样：首先，在工作地点分配上就远离家庭，家在东北的，故意将其分配到西南地区的分公司工作。当然，有的家属也会带着孩子到配偶的工作地生活。为阻止随迁，接下来就要不断地"行军"，让家属跟不上"行军"的步伐，比如，隔一段时间就给员工调换一个工作地点，这样，他们的子女上学的节奏就会被打乱。在这一过程中，也有员工不服从工作调动，只能辞职。企业通过这种方式补充了新鲜血液，加速新陈代谢。撇除道义上的争议不说，单从激发组织活力的角度来看，这些做法确实有效。

4.4.3　流水不腐，户枢不蠹

为防止人才板结化，人力资源部应该对各个岗位的任职者做一个统计，对那些长期待在一个岗位上不动的人引起警惕。按理说，如果一个人的能力没问题、态度没问题的话，就算是"论资排辈"，经年累月之后也应该升职，久坐不动就不正常了：要么是能力或态度出问题了，要么是晋升通道或调配系统出问题了，不管何种原因，人的活力都会大打折扣。

再回到军队的例子上来，军队是最需要活力的，如果一个士兵的服役期过长，就会滋生太平意识，甚至沦为兵油子，带坏组织风气。我国1998年颁布的《兵役法》就规定陆海空义务兵的服役期一律为2年，取消超期服役制度。

当然在借鉴服役期概念时，企业针对的不是"人"，而是"岗"，我们并不是说用一个人不能超过几年，而是说一个人在一个岗位上不能超过几年。

很多有先见之明的企业，都在或明或暗地执行"岗位服役期"制度，特别是对一些关键岗位、敏感岗位。这样做除了能永葆组织活力外，还能带来其他一些好处，比如内部管控，具体如下所述。

4.5 内部管控与岗位服役期

4.5.1 能力强的员工要可控

　　企业和员工之间是一种微妙的博弈关系，企业依靠员工，所以希望员工强，但又不能太依赖员工，否则尾大不掉。这种矛盾，是内部管控经常遇到的问题，它和集团与分（子）公司之间的管控难题是一个性质。

　　这就像中央政府与地方政府的关系一样，千百年来都是一个历史难题。中央政府靠地方政府来治理地方事务，但地方政府太强大，中央政府就会管控不住它。"既想马儿强壮，又不想马儿脱缰"，怎么办？很多人为此绞尽脑汁，历史上有许多政论文就是为此出招的，比如晁错的《削藩策》、贾谊的《过秦论》。

　　中央—地方治理的理想模式是"管而不死，放而不乱"，打破"活乱循环"，地方政府可以很强大，但必须在中央政府的有效管控范围之内，收放自如，不能中央一提削藩，诸侯就造反。

　　这为企业与员工之间的关系提供了借鉴：员工能力要足够强，以保证执行力；企业要有一套行之有效的管控体系，保证员工"不脱缰"。这套体系的核心可以概括为：企业依靠员工团队，但不依赖员工个人，员工再厉害，也是"铁打的营盘"上的"流水的兵"。不建立这样的体系，迟早会遗祸无穷。

　　思考4-3：如此强势的副总裁，老板该如何应对？

　　某公司有个女同志，学历不高，但能力很强，当初在公司开发某项业务时，她毛遂自荐，冲锋在前，拿下了几个重要的大单，并一手带出了一个能战斗的团队，把公司业绩推向了顶峰。老板自是喜上眉梢，不断对其"加官进爵"，使其官至销售副总。在此岗位上她一待就是近10年。经过多年的深耕，业务骨干基本上都是她的门生。分（子）公司领导、区域经理只认她，不认老板，唯她马首是瞻。她与老板之间的嫌隙也不断扩大，很多重大事项都公然与老板叫板，拒不执行公司决议。

近年来随着人工智能技术的广泛应用，竞争对手已先知先觉，率先引入智能业务分配系统，而他们仍固守传统的手工分配，速度慢、效率低，且引起了较大的内部矛盾，全凭这个副总裁的个人威望来摆平。基于此，老板打算引入 ERP 系统，借助人工智能推行业务流程优化，但遭到该副总裁的极力反对。她认为老板是要借机器来削弱她个人的权威，动她的奶酪。她给业务高管下命令，未经她的允许，任何人都不得接受他人的约谈，包括老板。鉴于业务分配权在她手上，这些高管不敢违抗，以至于老板要请下面几个核心高管吃饭，都没人敢去。流程优化工作因此无法推进，但老板也不敢强推，怕万一闹崩了，她来个鱼死网破，两败俱伤。面对这种情况，您觉得该怎么办呢？

答疑参见封底微信号。

4.5.2　铁打的营盘，流水的兵

有些员工失控，一个重要原因就是长期盘踞某个核心岗位而不挪窝，不挪窝就会"做窝"，地盘意识就出来了。

1973 年 12 月 12 日毛主席召开中央政治局会议，提出八大军区司令员对调，他说："一个人在一个地方搞久了，不行呢。搞久了，油了呢。有几个大军区，政治委员不起作用，司令员拍板就算，我想了好几年了。主要问题是军区司令员互相调动，政治委员不走。"[①]

毛主席的治军思想应该能给我们一些启发。

有些业务经理长期盘踞在某个地区，就跟军区司令员是一样的，虽然能力强，出业绩，但待久了就会油，动力不足不说，还会营造盘踞势力，

---

① 回顾八大军区司令员对调：一声号令坚决执行. military. people. com. cn/n1/2016/0120/c1011 - 28069935. html.

与公司讨价还价，更有甚者，与客户混熟了还会联合他们对付公司。这些值得警惕。

● **分享 4-5：区域经理竟是一头中山狼**

> 某公司的一个区域经理，负责××省的销售工作，手握大权。因其能力突出，业绩优良，公司一直让他在区域经理位置上干了 8 年，久而久之，一些本该绕过他的事情就由他直接操办了，他因此掌握了公司的一些核心信息。他将这些信息汇总后，抽丝剥茧，梳理出一些关键线索，将它们全部记录下来，刻在光盘上。对此，公司毫无察觉。直到有一天，他突然提出辞职，要求公司给予高额的离职补偿，老板严词拒绝，他竟拿出光盘来威胁老板。尽管这件事后来得到解决，没有引起恶劣后果，但给公司造成了极大的震动。自此之后，公司形成了一个不成文的规定，那就是，任何一个区域经理，哪怕能力再强，业绩再好，在一个地区的任职时间也不能超过 3 年，到点必须走人，而且任职期间凡列入关键事项清单的事情不能由区域经理直接操办，由公司派人经办。

4.5.3 关键岗位要有服役期限制

借鉴军队的经验，我们提出岗位服役期的概念。

对一些重要的、易对公司造成威胁的岗位，应规定最长任职年限，以绝后患。这样做虽然短期内可能会对业务造成一定影响，但从风控的角度，还是值得的。仍以区域经理为例，设岗位服役期后，客户就会形成预期：不管哪个区域经理在这里都不会久待，与他结伙都不可靠，要结伙也只能与公司结伙，而这正是我们想要的。我们要打造公司的平台而不是个人的平台，"公司搭台，个人唱戏"，谁来都能唱，但平台只有公司一个。一旦客户适应了这种模式，就不会对业务造成多大的冲击，甚至还能起促进作用。

当然，要做到这一点，在人才梯队的储备上要下足功夫。不能这边人调走了，那边人却过不来，或接不上。凡是设岗位服役期的岗位，都要有A、B角，其中，A角是主角，正常履责；B角是储备人才，随时都能顶上。

公司要建立专门的人才库，对所有的A角和B角进行统筹，它就像组织部，对哪个区域的A角要调走，哪里的B角能补过来，做到心里有数，不能临阵无人可调，这要求平时储备人才的建设要跟上。关于这个问题，在任职资格管理一讲我们还要具体论述。

4.6　能力扩散与轮岗机制

现代企业对复合型人才的渴求越来越强烈，员工一专多能，有利于团队协作。这就要求员工不能只守着自己的岗位那一亩三分地，还要适当掌握其他岗位特别是上下游岗位的工作技能。

4.6.1　组织重心下沉需要一专多能

今天组织结构演变的一个重要趋势就是重心下沉，有人把它称为打响"个人的战争"。过去一场中等规模的战争交给一个旅来完成，其中有工兵营、通信班、机枪连、火箭小分队、战地医院等协同作战。现在战场形势瞬息万变，为了及时抓住战场上的机会，就不能再搞集权，而要大幅度分权，把战役指挥权交给基层单位，一场局部战争可能交给一个班去打，班长就可以决定打不打、什么时候打、怎么打。

一个班就十几个人，必须一个人顶几个人用才行，每个人都要扮演多重角色，掌握多重技能。通信兵要懂包扎，能开机枪，甚至开炮；工兵要懂测绘，会发射导弹；火箭兵也要会修工事、懂侦查甚至会做饭。这就是组织结构下沉带来的一专多能的要求。

商场如战场，为了适应市场一线瞬息万变的形势，很多企业都把一些重要的作业任务授权给更小的基层单元甚至个人，一个典型的例子就是销售。

现代销售都是组团作战。一个销售团队通常包括客户经理、产品经理、售后服务人员，甚至回款专员，这就像一支重装旅，但只有在项目投标时四个人才会都到齐。在日常工作中更多的是其中某一个人或某两个人去现场，比如客户经理例行拜访，售后服务人员处理故障，在这一过程中很可能会遇到预想不到的情况，有的蕴藏着重大的商机，需要当机立断，现场拍板，因为机会稍纵即逝，根本来不及搬援兵，这就要打响"个人的战争"，它很可能是跨界的，没有"十八般武艺"，根本无法胜任。

▶ 分享 4－6：业务员帮客户修别人的设备

某公司在行业内知名度不够大，因此一些大型客户一直不敢采购其设备，但业务员没有放弃对这些潜在客户的跟踪。有一天，一个业务员例行拜访某客户，听客户抱怨他们采购的某国外品牌的设备坏了，趴窝好几天，厂家维修人员迟迟到不了现场，严重影响施工进度，他们很窝火。业务员意识到，这是一次难得的"上位"机会，便当机立断主动请缨为客户修理。由于他之前做过售后服务工作，熟知国内外各种型号设备的构造，居然出其不意地把设备给修好了，解了客户的燃眉之急。自此之后，客户对这个业务员刮目相看，他们意识到选择设备供应商，不能只看品牌知名度，还要看售后服务的及时性，在后续的采购中开始有意识地引入该企业的设备与国外设备展开竞争。

在这个案例中，如果业务员不懂维修，是无法打响这场突如其来的"个人的战争"的。

4.6.2 部门间协作需要跨部门技能

部门间协作要求能力在部门间扩散，不能封闭。

一个典型的例子就是："市场技术化，技术市场化"，前半句的意思是业务员一定要懂技术，只有懂技术，才能与客户进行深度沟通；后半句的意思是技术员一定要懂市场，只有懂市场，才能理解客户需求，研发才不会搞偏，否则就可能闭门造车。

再比如，售后服务人员一定要懂得维护客户关系。服务做得再好，也不可能做到尽善尽美，也不能保证能100％地解决客户的问题，也许，最多能解决99％，那么剩下那1％的客户满意度靠什么来保证？客户关系！所以，一个客服人员哪怕技术水平再高，不懂维护客户关系也不能算是一个好客服。

搞中试的人要懂研发。不懂研发，就不知道哪个环节容易出问题，纠错就会带有很大的盲目性。

后勤员工一定要懂一点业务知识，否则就无法为一线提供高效率的支撑，因为不知道他们的"痛点"。

我们一直强调人力资源管理人员不能只懂人力资源管理知识。如果他们不懂一线作业的流程，那么所设计的各种机制可能都是无的放矢，"驴唇不对马嘴"。以销售为例，如果不知道公司基本的销售流程、关键节点，就不知道考核要点应该放在哪。正因为如此，人力资源管理人员最好是从业务一线抽调回来的。

思考4-4：销售员考核怎么总是不得劲？

某公司是卖五谷杂粮的，并通过代理渠道实现销售。每个省派一个区域经理，负责开发渠道并维护关系，他们维护客户关系的一个重要手段就是帮客户做营销推广，毕竟只有帮他们多卖产品多赚钱，渠道才愿意长久地合作。但在实践中由于公司人力资源管理人员不懂业务，制定的考核办法总是不得要领，比如只重公司销售额不重客户销售额，导致销售员拼命向渠道压货，却不想办法帮他们把东西卖出去，结果很多粮食都堆在渠道的仓库里烂掉，亏损严重，渠道满意度也急剧下降，有的甚至终止合作。这事被反映到老板那里，老板也头疼，销售员一心想把销售额做上去合情合理，但如何引导他们积极帮渠道把产品卖出去呢？如果你是人力资源部负责人，你能帮老板设计出一套新的考核办法吗？

答疑参见封底微信号。

4.6.3 轮岗是能力扩散的重要途径

与任何其他事物一样，如果没有外力的作用，知识和能力很容易固化在一个局部范围内而无法渗透到其他领域。从本性上讲，谁都不想把技能传授给别人，所以能力扩散有天然的障碍。要打破这一僵局，就要构建某种机制，拆掉人为分割的藩篱。轮岗就是这样一种机制。

以"技术市场化、市场技术化"为例，说起来容易做起来难，研发部可能不愿意把技术传授给市场部；市场部也不愿把知识传授给研发部。怎么办？一个可行的办法就是把研发部领导和市场部领导对调，同时让两个部门的员工按一定比例轮岗，以他们为载体把能力带到对方那儿去。

这就是毛主席所说的"掺沙子"。当一个东西完全同质化时效率不可能高，这就像砌墙，如果全部是泥巴做的，墙就可能经不住风吹雨淋，如果往泥巴里放一些沙子或稻草反而更结实。沙子或稻草就相当于轮岗。

当年红军部队高度同质化，有的连上至连长下至炊事员都来自同一个地方，大家高度默契，搞小团体主义，思维还同质化。为打破这种局面，毛主席提出从湖南连队里调几个人到湖北连队；从湖北连队里调几个人到四川连队；从四川连队里调几个人到湖南连队。通过轮岗打乱原来的小山头，丰富他们的视野。

▶ 分享 4-7：某公司的核心业务竟是财务总监开拓的

一家著名上市公司的 CEO 居然是财务总监出身。我们知道财务总监当 CEO 可不多见。与他沟通后，才知道他可不简单，不是一个"纯粹"的人。他从财务部起家，20 多岁时就拿到 CPA 证书，很快就独当一面，但他并不满足于此。20 世纪 90 年代，公司准备开发一项新业务，这在国内属于"第一个吃螃蟹的"，公司慎之又慎，在成立新的事业部时考虑到他的风控能力，把他从财务总监岗位调到该事业部担任总经理，他在投资、风控、成本核算等领域的知识优势迅速对研发、生产、销售形成巨大的补充，形成一股合力。仅仅几年时间，该业务模块就发展得风生水起，成为国内领头羊，他也凭此升至CEO。如果当初他死守财务部不动，新业务就无法获得他的财务和风控能力的支持，业务开展也不会那么顺利。

4.7　挫折教育与能上能下

4.7.1　经受住挫折考验的人才足堪大用

企业培养人才，与家庭教育子女一样，要有挫折教育。只有经历过挫折的人，才有完整的人格，才算真正的成熟，才堪大用。古今中外，凡成大事的，没几个是一帆风顺的，"屡战屡败，屡败屡战"是他们的共同特征。

正因为有逆境成长的体验，很多企业家在选人时都会加上一条标准，那就是经摔。不经摔的人就像玻璃杯一摔就碎了，经摔的人就像橡皮筋越摔反弹得越高。那么，怎么判断一个人经不经摔呢？这需要一种机制设计，故意打破循规蹈矩的职场环境，出其不意地折腾折腾员工，没事摔他两下，看看他的反应，同时练习他抗摔的心理素质。

据说洛克菲勒小时候，父亲为了锻炼他的风险意识，就故意摔过他一次。他站在一个高高的桌子上，父亲远远地张开双臂，他果敢地扑下来，父亲接住他，这样做了好几次都没有问题，突然有一次等洛克菲勒扑下来时他父亲往后一闪，洛克菲勒直接栽到地上，摔得鼻青脸肿。这件事对他影响很大，培养了他的两个品质：第一，泰然处之。即使摔跟头，也莫过如此。第二，提高警惕性，不要轻易相信别人，这叫风控意识。

军队也是一样。能打仗的军队一定是有事没事经常摔打摔打士兵的，甚至要摔打高级军官。这样才能"强身健骨"。

中华人民共和国成立后，军队中的一些高级将领凭借过去的战功高高在上，脱离基层，针对这种情况，毛主席在 1958 年的北戴河政治局扩大会议上提出"军队干部下连队当兵"的号召，许世友等众多高级将领积极响应，重新当兵，蹲连队、吃大食堂，站岗放哨。后来解放军原总政治部把军队各级干部每年下连队当兵 1 个月作为制度固定了下来。这就是能上能下的制度。

4.7.2 能上能下的机制演练

对企业来讲，建立能上能下的用人制度很重要：首先，如果只能上不能下，那么上去的人就没有危机意识，就会躺在高位睡大觉。其次，如果都只上不下，新人的发展空间就会受到极大限制，不利于聚集英才。

但要建立能上能下的制度却并不容易。一般人乐于接受上，但难以接受下。"无过便是功"就是这种典型的心态，似乎只要不犯错，你就不能动他的位置，上去了就没打算要下来。

要打破这种意识，平时就要多搞一些"军事演习"，创设一些"上上下下"的环境，假戏真唱，摔打员工。

有的企业会采取一些极端手段，毫无缘由地对某位高管做降职处理，再观察其反应，如果他能平静地接受，并在基层岗位做出新的业绩，说明他经摔；如果他一蹶不振，说明他还需要锻炼。但这样做要谨慎，毕竟，不是每个人的神经都那么大条。摔打员工的目的不是摔死他，而是摔伤他，然后让他自愈。

另一些企业会采取一些更温和的办法，比如，学毛主席的"蹲连队"做法，抽一些高管到"降一格"的岗位工作一段时间，再抽一些储备干部，"升一格"到上级岗位实习锻炼。这样做，能起到一石三鸟的作用：首先，让高管们真切地感受到降职的情形，就像让官员参观监狱进行反腐预防一样，起到压力传递作用。其次，让他们不脱离基层岗位，不要长时间离开火线。最后，让储备干部成长，锻炼能力，激发升职欲望。

总之，不管何种形式，都要模拟出一种"上上下下"的感觉，让大家感受到"能者上庸者下"是一种正常的组织氛围，时间久了，就能历练出员工的抗摔性和面对职位升降时的成熟心态。

▶ 分享 4－8：集体下岗＋竞聘上岗

某测绘企业主要从事城市规划、土地规划等设计工作，近年来随着城市扩张以及"美丽乡村"等政府项目的启动，业务越来越多，公司决定扩大部门编制，从原来的 17 人增加到 30 人，同时优化人员结构。在原来的 17 人中有一部分是靠关系进来的，水平不高架子不小，慵懒习气重。面对这种情况，人员优化工作分两步走：第一步，先淘汰 17 人中不合适的任职者。但淘汰谁呢？怎么淘汰？最后制定的方案是先全部下岗，再申请上岗，申请方式是竞聘，竞聘向公司全体员工开放，且规定原任职者中至少有 3 人不能再上岗。第二步，从其他竞聘者中补充 5 个新人进来。这样 30 人编制中就有 19 人了，尚缺 11 人，这个缺口就要通过外部招聘来弥补了。

4.8　调配中的 PK 机制

4.8.1　通过 PK 发现最合适的人

调配的目的是让合适的人做合适的事，但最合适的人在哪儿？我们并不清楚。一个常见的情况是，老板对某个员工不满意但不知道谁可以取代他。PK 或许能告诉我们答案，它是一种好的机制。

俗话说：不怕不识货，就怕货比货。员工也是一样，通过比较，能立即分辨出孰高孰低，谁更合适谁不合适。

▶ **分享 4 - 9：封闭式会战就是 PK**

> 某计算机公司近年来员工懈怠成性，销售业绩下滑严重，老板决定狠抓作风，推出所谓的"瘦身计划"，目的有三：一是淘汰那些态度不端正的员工，他们不好好干活，还添乱。二是找出那些不能与企业共度时艰的员工，他们战斗力不强，列入第二批淘汰人员名单。三是识别出那些与企业能"共存亡"的价值型员工，重点保护并实施股权激励。但如何识别出这三类人员呢？
>
> 真金不怕火炼，没有火就识别不出真金。他们利用 2 个月的业务淡季把研发、采购、生产、销售、培训、售后服务六大模块人员集中起来搞"封闭式会战"，用大负荷、高强度工作来检验员工"成色"。会战采取自愿报名的方式，先确定各自的攻坚目标，再看封闭期每个员工的表现，最后看效果。会战期间员工不能回家，加班是常态，办公楼设有休息室、厨房、洗澡间等。通过两个月近乎苛刻的会战，每个员工都淋漓尽致地展现在老板面前，企业最终筛选出近 70 位能与企业共生死的价值型员工，其中对 15 位最突出的员工率先实行了股权激励。同时，有近 10 名员工离职，其中多数是因为受不了"会战的折磨"而自动辞职的。

4.8.2 通过 PK 打破垄断

既然是 PK，就要打破垄断。"垄断是低效率的根源"，一个人干不好一件事还独占此工作，那就永远不会有改进的机会，所以要打开机会的大门，让潜在的挑战者有机会挑战在位者，让他如坐针毡，要么改进自己，要么让位。

PK 可以在事前，也可以在事中。事前 PK 就是通过竞聘上岗争夺"上位"的机会。事中 PK 就是大家同时"上位"，同时开工，最后进行业绩对比，优者上，劣者下。不管何种形式，最后都要达到"优胜劣汰"的效果。

当一项工作陷入泥潭而不能自拔时，引入 PK 机制是十分有效的，它能迅速帮你找到一直苦苦寻觅却觅之不得的人，甚至会有一种"踏破铁鞋无觅处，得来全不费功夫"的感觉。

人力资源管理人员要上升到 HRBP 的层面，就要学会类似的机制设计，帮助业务部门解决识人和调配的问题。

思考 4-5：如何提高研发效率？

某水饺企业的市场占有率很高，但销售额主要来自某一款主打产品，它是当年老板带着研发团队"大干苦干 100 天"搞出来的，因口味独特，一推向市场就受到客户热捧而成为爆款，但此后再开发的产品均效果不佳。老板居安思危，担心哪一天老产品被客户抛弃，企业只能坐以待毙，但研发部经理认为，新产品之所以不被客户接受，不是因为新产品不好，而是因为老产品太好，无法超越，因此只能边走边看，不能硬推。你同意这个观点吗？进一步地，如果让你来帮老板设计一种机制，怎样才能让研发部走出这种"无法超越自我"的困境？

答疑参见封底微信号。

第五讲 绩效管理

5.1 不能带来业绩增量的考核都是假装在考核

5.1.1 绩效考核的目的是带来业绩增量

绩效考核是人力资源管理中最核心的一环，很多其他工作都要以它为基础，比如薪酬管理、晋升、培训等，都要根据考核结果来进行，所以每个企业都重视绩效考核，但实践中又很难把握，可以说，绩效考核是人力资源管理中难度最大的一项工作，以至于很多企业不得要领，表面上看是在考核，但实际上根本没什么用，是假装在考核。

评判绩效考核是否有效的标志是什么？就是看它能否带来业绩增量。

绩效考核是一项费心费力的事，企业费劲来做它，不是吃饱了没事干，而是希望通过它带来业绩增量。如果考跟不考一样，那还要考核做什么呢？

假设销售员的月均销售业绩是 100 万元，考核后变成 120 万元，那么这个考核就是有效的；相反，如果考核后还是 100 万元，那么这个考核就是无效的。如果单位物料采购成本是 10 元，考核后变成 9 元，那么这个考核就是有效的；相反，如果考核后还是 10 元，那么这个考核就是无效的。

从这里可以推导出一个重要的规律，那就是，考核打分不能只看业绩存量，还要看业绩增量。存量高增量也高的员工，考核得分肯定高；存量低但增量高的员工，考核得分次之；存量高但增量低的员工，考核得分未必高；最差的当然是存量和增量都低的员工。这种排序突破了人们的传统认识，但它体现了现代考核的一个宗旨，那就是重视业绩增量。

思考 5-1：业绩好的员工考核怎么还不如业绩差的？

某企业年终考核时出现了一个奇怪现象，区域甲全年销售额达到 1 亿元，但其区域经理考核得分只有 60 分，年终奖只拿了一半；区域乙销售额仅 3 000 万元，区域经理却得了 90 分，年终奖翻倍。老板的解释是，区域甲虽然销售量大，但底子也好，现任区域经理在接手这个区域时，前任就已经把销售额做到了 1 亿元，换言之，现任并没有带来一点业绩上的增量；区域乙正好相反，虽然销售量不大，但增量很大，原来只有 1 000 万元，现任区域经理在接手后让销售量增加了两倍。而绩效考核关键是看业绩增量而不是存量，所以区域乙打分更高。现在问题来了，虽然区域甲的业绩增量为零，但毕竟销售量达到了 1 亿元，"没有功劳也有苦劳"，就算是"守成"，那么大的业绩存量摆在那，这在考核和薪酬中又该如何体现呢？

答疑参见封底微信号。

5.1.2　员工为什么会"躺在现有业绩上睡大觉"？

现实中，很多企业做绩效考核都忽视了业绩增量这个衡量标准，漫无目的，最后的结果是浪费了大量的人力物力做一堆无用功，这样的考核宁可不要。

考核是一根指挥棒，你往哪里指，员工就往哪里走。如果考核只强调存量而忽视增量，那么员工就会只盯着现有业绩而不想着怎么去挑战新的业绩，既没有压力也没有动力。员工裹足不前，企业也原地踏步，是永远长不大的小老树。

思考 5-2：业务员为什么不思进取？

考核无效的一个重要标志就是，业务员不思进取，"躺在现有业绩上睡大觉"。去年销售额是 1 000 万元，今年还是 1 000 万元，明年甚至后年还是 1 000 万元，年年如此，原地打转。按理说，做到 1 000 万元的销售额，肯定积累了一定的客户资源，在这个基础上，再开发一些新客户，或者对老客户进行深挖，是能做出一些业绩增量的，但业务员就是不干，小富即安。为什么会出现这种现象呢？是业务员有问题，还是考核制度出了问题？面对这一情况，您认为该怎么解决？

答疑参见封底微信号。

5.2 考核失败的七个常见原因

绩效考核是个"技术活"，很多企业做不好，我总结了一下，原因不外乎如下几个方面。

5.2.1 乱设指标

绩效考核就像考试，首先要出对题，不会出题或乱出题，学生考得再认真也考不出真实水平。近年来出现的各类考试事故就跟出题不当有很大关系。

不会设考核指标的问题在后勤部门考核中尤为突出。以行政文秘为例，该如何设考核指标？很多人摸不着头脑，就稀里糊涂地用"按质按量完成领导交办的任务"这样的指标来代替，这是糊弄考核。

不会设考核指标，根子还是在于不了解岗位职责，不知道一个岗位该做什么，当然不知道该如何评价其工作业绩。这就跟让体育老师来出物理题是一样的，是"赶鸭子上架"。他根本就不知道高一物理课上的是什么内容，怎么会出题呢？这个问题我们在后面还要详细讲解。

5.2.2 撒胡椒面

很多企业考核时"贪大求多"，生怕丢掉一个指标，总觉得指标多多益善，什么都想考，结果呢，什么也考不成。道理很简单，考核权重总共只有 100 分，如果指标太多，就会分散权重，失去重点。这就像一小把胡椒面，如果被撒到一个大铁锅里，就什么味道也吃不出来。

举个简单的例子，如果上 20 个指标，平均下来每个指标的权重只有 5 分，就算其中一项工作做得非常差，它所对应的 5 分全被扣光，最后还能得 95 分，这时非但不扣绩效工资，可能还要奖励。薪资没受影响，以后继续那么干，企业想要的结果就始终出不来。其他员工也蒙圈了：他工作都干砸了，怎么不受惩罚反受奖励呢？考核不仅失去了指挥棒作用，还会误导员工。

毛主席说解决问题要抓主要矛盾，次要矛盾先放一放。绩效考核也是一样，KPI 指标池里指标很多，我们要从中挑选最重要的，不能什么指标都上。那些看似完美、全面的考核往往是无用的。

▶ 分享 5 – 1：看似完美的考核实际上是瞎胡闹

某公司司机自由散漫，不愿出车，服务意识差，公司决定加强考核，把每月工资中的 30% 拿出来作为绩效工资与考核挂钩。这本是一件好事，但效果很差。为什么？就是因为考核指标太全面，从服从意识、执行力、责任心，到出车里程、维修费用、有无违章等，一应俱全，算下来，共有近 15 个指标。指标一多，考核就失去了重点。就以出车里程为例，本是司机考核中最核心的指标，是体现"奖勤罚懒"的最重要的指挥棒，但权重也只有 30%。结果呢，司机只要把那些没有难度的指标做好，就算他很少出车，也能轻松得高分，绩效工资不受影响。这种考核真的不如不考，因为非但没让司机改进工作，反而让他觉得自己干得挺好的，更听不进批评的意见。

这就是考核复杂化的弊端。把简单的事情复杂化就是瞎胡闹。由此可见，科学的考核一定要聚焦，指标不能发散。

思考 5 – 3：态度类指标考也不是，不考也不是，该怎么办？

我们常说：态度决定一切。在对员工进行评价时，态度类指标是一个重要的考核维度。如果把态度类指标都引入考核指标中就会像往大铁锅里撒胡椒面，分散核心指标的权重，但不考又不行。该怎么办？

答疑参见封底微信号。

5.2.3　标准不清

考核前要为每个指标设定标准，说明该做到什么程度，它应清晰、可识别，含混不清的标准会造成后续评分的乱象，比如，"科学的""合理的""及时的"这些字眼都会引起歧义，因为没有可识别性，打分都是瞎打。

这就像高考阅卷，每道题都应该有严格的标准答案，阅卷时按点给分，这样才能保证公平性。考核标准不清的问题在后勤部门考核中最严重，对会计、出纳、行政内勤等岗位来说，各项工作究竟该做到什么程度才算达标，需要认真考量，不能随意地用"令领导满意"等笼而统之的词语来敷衍，"度"最好采用量化的表达形式，即用数字来说话。

5.2.4　标准不当

考核标准清晰不仅要说得清，还要得当，不能"过"，也不能"不及"，前者是太高，根本够不着；后者是太低，没有挑战性。它们都不能激发员工的动力，原因很简单：太低的目标，人人都能做到；太高的目标，人人都做不到，这样就没有区分性，而没有区分性的考核一定是失败的，因为识别不出孰优孰劣，当然起不到"奖优罚劣"的导向作用。

有的企业销售额只有 1 000 万元，看到形势不错，领导脑子一热，把下年任务目标定到 1 亿元，这就是"过"。除非来年市场形势、渠道、团队等因素有突变，否则这个任务是根本不可能完成的，业务团队看到这个数字多半会被吓倒，索性就当没看到，该怎么干还是怎么干。这样的考核又有什么用呢？

这让我联想到近年来高考试卷争议不断的事情，标准不当是一个重要原因，"偏、难、怪"题充斥，让很多人质疑有必要考如此难的题吗？江苏甚至冒出"葛军题"。难度太高的题就是"过"。

对企业来讲，标准不当的更常见情况是"不及"，相对于"过"来说，"不及"具有更强的隐蔽性，因为标准定得太高，员工会反弹；定得低，员工不会反弹，不易被觉察。有些标准看似冠冕堂皇，实则太低，触手可及。这样的考核没意义，因为不会带来业绩增量。

5.2.5　信息拿不到

制定合适的考核标准后，我们还要能拿到员工有没有做到的信息，这样才能评分，而现实中很多问题就出在这里。

对于生产、销售等一线岗位来说，考核信息很容易从财务、仓库等部门获取，但对很多后勤岗位来说，工作到底干得怎么样，达不达标，信息就很难拿到了。以前台接听客户电话为例，标准是"铃响三声之内接听"，但她每次接听电话是不是都在铃响三声之内接听呢？谁也不知道。那这个指标还怎么打分呢？

类似的例子还有会计，报销时有没有违规报销的情况？薪资专员核算工资时有没有算错的？行政人员接待客户有没有差错？这些信息很多都是点对点的，"天知地知你知我知"，第三方很难知晓，打分都是凭感觉。

5.2.6　过程无管控

如果认为绩效考核把标准定好了，交给员工去做就OK了，那是极其错误的。今天绩效考核要向绩效管理模式靠拢，一个核心的思想转变就是，在制定科学的工作目标后要对员工进行业绩跟踪和辅导，不能当甩手掌柜，对过程放任不管。没有过程就没有结果，除非员工的业务能力和自我管控力强，否则最后是交不出满意答卷的，那时再发现问题就为时已晚了。

过程管控耗时耗力，因此很多企业有意无意地忽略它，只重目标制定，不重业绩跟踪与辅导，结果目标定得再科学也落不了地。忽视科学目标的制定，是一个极端；迷信目标却忽略过程管控是另一个极端，它们都达不到预期效果。

5.2.7 结果不敢用

绩效考核的最后一步是绩效反馈，奖优罚劣、奖勤罚懒，要根据考核结果对员工进行区别处理，特别是在薪资上要大胆地拉开差距，坚决向优秀员工倾斜，也只有这样才能调动员工的积极性。

但实践中有的企业顾虑重重，前怕狼后怕虎，既想拉开薪酬差距，又怕那些业绩差的员工闹情绪，就搞折中策略，适当拉开差距，对那些干得好的员工，就意思意思。本来是想两方面都兼顾一下，但最后的结果是两方面都不满意，干得差的员工还是有抱怨，因为毕竟拿得还是少；干得好的员工也不满意，因为价值没有得到充分体现。

企业是个营利组织，要追求利润就要把效率放在第一位，其次才能兼顾公平，不想拉开薪酬差距，就必然会损失效率。试想，那些干得好的员工没有得到合理的回报，今后谁还想把工作做好呢？挫伤优秀员工的积极性，是最要不得的。

如果大学录取不是按高考成绩来的，高分考生上不了好大学，低分考生上的大学还挺不错，那么谁还会重视高考呢？绩效考核也是一样，不重视考核结果的应用，不体现奖罚原则，就会反过来让绩效考核沦为员工眼中的鸡肋。

考核结果不敢用的一个重要原因是不自信，对考核的科学性存疑：分数高的，大家不服；分数低的，自己不服。所以不敢用，最后还是"好好主义"最稳妥，"薪酬坚决向优秀员工倾斜"沦为空谈。

5.3 从绩效考核到绩效管理

5.3.1 员工为什么抵触考核？

抵触考核是一个普遍现象。不光是员工，很多管理者自己都抵触考核，大家都从内心排斥考核，不愿意配合人力资源部搞考核，以至于考核沦为人力资源部"一个人的战斗"，失去群众基础就只能以失败收场。

员工为什么排斥考核？既有人的本性原因，也有制度不合理的原因。

从本性上讲，谁都不愿意被别人管，更不愿意被罚，而传统的绩效考核突出的恰是"管"和"罚"字，它是生硬的、冷冰冰的，很多考核给员工的感觉就是要证明他们不行，再施以"严刑峻法"，以起到警示恫吓的作用。"哪里有压迫，哪里就有反抗"，消极对抗就是可想而知的了。

从制度不合理性上讲，传统的考核一般只有两个环节，即事先制定工作目标，事后考核打分，没有过程控制，业绩差的员工不知道为什么差，也不知道怎么改，只知道现在要受罚，因此是冷冰冰的。

正因为如此，传统的考核突出的是约束作用，强调的是罚，但好的业绩不是靠罚出来的，它更多地要靠激励。

1560年，一个叫塔布克的人在游览埃及金字塔时断言金字塔不是奴隶建造的。这一度被传为笑谈，但其实并非无稽之谈。他为什么要做出这个判断呢？因为金字塔建造得非常精密，数十吨重的石材之间，竟然连一个薄薄的刀片都塞不进去。塔布克认为，在皮鞭的抽打与恐吓下，奴隶是不可能建造出如此精密的金字塔的，相反，只有在愉悦的心境下，人才能达到炉火纯青的境界，因此他认为，埃及金字塔更可能是一群虔诚的教徒在宗教的激励下建成的。

我们姑且不去讨论塔布克的说法对不对，但他至少启发我们，要让员工做出优秀的业绩，就一定要从约束导向转为激励导向。

5.3.2 带着绩效管理的思想做考核

从表面上看，绩效管理与绩效考核只差两个字，但二者有本质的区别，具体如表5-1所示。

表 5 - 1   绩效考核与绩效管理的区别

	绩效考核	绩效管理
出发点	基于对过去业绩的总结，着力于对员工的奖惩	基于对过去业绩的总结，着力于对未来业绩的改进
侧重点	证明员工行或不行	引导员工做得更好
导向性	约束	激励
沟通基调	对抗	理解
基本流程	目标管理、考核、结果应用	目标管理、业绩跟踪与辅导、考核、结果应用
结果应用	薪酬	薪酬、调配、任职资格管理、培训、职业生涯规划等

从表 5 - 1 可以看出，绩效考核是戴"紧箍咒"，是"秋后算账"，强调的是约束；绩效管理配的是"指南针"，是"春华秋实"，强调的是帮助。正因为如此，绩效管理的基本流程与绩效考核也不一样。

绩效考核只注重结果，不看重过程，它只有三个环节，即期初设定工作目标，期末进行行业绩评价，最后是考核结果应用。绩效考核是典型的美国式用人模式，它有个人英雄主义的文化土壤，主管对员工的工作过程干涉较少，只看结果。

绩效管理则不同，它强调有因才有果，没有过程管控就无法达成理想业绩，相比绩效考核，它多了一个业绩跟踪与辅导的环节，通过跟踪，及时发现员工工作中存在的偏差并及时矫正，对工作中的困难及时进行帮扶。绩效管理是典型的日本用人模式，他们强调对员工进行指导和帮助。

所以绩效管理包括四个环节，即目标管理、业绩跟踪与辅导、考核与沟通、考核结果应用。

绩效考核是"功利主义"导向，考评结果通常只应用于薪酬管理方面。绩效管理是"发展主义"导向，考评结果的应用是全方位的，比如，根据考核结果，发现员工的技能短板，据此组织培训；再比如，根据员工连续的考评结果，对其胜任力做出评价，并对未来的职业生涯进行规划。

这些都是基于发展的眼光。

在绩效管理的四个环节中难度最大的还是目标管理，它要解决四个方面的问题，即考核主体、考核指标、考核标准、信息获取。下面我们来分别讲解。

5.4　谁来考核?

5.4.1　主管考核的弊端

员工的业绩应该由谁来评价? 现实中，很多企业都是由主管来评价，但这会带来很大的弊端，最主要的问题就是，主管出于偏袒下属的心理，随意打人情分。这该怎么解决呢?

企业之所以让主管来评价员工业绩，是基于一个默认的假设，即作为管理者，主管一定了解员工的工作信息。但实践中主管未必真正了解员工的工作情况，在某些情况下甚至还不如别的员工了解。

举个例子，合同评审员的工作是为销售员提供合同评审服务，签订合同必须经过合同评审才能生效。合同评审服务是一种典型的内部服务，评审得快不快，服务到不到位，只有销售员清楚，法务部主管未必清楚，所以对合同评审员的评价权不应该完全交给主管，销售员也应该有发言权。

5.4.2　纵横交互的立体评价体系

延续上例，在传统的主管考核的基础上，我们还要引入被服务的下游岗位的横向考核，它与主管的纵向考核相结合，就构成了"纵横交互的立体评价体系"。引入横向考核的目的就是对上游岗位的员工形成反向制约，提高内部服务质量，这对提高后勤部门的服务意识尤为重要。

从本质上说，企业就是一根服务的链条，后勤部门为业务部门提供内部服务，业务部门为客户提供外部服务。内部服务做不好，就算外部服务做得再好，核心竞争力也会受到影响。这就像一个拳头，打击力取决于五个手指头的合力，就算大拇指再硬，其余四个手指头中有一个松懈，拳头的打击力也会受到影响，所以对这四个手指头，大拇指要提要求。因此，内部服务的评价原则应该是"你为谁服务，谁对你评价"。

有的公司业务员很厉害，但就是不敢带客户回公司，原因很简单，行政部门的客户接待工作做不好，让人不放心。邀请客户参观公司是维护客户关系的一个重要手段，它可以强化客户对公司的信心、升华客户关系，但就因为行政部门的低效率，始终打不好这张牌，甚至根本不敢打这张牌，多可惜！

怎么办？必须给接待人员"上紧箍咒"。只有从心里重视，才能精益求精。业务员邀请客户参观公司，公司安排接待员接待，本质是为业务员服务，从这个角度讲，接待人员的工作质量应该由业务员来评价，而不是由行政部领导来评价。这就是横向考核。

思考5-4：如何简单高效地考核厨师？

民以食为天，如果食堂能做出一桌可口的饭菜，对提高员工的工作满意度是大有裨益的，甚至能起到饭菜留人的效果。但很多企业的食堂都做不到这一点，饭菜口味平平。为提高厨师的质量意识，应加强对厨师的考核。如上所述，考核主体还不能是食堂主管，而应该是就餐员工。但如何考核呢？有人说，让员工每次饭后对饭菜质量评分，也有人说设投诉渠道来反馈员工意见，但这些方法都稍显复杂。老子说"大道至简"，越简单的方法越能执行。您能否设计出一套方法，既能简单高效地评价饭菜质量，又能对不同水平的厨师做出区分？

答疑参见封底微信号。

需强调的是，纵横交互的立体评价体系与360°考核是两回事，不要混淆了。

▶ **分享 5－2：纵横交互的立体评价体系与 360°考核的区别**

　　　建立纵横交互的立体评价体系，主要是为了通过被服务者对服务者的评价权形成反向制约关系，以达到提高内部服务质量的目的，所以它是单向的。比如说，A 为 B 服务，B 考核 A，但反过来，A 不考核 B。这是与 360°考核最大的不同点，后者强调全方位评价，以达成多视角的监督和约束。但正因为是互评，往往造成互相打人情分的情况，一团和气，失去了客观性和公允性，它违背了"考核是要形成一种制约关系"的准则，因此，360°考核只宜作为一个参考。

5.4.3　人力资源部不能越俎代庖

　　现在我们延伸一个话题，除主管及下游被服务对象外，人力资源部能不能对员工进行考核？这涉及人力资源部在考核中的定位问题。

　　答案显然是否定的，人力资源部既没有这个权力，也没有这个能力，更没有这个精力。考核中人力资源部不能越俎代庖，代考核者或被考核者制定考核指标、考核标准，因为他们不可能懂所有领域的专业知识，让他们来定考核指标或标准，就是瞎子摸象，同时也会让人力资源部深陷其中而不能自拔，最后只能失败。

　　绩效考核要成功推进，就必须"发动群众"，各部门要深度参与，他们才是真正的主体，人力资源部的作用是组织、协调、指导、监督，是一个居间的角色。千万不能"脱离群众"，把绩效考核搞成人力资源部"一个人的战斗"。

5.5　怎么上考核指标？

　　上考核指标要分两步来进行。

5.5.1　从岗位职责推导 KPI 指标池

　　考核的本质就是衡量一个人的履责成效，只有明确岗位职责才知道如何评价其工作业绩，所以考核指标源自岗位职责。

在严格意义上，有一项岗位职责，就应该有一个或几个考核指标，以度量该职责的履行情况，将所有的指标综合起来就是 KPI 指标池。

那么，如何对着岗位职责上考核指标呢？不管岗位职责的具体内容是什么，一般来讲，衡量它干得好不好，有四个维度，即数量、质量、时间、成本。当然，并不是说这四个维度都上，具体从哪个维度上指标，还要结合各职责的具体情况来探讨，是典型的"一事一议"。

以行政秘书为例，假如有两项职责：起草文件和收发流转文件，分别怎么设指标呢？

先看起草文件，服务对象是领导。如何度量它履行得好不好？对照上述四个维度，质量类指标是一定要上的。那么，如何度量稿件的质量呢？请记住，绩效考核只看结果不看过程。如果秘书文件写得好，领导接受；写得不好，退回修改，这就是结果。写得越好，退回的次数就越少；写得越差，退回的次数就越多。因此可以上一个指标，即平均退回率。

至于收发流转文件，对照上述四个维度，与之关联性最强的是质量和时间，实践中，领导最关心的也是文件能否及时准确地送达。如果秘书工作做得不好，文件收发要么不及时，要么不准确，所以可以上两个反向指标，即文件收发的延时率、差错率。

类似地，对应于其他职责，分别把考核指标推导出来，汇总起来就构成了 KPI 指标池。

思考 5-5：如何基于结果导向，设 BSC（balanced score card，平衡计分卡）指标？

自 1992 年卡普兰和诺顿提出平衡计分卡后，人们就热衷于将它引入考核指标中，但大多不得要领。我们知道，BSC 是一个全面的指标体系，涵盖四个维度，即财务类、客户类、内部运营类、学习成长类。财务类是结果导向型的，容易上考核指标，而后三类强调过程管理，不太容易上。假设有一个区域经理，带几个业务员做销售，请问该区域经理的职责有哪些？针对这些职责，如何从 BSC 的角度对他上考核指标？

答疑参见封底微信号。

5.5.2 从 KPI 指标池挑考核指标

考核时并不是把 KPI（key performance indicator，关键绩效指标）指标池里每个指标都拿出来考，否则又会"撒胡椒面"，相反，在每个考核周期我们要从 KPI 指标池中挑几个指标来考。

那么怎么挑呢？这要看想要产生怎样的行为。想要导出怎样的行为，就要挑怎样的指标。以销售员为例，一般上销售类指标，但如果企业有大量应收款，资金链吃紧，就要上回款类指标。再比如，销售员签了合同，甲方预付款也付了，但迟迟不收货，造成库房挤占严重，这时就要上发货类指标，提醒销售员督促甲方按合同约定的时间收货。

一般来讲，挑考核指标有两个原则：一是重要；二是不足。

如前所述，每个考核指标，前端都对应一项职责，如果这项职责很重要，而且任职者又做得不够好，那就要优选这样的指标，不重要的事，可以放一放；做得好的，也可以放一放。这就像医生给病人开药，目的是治病。大的毛病先治，小毛病可以先不治。开的药方就是考核指标；剂量是考核标准。

当然，关于什么是重要的事，在企业发展的不同阶段界定也是不同的。举个例子，行政内勤有一项职责是预订票务。过去这项工作时有疏忽，但未引起重视。最近公司推行精细化管理，希望通过提高票务预订的提前量来降低差旅成本，那么，预订票务的重要性就凸显出来了，预订票务的及时性指标就应该被优选考核。

在不同的考核周期，源于工作重点的不同，即便是对同一个岗位、同一个人，挑选的考核指标也可能不同。我们不应幻想"一劳永逸"，对某个岗位，上一套考核指标后就永不调整，那是不现实的。

总之，不变的是 KPI 指标池，可变的是考核指标。

思考 5-6：KPI 指标池中未被选中的指标怎么办？

在管理实务中人们总是陷入两难：如果 KPI 指标池中所有的指标都考，就会抓不住重点，撒胡椒面；如果只挑其中几个指标考，员工就只关注这几个指标，而忽视其他职责的履行。对这个问题，该怎么解决？

答疑参见封底微信号。

5.6 如何制定业务部门的业绩目标？

下面我们分业务部门和后勤部门来分别讨论考核标准的制定问题。对业务部门来说，指标量化不是问题，难点是度的把握。对后勤部门来说则相反，难点是指标如何量化的问题。

5.6.1 从 SMART 原则出发

SMART 原则不仅适用于业务部门考核标准的制定，也同样适合于后勤部门。它是五个英文单词第一个字母的组合：

（1）specific（具体的）。任何一个考核指标的标准都必须明确、具体、可识别，不能含混、笼统，否则最后就只能瞎打分。对业务部门来讲，考核指标一般都是量化类的指标，比如销售额、回款率的标准都能做到具体。

（2）measurable（可测量的，即能获得信息）。对应于这一标准，要能拿到有关员工有没有做到的信息。业务部门的业绩数据可以从财务部门、库管部门等方便地获取，所以这一条问题也不大。

（3）attainable（可达到的）。这有两种状态：一是随随便便就能达到；二是付出努力方可达到。显然，我们要的是第二种状态，即通过努力才能达成，它突出挑战性，也唯有此，才能向员工传递压力，带来业绩增量。它要求目标不能定得太低，也不能定得太高，"度"要合适，但怎么把握呢？这是业务部门目标制定的主要难点所在。

（4）related（相关的）。考核标准应该与岗位职责相关，不能跑偏。不要对员工提一些与其岗位职责无关的考核要求。比如，对外贸公司的会计来说，结汇是一项重要职责，结汇时点的选择很重要，因此会对汇率预测能力提出要求，可能会上一个汇率预测准确性的指标，并制定一个允许的误差率的范围，这就是相关的。但如果对他上一个外贸销售额指标，就是无关的，因为会计只负责结汇，不负责外贸销售。

（5）time（有时间要求）。设定的标准应该有一个明确的时间限制，比如这个月或这个季度完成。绩效考核一般以月为考核周期。

从上面可以看出，对业务部门来讲，在制定考核目标时，最主要的是处理好第三条，即做到"付出努力方可实现"。不能"过"，也不能"不及"，这个问题我们在前面已反复强调了。

5.6.2 合理的目标应满足两个特征

既然合理的目标应该满足 SMART 原则，特别是"付出努力方可实现"，那么它至少要满足如下两个特征：

1. 不能人人都达到

如果目标是科学合理的，是不是每个人都能完成任务？答案显然是否定的。既然科学的目标是"付出努力方可实现"，而现实中并不是每个人都会努力（根据人性假设的 X－Y 定理，多数人都是厌恶工作的，都有偷懒动机，会得过且过），这就意味着一定会有一定比例的员工不努力，如果这部分员工也完成了任务，那只能说目标定得太低了。当然，每个企业的员工素质、文化不同，这个比例可能要调整，但最后一定要有一部分员工完不成任务。这也是搞强制比例分布甚至末位淘汰的道理所在。

2. 不应 100% 地达成

如果目标是合理的，理想的达成率应该是多少？是 100% 吗？显然答案也是否定的。如果 100% 地完成目标，就有目标定得过低的嫌疑，损失了部分业绩潜力。实际上这个问题是上个问题的延续，企业是个人的加总，既然不能保证人人达成目标，那么何以保证总目标能 100％达成呢？

如果目标是合理的，理想的达成率应该是七八成：首先，它不会遏制员工的业绩潜能，还有一定的空间供员工跳一跳。其次，实际业绩与业绩目标相差并不太远，只有两三成，尚有实现的希望，不会让人望而却步。综合起来，这样的目标就能牵引员工向上努力，争取业绩增量。

合理目标就像骨头，为了逗小狗跳，我们常拿一根骨头在小狗面前晃，但拿多高？肯定不能让它张嘴就能够到，这样它就不会跳了；但也不能拿太高，这样它就会觉得没指望，也会干脆放弃。合适的高度应该是，它跳十次大概有七八次能够着，这样狗不会灰心，还跳着带劲。我们要的就是那一跳，它就是业绩增量。

对照这个原则，我们发现那些高速增长的企业年年都完不成任务，但年年都业绩大幅增长，原因就在于目标设定"高而得当"。

与这样的业绩目标相对应，薪资方面也要有一定富余度，比如，对一个销售总监来说，只要业绩目标制定是"高而得当"的，那么业绩目标达到七八成，就应该拿到该得的年薪。就像大学考试，满分是 100 分，但并不是说考 100 分才能拿满学分绩，考 90 分就能拿满。

5.6.3 如何通过复盘来滚动制定下年目标？

这里有两个参数要关注：首先，上一年的目标是否合理。如前所述，依据是达成率是否为七八成。如果落在这个区间，说明上年目标是基本合理的，"准星"就找到了，就以它为基础来做下年目标。相反，如果当年任务达成率不是七八成，那么就要调整"准星"，比如，达成率低于七八成，说明上年目标定高了，"准星"就要下调；如果高于七八成，说明上年目标定低了，"准星"就要上调。

另一个要关注的参数是年度目标增长率。这在不同企业有不同的选择办法，比如对那些追求市场占有率的企业来说，可能更关注行业增长率，如果来年行业增长率是 10％，那么为保证市场占有率不下降，目标增长率就不能低于 10％。还有一些企业更关注竞争优势，锚定主要竞争对手，要求销售增长率不低于主要竞争对手，那么就要摸清楚竞争对手的年度目标增长率，再以这个为参照系来制定自己的目标增长率。

不管怎样，有了年度目标增长率，再以上年目标为基础，就可以制定来年的业绩目标。当然，这个目标可能是有偏差的，比如对行业增长率的预判出现偏误，市场出现了预料之外的爆炸式增长或大萧条，因此还要留有调整的余地，一般在第二年年中根据上半年的形势变化对全年目标进行调整。

千万不能因为目标有偏差就不做目标，这是很多小企业的通病，总觉得计划赶不上变化，做目标没意义，于是干脆不做。这是极端错误的。彼得·德鲁克在《管理的实践》中就明确指出，目标就像一座灯塔，合理的目标能激发员工的工作动力。有目标与没目标二者存在质的区别；而目标科学与否是量的区别。这就像做人，没目标是没谱，目标不科学是不靠谱，但不靠谱总比没谱强。

思考 5 - 7：这个企业明年销售目标应该定多少？

某食品企业 2016 年的销售目标是 1 亿元，但一年过去了，实际销售额只有 8 200 万元。2016 年年底，在制定 2017 年销售目标时销售总监对老板说，今年我们还差 1 800 万元完成年初下达的任务，明年任务肯定要定得比 1 亿元低一些。您觉得他讲得有道理吗？进一步，您认为 2017 年销售目标应该定多少合适？

答疑参见封底微信号。

5.7　管理类指标如何量化？

对管理类指标来说，最重要的就是要讲清楚"该做到什么程度"，它必须具体。凡是模糊的、笼统的、不能明确界定的标准，都不能称为标准。现实中，"科学的""合理的""及时地"等字眼频繁地出现在各类标准中，但做到怎样才算"科学的""合理的""及时地"？这就是指标量化的问题。

5.7.1 管理类指标量化的三个步骤

第一步，能量化的尽量量化。

很多人认为管理类指标不能量化，实则不然，只要严格按照前述流程做，多数指标都是可以量化的，比如对文秘来说，起草文件的平均退回率、收发流转文件的差错率、预订票务的及时性都是可以量化的。

第二步，不能量化的先细化。

还有一些管理类指标，从表面上看确实难以量化，但细究起来，问题并不是出在指标本身上，而是它所对应的职责过于模糊笼统，就像"按质按量完成领导交办的任务"，这样的职责涵盖的内容包罗万象，试图用一套标准来描述它所应做到的程度，是几乎不可能的，这才是问题的根本。怎么办？从前端开始，把该指标所对应的职责逐步分拆，变成细化、具体的职责，然后对着每个职责重新上指标，这时候量化问题就可以解决了。

第三步，细化之后再流程化。

在制定标准时要有一些特定说明，以界定岗位间的权责边界，防止扯皮。例如，文秘有一项职责是保管文件资料，对应的指标是丢失率，它是可量化的。问题是，如果出现资料丢失，文秘可能会以未收到该资料为由推脱责任，那么到底是他/她没收到资料还是把资料弄丢了呢？这就需要用流程来界定了。文件交接要有签收程序，相关人员在把资料移交给秘书时，双方应在移交单上签字，只要签过字，就说明资料已经移交给文秘，资料丢失就由他/她担责，否则，责任就不在他/她。这也倒逼作业流程化，要形成一个闭环。

5.7.2 考核标准的对称性与卓越标准

在制定管理类指标的考核标准时要有一定的对称性，有加分也有减分，这样才是公平的；只有减分，没有加分，容易给员工造成考核就是为了扣他们钱的错觉，加剧抵触情绪。

那么是不是每个指标都要有加分项呢？当然不是。只有那些有难度的指标，才应该有加分项。对于有难度的指标来说，员工很难做到尽善尽美，在定标准时要有一定的容错性，不能"见错就扣分，不错不扣分"，而应该"有少量的错，不扣分；有大量的错，才扣分；一点错没有，算卓越，加分"。

以起草文件为例，这个职责有一定难度，秘书很难做到一次就通过，所以对应于平均退回率这个指标，考核标准就不能是"只要被退回一次就扣多少分"，而应该是容错的，平均退回率 1 次的，不扣分；超过 1 次的，才扣分；一次没退回的，就算卓越，加分。所以这些指标会出现超过满分的情况。

思考 5 - 8：如下哪些指标应该上卓越标准？

某公司行政秘书有三项职责：收发流转文件、预订票务、记录会议纪要，对应的考核指标分别是：文件流转的差错率、票务预订的及时性（以 OA 记录为准）、会议纪要的完整性。您认为在这些指标中哪些可以上卓越标准，为什么？

答疑参见封底微信号。

5.8　简化后勤部门的考核

5.8.1　不要本末倒置，把过多精力消耗在后勤考核上

现在企业都倡导全员绩效管理，对后勤部门也要加强考核，这是题中之义，但不要忘了，直接创造价值的还是一线部门，它们才是绩效管理的重点。相对而言，行政、人事、财务等支持部门并不直接参与价值创造，不应过多地消耗考核精力，其考核一定要简单化，把精力节省下来聚焦到

一线。

5.8.2　简化后勤考核的"三不"原则

那么，如何简化后勤部门的考核呢？我认为，应做到"三不"原则。

（1）不人浮于事。如前所述，要提高后勤部门的效率，首先要做到编制合理，不要出现冗员和内耗。如果编制臃肿，单靠考核是无法提升效率的。简化编制应放在考核之前，这是基础。

（2）不没事找事。后勤部门是为一线提供人、财、物支持的，属于服务性部门，而服务的最高境界是"有需求就服务，无需求不打扰"，即在职责边界内把该做的事做好，不制造无谓的管理，给一线徒增负担。

（3）工作不能出事。后勤岗位的职责边界基本都是确定的，没有太大变通，只要这些工作做到，该拿的钱就拿。考核时对着每项指标进行检查，没做到的，直接扣分或扣钱；都做到了，工资就照发。就像高铁厕所里的抽检表，发现一项没做到的就打叉，做到的就打钩，最后核算得分并据此奖惩，简单易行。

5.9　考核信息的获取

如前所述，绩效考核失败的一个常见原因是信息拿不到。员工做得怎么样，我们不知道，那还怎么考呢！

5.9.1　后勤部门的信息获取难题最突出

业务部门的信息容易获取，如销售类信息可从财务部门获取，生产类信息可从 ERP 系统获取，这些信息都是透明的。但后勤部门不一样，很多工作是点对点的，信息具有隐蔽性，干得怎么样只有当事人双方知道，其他人一概不知。

以合同评审为例，评审是否及时，只有法务员和业务员清楚，如果拖延，也只有业务员心里有数，除非他投诉，否则很难被发现。

5.9.2 抽查制

对于后勤部门的信息获取难题，一般是通过抽查的方式来解决，除此之外，没有其他更好的办法。从本质上说，抽查是在当事人双方之外再增加一双眼睛来进行监督，这在技术上越来越可行。今天很多企业都配备了监控系统、OA系统，甚至ERP系统，很多看似隐蔽的作业都会在这些系统上留下痕迹，并成为抽查的"证据链"。就像智慧城市下的摄像头记录了每个行人的行踪，只要调阅，任何异常情况都能被找到。

仍以合同评审为例，业务员要先通过OA系统提交电子版的合同至法务员，法务员再将电子版的评审意见反馈给业务员，从提交到反馈中间经历多长时间，OA系统上有清清楚楚的记录。抽查人员只要按一定比例抽查，就能大致准确地提取到有关合同评审及时性的信息。

抽查制会对员工起到监督、警示甚至震慑作用，使之不敢怠慢。就像天眼使过去的"天知地知，你知我知"，变成"你知我知他知"。

接下来的问题是，谁来抽查呢？能不能靠领导来抽查？答案显然是否定的，原因很简单，领导没时间。很多企业在做考核方案时，对那些无法通过财务获得信息的指标，都在信息提供者中标明"总经理提供"，这就是糊弄了事。殊不知，领导的工作千头万绪，时间很宝贵，不可能抽出专门的时间来搞抽查，长此以往，抽查就会流产。

抽查要由专人来做，这体现了"专人做专事"的分工原则。哪些人可以做？对于有条件的单位，纪检、监察、审计是比较理想的抽查单位，也可以聘请退休人员来抽查，他们对企业的业务更熟悉，知道哪些环节容易出问题，能提高抽查的精准性。还有一些企业会聘请独立的第三方进行抽查，特别是那些敏感的工作，比如，对财务人员的工作，就可以聘请独立的外审机构来抽查，报销的合规性、账目处理的准确性等，一览无余。

◗ 分享 5 - 3：如何保证售后服务人员随时待命？

> 某企业高度重视售后服务工作，把它提到战略高度，为此要求售后人员的手机时刻保持畅通，能随叫随到，以保证对客户投诉能做出及时响应。公司规定，凡发现联系不上的，无论什么原因，包括关机、没电、无信号等，第一次罚款，第二次下岗。表面上看，有如此严厉的规定，售后人员肯定不敢怠慢，但问题是，公司怎么知道员工有没有发生情况呢？如果不解决信息获取问题，它就会变成"外强中干"的纸老虎，久而久之，员工就会松懈。为杜绝这种情况，该公司专门聘请了第三方的电话调查公司对售后服务人员进行随机的电话抽查，这大大提高了员工的重视程度，使手机无法联系上的比率大大下降。

5.10　考核模式的创新

以上所讲的是传统的考核模式，算是基本功，在此基础上还要结合实际工作需要进行考核创新，它是激励机制创新的一个重要组成部分。

5.10.1　为什么激励机制需要不断创新？

今天激励员工已经变得越来越难，当遇到特殊情境时，固守传统的激励模式很难达到预期的效果，比如当遇到业务瓶颈或要冲刺非常规业绩目标时，传统的考核模式就会无能为力，这时就要对激励机制进行创新。今天，激励机制创新已成为很多企业面临的一项迫切的任务。

激励机制创新之所以重要，一个重要原因就是人对刺激信号的麻痹性，香的东西闻惯了也感觉不到香；臭的东西闻惯了也感觉不到臭。类似地，再好的激励机制随着时间的推移也会褪色。"斗米养恩，担米养仇"就是这个道理。

5.10.2　如何让员工敢于挑战超常业绩目标？

典型的例子就是提成制，按理说，它是一种非常好的激励机制，收入直接与销售额挂钩，但现实中很多业务员似乎并不买账，本来可以卖更多的产品，他就是不干，这说明提成制在一定程度上已经失效了，需要改进。

那么如何进行考核创新呢？这有一定难度，但"万变不离其宗"，其基本逻辑是，你想让员工产生怎样的行为，就要设计怎样的考核形式。考核其实就是一个指挥棒，你往哪里指，员工就往哪里走。

举个简单的例子，如果想打造员工的团队意识，那么在考核时就不能只考核员工的个人业绩，还要把团队业绩放进来。

再比如，如果我们既想让员工多产出，又想尽量控制成本，那么考核就不能只局限于收入或成本，而是要把二者结合起来，对利润进行考核，这时就要引入阿米巴模式。

思考5-9：如何让员工敢于挑战超常业绩目标？

传统绩效考核的最大问题就是"向员工下任务"，主管希望多下一些，员工则希望少下一些，每年都要讨价还价，不胜其烦。在这种模式下，员工总是回避，不可能主动冲刺非常规的业绩目标。现在有一家企业正处于上市前的关键时期，如果业绩不能在两年内翻倍，上市就会受阻。但这样的目标在正常情况下是很难实现的。在此非常时刻，企业老板希望员工能像打了鸡血一样奋不顾身地往前冲，从过去给他"下任务"变成他自己"要任务"，主动挑战超常规的业绩目标。但我们知道，要实现非常规的业绩目标一定要有非常规的激励手段。如果你是人力资源部负责人，你会设计怎样的激励机制来支撑这一挑战呢？

答疑参见封底微信号。

5.11　态度和能力怎么考核？

考核分两种：一种是绩效考核，它只看结果，以成败论英雄；另一种是过程考核，兼顾态度和能力。态度考核是对那些"没有功劳但有苦劳"

的人给予补偿，能力考核则是为了强化企业的能力建设，是平衡记分卡中关于学习与成长维度的一个重要体现。与绩效考核相比，态度和能力考核有自身的特殊性。

5.11.1 宜粗不宜细

过程考核与绩效考核的最大区别是，前者宜粗不宜细；后者宜细不宜粗。

绩效考核的"细"体现在两个方面：一是频度高，一般每个月都要考核。二是区别性大。不同岗位的岗位职责不同，考核指标也不同。另外，就考核标准而言，即便是相同岗位的不同任职者，因情况不同，所定的考核标准也不同。

过程考核的"粗"也体现在两个方面：一是频度低。一般来讲，一个人的态度和能力在短时间内不太可能出现太大的变化，所以没必要每个月都考，半年甚至一年考一次就足够了。二是同质性强。就拿态度考核来说，不管是什么岗位，研发也好，销售也好，网管也好，法务员也好，度量态度的无非就是那几类带有共性的指标，比如，服从意识、团队精神、积极主动性、责任心等，只要开发出一套这样的指标体系，就可以应用于各个岗位，可谓"事半功倍"。

过程考核与绩效考核的区别还体现在结果的应用上，绩效考核毫无疑问会影响薪资，它的影响渠道是 3p 原则中的业绩因素（performance）。但过程考核未必会影响薪资，它要分情况：态度考核因为与 3p 不相关，不会影响薪资。某个业务员业绩很好，但态度很差，不能因此就扣罚他的提成，因为提成是凭业绩说话而不是凭态度说话。那态度考核能影响什么呢？影响晋升和福利。能力考核则会影响薪资，它影响的是 3p 因素中的能力因素（person），有人凭借过硬的业务能力评上高级工程师，就能享受丰厚的高工津贴，这是等级序列津贴设计的一个重要思想。当然，能力考核还会影响晋升。

5.11.2 关键事件举例法

一般而言，态度和能力考核很难像绩效考核那样建立一套客观的标准，容易随意打分，那么如何才能使它尽量做到客观呢？下面我们介绍一种方法，叫关键事件举例法。它有三个步骤：

第一步，厘清"我们究竟要导出怎样的行为"，按从最坏到最好的顺序，从"最不希望员工发生的事"到"最希望员工发生的事"，分成若干等级，对应于每一等级，把行为标识罗列出来。

第二步，对应每个等级的行为标识，赋予分值，分值可以是非等距的，比如五分法下，最差是 0 分；较差是 2 分；及格是 6 分；优秀是 8 分；卓越是 10 分。

第三步，考核时对应各级行为标识，举例、打分。首先是员工自评，他们想给自己打高分，那就要举出高等级行为标识所对应的例证；然后是主管考评，如果主管举出低分标识所对应的例证，那么按"就低原则"，只能打低分。

通过上述几步能基本做到客观公正。很多企业在做态度和能力评价时员工不服，首先是因为没有客观标准，无法可依。现在我们用行为标识把各等级所应做到的程度明确列示出来，就已成功了一半。这与绩效考核是一个原理，只不过绩效考核的标准是量化的，过程考核的标准是行为化的。

思考 5-10：如何设计积极主动性的行为标识？

积极主动性是态度考核中的一个常见项目，如何界定积极主动性呢？很多企业为此头疼。由于描述不清，盲目打分现象严重。请按关键事件举例法，结合企业的实际情况，给积极主动性分级并列出各级的行为标识。

答疑参见封底微信号。

5.12 业绩跟踪与辅导

如前所述，绩效管理与绩效考核的一个重要区别就是过程管控，不是给员工设定一个目标就撒手不管了，中间还要有跟踪和辅导。

5.12.1 基本流程

业绩跟踪与辅导先要有阶段性目标，有目标才有对比，有对比才能发现差距并及时矫正，把问题扼杀在萌芽状态。这就像体检，及时发现异常，及时治疗，身体才能健康。

阶段性目标是为总业绩目标服务的，并典型地表现为周工作计划，即把月考核目标分解为四个周工作计划。有的公司管得更严，把周工作计划进一步分解到日工作计划，即所谓的日清日结。不管是以周还是以日为单位，把月考核目标分解为阶段性目标，就有了跟踪的对象，就可以启动绩效跟踪与辅导的流程了。

一般来说，业绩跟踪与辅导包括四个步骤：

第一步，业绩跟踪。定期了解阶段性目标的达成情况，找出差距。典型的是周例会，看看周工作计划中哪些工作完成了，哪些没完成。类似的工具还有甘特图，它也是对照计划找出实际进度的差距。

第二步，原因诊断。对于没完成的工作要分析原因，一般原因有两类：一是主观原因，比如不重视；二是客观原因，比如条件不具备、方法不得当等。

第三步，改进计划。"亡羊补牢，为时未晚"，对于工作中存在的差距，基于上述原因，要拿出下一步的改进方案，基于此，又形成下一周的工作计划。

第四步，求助清单。对于工作确实有难度或条件不具备的，员工希望主管能提供什么支持，应明确提出来，以利于形成上下合力。

通过上述四个步骤，建立目标—执行—检验—校正的循环系统，即PDCA 环。

5.12.2　导师制

过程管控耗时耗力，谁来做呢？很多人又会想到主管，但如前所述，主管的时间很宝贵，很难抽出专门的时间来跟踪辅导下属员工的工作过程。现代企业的管理宽度一般是 5～7 人，也就是说，一个主管要直接管理 5～7 名下属，要对这些人的工作过程进行跟踪、管控，难度很大。更何况，随着组织扁平化，管理宽度还在变大。

要把业绩跟踪与辅导工作做好，就必须把主管解放出来，把工作分拆给别人。导师制就是一个这样的机制，它是用员工来管控员工，实现"全民皆兵"，是用老员工来辅导新员工，能力强的员工辅导能力弱的员工，业绩好的员工辅导业绩差的员工。从理论上说，导师的数量不受限制，不管谁，只要能力强、业绩好、素质过硬，就能担任导师，所以师徒比可以控制，它可以做到一对一指导，过程管控的力度能得到保证。

思考 5-11：如何提高导师业绩跟踪与辅导的积极性？

导师一般是不脱岗的，既要管控学徒的业绩过程，又要做好自己的本职工作，是"一肩挑"，如果机制设计不到位，导师就很容易只顾一头，埋头干自己的事，而忽视对学徒工作的跟踪和辅导，久而久之，导师制就会流于形式，失去作用。如果你是人力资源负责人，能否设计一套机制来提高导师的积极性？

答疑参见封底微信号。

5.13　考核沟通

5.13.1　考核沟通的根本目的是改进未来业绩

很多企业没有考核沟通，把考核结果往人力资源部一扔就算了事。这不能算绩效管理，最多只能算绩效考核，因为绩效管理强调沟通。

绩效管理的目的是什么？基于对过去业绩的评价，着眼于未来业绩的改进。不沟通，员工就算做得好，也不知道好在哪；做得差，也不知道为什么差，将来怎么改进？瞎打瞎撞，业绩怎么提升呢？

绩效沟通的目的有两个：一是关于业绩评价要达成共识，干好干坏，让员工心服口服，不要闹情绪。二是让员工"知其然并知其所以然"。它重在对过去业绩取得原因的总结，让员工学会思考未来如何改进，而不是蛮干、硬干。

这就决定了沟通的内容应该是围绕上个月的业绩达成情况、原因分析、改进计划、求助清单等来进行。这其实就是各个阶段业绩跟踪与辅导的总结。换言之，如果没有平时的业绩跟踪与辅导，考核沟通就没有素材。

5.13.2　考核沟通的激励导向

另外，既然绩效管理强调对未来业绩的改进，考核沟通应该是激励导向的，而不是批评导向的。特别是对主管来说，员工工作做不好，不要以否定、警告的口吻来沟通，最好用中肯、协商、鼓励的语气来沟通。

为达到这一效果，沟通场所的选择很重要。心理学上有一个概念叫暗示效应，沟通的环境暗示沟通者的立场，在办公室、会议室等正式场所沟通，给人的印象就是公事公办、严肃认真，对那些业绩不好的员工来说，就容易造成心理压力，甚至应激反应，所以，在非正式场所沟通可能更好。在轻松的环境下，人更容易听进别人的意见。

思考5-12：如何把沟通艺术用于考核面谈中？

高超的管理者一般都有高超的沟通艺术，不管好事坏事，从他嘴里说出来，都让人乐于接受。对那些业绩不佳的员工，不能不点出问题，但力道怎么把握？说轻了，可能问题说不透；说重了，又会造成逆反心理。今天很多"95后"员工踏入职场，他们的诉求多元化，对尊重的需求更多，与他们沟通时更要注意方式。那么在考核沟通时，如何才能平衡上述两点呢？

答疑参见封底微信号。

5.14　考核结果的应用

绩效管理是为了提升未来的业绩，而业绩取决于态度、能力、人岗匹配度等多种因素，为达到这一目的，考核结果应该围绕这几点全方位地加以应用。

5.14.1　考核结果与激励体系

要提高业绩，首先要解决"想干"的问题。为激发员工的斗志，在薪资管理中要充分体现"奖优罚劣，奖勤罚懒"的原则。薪酬坚决向优秀员工倾斜，对业绩优秀的员工在薪酬上要敢于拉开差距，树立标杆效应。

薪酬与业绩挂钩涉及薪酬管理的内容，它一般体现在两个层面：

一是绩效工资。这主要体现在月考核中，考核结果好的，月绩效工资拿得多，反之亦然。每个企业都应该有绩效工资与考核结果挂钩的办法。

二是绩效加薪。这主要体现在年度考核中。每一年的岁末年初，很多员工会提出涨薪要求，给谁涨？不给谁涨？这是件很令人头疼的事。最公平的办法就是薪酬跟业绩挂钩，凭业绩说话。

以某企业调薪方案为例：凡年度考核优秀的员工，工资上调一档，这叫绩效加薪；年度考核达标的，工资不变，连续两年达标的，自第二年起自动上调一档；年度考核待达标的，工资不变，连续两年待达标的，自第二年起自动下调一档；年度考核差的，工资下调一档；年度考核不及格的，换岗。这样，凭业绩优劣在工资上拉开差距，实现"一岗多薪"。

关于这两个问题，下一讲我们还将重点讲解。

5.14.2 考核结果与能力建设

提高业绩，还要解决"能干"的问题。能力建设分三步，可以形象地比喻成：照镜子、找短板、补差距。这三步都与考核结果挂钩。

首先，什么是能力？我们希望员工建立怎样的能力？不同岗位，职责不同，能力要求也不同；同一岗位不同级别，能力要求也不一样，这就是任职资格体系，它是胜任力模型的重要组成部分。任职资格就像一面镜子，是员工的能力目标，但究竟达到了没有？还要进行评定，这就是照镜子。

任职资格评定以能力为核心，但不是完全把业绩甩一边，因为业绩是能力的最好证明！从理论上说，员工的能力应该反映在业绩中，所以任职资格评定还要以业绩为前提。考核结果要与任职资格评定中的基本条件挂钩，简单点说，如果考核不达标，就没有资格参加相应级别的任职资格评定。

其次，如何找能力短板？有两条途径：一是任职资格评定。凡没通过任职资格评定的，肯定是某些知识、能力、素质没达到要求，这是找短板。二是组织诊断。对考核结果进行分析，找出业绩差的员工业绩不理想的原因，可能会涉及能力方面，比如业务员业绩差是由于沟通能力不够，这就是诊断出来的能力短板。

最后，能力短板怎么补？这要靠培训体系来解决，即补差距。培训有没有起到预期效果还要通过后期的绩效考核来加以验证。

可见，在能力建设维度，考核结果可应用于任职资格管理、培训等方面。

5.14.3 考核结果与人岗匹配

这主要涉及员工调配、职业生涯规划等方面。

即便员工"想干"，也"能干"，但放错了位置，也同样干不好，这就是人岗错配，为避免之，企业要有一个调配机制。调配的依据是什么？当然是考核结果。如果通过追踪发现某个员工的业绩一直很差，且毫无改进的可能，那就要调岗。调往什么岗位？这要根据他的禀赋特征，结合之前的工作经历及业绩评价结果来进行。举个简单的例子，如果某人之前在产品部工作过，此间绩效考核较理想，后来在市场部工作，但业绩较差，主管断定其不适合做销售，人力资源部在调整其岗位时可考虑将其调往对产品知识有一定要求的岗位，比如售后服务部。

这时又衍生出职业生涯规划的问题。职业生涯规划就像一个蛋筒，底部决定员工适合做什么，圆锥的高度又决定他将做到什么程度。根据既往的考核结果，主管应该能对下属员工是否胜任这个工作有个评价，这是第一个维度。进一步地，如果胜任，在未来几年时间内员工能做到什么级别，应该让员工心里有数，树立奋斗的目标。严格意义上讲，每年年底，基于对过去业绩的判断，每个主管都应该与下属员工进行职业生涯规划的沟通，使他们心里亮起一盏灯，而不是在黑暗中摸索。关于这个问题，我们将在第七讲做具体阐述。

第六讲 薪酬管理

6.1 薪酬管理的八个乱象

很多企业的薪酬管理都很粗放，乱象丛生，概括起来大概有以下几种。

6.1.1 招聘时工资没谱

严格意义上讲，每个企业都应该有一套工资结构，它规定了各个岗位的薪酬区间，特别是对于那些拿标准月薪的岗位，最高可以拿多少，最低拿多少，应该有一个范围，这样招聘时谈工资条件才能做到心里有数。

但实践中很多企业都没有工资结构，各个岗位该拿多少钱也没有一个标准，招聘时谈工资条件也是跟着感觉走，随意性大，比如招一个出纳，看对方各方面条件都不错，满口答应对方的工资要求，8 000 元/月，但公司里会计的工资只有 6 000 元/月，把出纳招进来后怎么"摆平"会计呢？这个没有想过。我们知道，一般情况下会计工资应该比出纳高，因为其岗位价值更大。

6.1.2 工资倒挂

工资是员工价值的体现，在其他因素相同的情况下，老员工的经验更丰富，能力也更强，相应地，工资也应该比新入职的员工高，但在很多企业出现了相反的情况，新进员工的工资比老员工高出一大截。老板也犯难：不开这么高的工资，新人招不进来，开这么高的工资，老人又很不爽。问题到底出在哪儿呢？正如后面我们将提到的，这是缺乏工资调整通道造成的。

6.1.3　平均主义

薪酬坚决向优秀员工倾斜，是薪酬管理的一个基本法则，唯有此，才能调动员工的积极性，但这一点说起来容易做起来难，真要拉开薪酬差距，很多老板又犯难了：那些拿得少的人会不会说闲话、闹情绪？于是平均主义又占了上风，把业绩好的员工该得的部分削掉一块，缩小差距。这是典型的"削足适履"。

▶ 分享6－1：行长说话怎能不算数呢？

我接触过一家商业银行行长，他是个典型的纠结的人。迫于业绩压力，该行制定了一套激励办法，凡客户经理拉来的存款，按月均存量的3‰计提奖金，这在当时算是非常高的比例。重赏之下必有勇夫，该行的存款业绩果然直线上升。但第一个月过去要核算提成时，行长却心里打鼓了，因为有一个客户经理拉来了巨额存款，按3‰计算，提成就高达18万元，而其他客户经理大多只能拿区区几千元，行长担心这样搞大家会有意见，毕竟这家银行也是国有控股的，最怕员工因工资差距过大闹事。为息事宁人，行长决定取消按3‰提成的奖励办法，又退回到之前的那套不疼不痒的机制上。那位客户经理的18万元奖金也不了了之。这下另一个问题又出来了，大家觉得行长说话不算数，积极性一下子又没了。从第二个月开始，刚有起色的存款指标又掉头向下。行长真是里外不落好。

6.1.4　加薪凭嘴说

每年开春是跳槽的高峰期，很多员工借机跟老板谈条件，不涨工资就走人。由于缺乏系统的薪酬管理制度的指导，老板也六神无主，涨也不是，不涨也不是，年年受到困扰。最后只能凭感觉，谁递条子最频繁，喊得最凶，就给谁涨；不递条子的，就先不涨。典型的"欺软怕硬"，让老实人吃亏。也有老板想做老好人，搞平衡，大家都普涨一点。这种做法似乎很公平，但实际上是以牺牲业绩好的员工的利益为代价，挫伤其积极性，最后只能是"劣币驱逐良币"，优秀员工走了，留下来的多是混日子的。

6.1.5　沉淀层成本过高

有些员工资历老、位置高，拿着较高的工资，却懒散成性，业绩很差，而那些进公司较晚的员工，就算再努力，业绩再好，工资终究不如他们。这就是沉淀层的优越感。它让新员工看不到希望，也助长了老员工的惰性，使薪酬管理失去了应有的激励作用。归根到底，还是薪酬结构出了问题，这种薪酬结构强调职务导向，一切以职务高低为准，业绩和能力因素被弃置一边，最后造成的结果是沉淀层消耗了公司太多的人工成本，与他们的贡献不匹配。

6.1.6　短期、中期、长期薪酬失调

短期、中期、长期薪酬失调主要是针对高层管理者和核心员工来说的，因为涉及他们的留存问题。我们知道，完整意义上的薪酬包括短期薪酬、中期薪酬、长期薪酬三个组成部分，短期薪酬以月工资为主；中期薪酬是年终奖；长期薪酬则以股权激励、补充商业保险、企业年金等为代表，三者应合理搭配。特别地，为了留住高层管理者和核心员工，在设计他们的薪酬时，应通盘考虑三者的比例关系。

以高管为例，如果其年薪是 100 万元，就不应该全通过月工资和年终奖发掉，还要留一定比例在长期薪酬上，比如股权激励，若按三三制比例，则股权激励收益为 30 万~40 万元，这样既能通过分享制激励他向更高的业绩目标冲刺，更重要的是，还能像押金一样，提高其离职成本，起

到留人的作用。

但现实中很多企业只注重工资和年终奖的设计，而忽视股权激励、企业年金、补充商业保险等长期薪酬的设计，可能是没这个意识，也可能是没这个设计能力，但不管怎样，忽视长期薪酬设计造成的一个恶果就是在留人方面非常被动，如果有一天员工撂挑子走人，老板只能干瞪眼，因为没有任何"辫子"抓在手上。

6.1.7　没有发挥好津贴的引导作用

津贴在薪酬中只占较小部分，所以很多企业都会忽视它，认为它只是一些花边，没必要花费太多精力去设计它，结果一年下来钱没少花，效果却一点没有，真是白花冤枉钱。

实际上津贴是一个调节杠杆，设计好了，能对员工行为起到引导作用，以野外补贴为例，其目的是鼓励员工多到野外作业，能平衡野外作业人员的心理。可以说，企业需要引发怎样的行为，就应该设计怎样的津贴。如果希望售后服务人员多出差，多到客户那里解决问题，就可以设计出差补贴，比如一天 100 元，冲着这 100 元补贴，很多员工就可能愿意出差。

有的企业需要派员工长期驻扎海外，但没人愿意去，因为有家庭的牵挂。为解决这一问题，可以对外派人员提供家属随行津贴，只要家属随行，每个月按该员工工资的一半提供补贴，鼓励家属跟着一起出国，这样外派员工就安心了。

6.1.8　只强调钱的作用，忽视精神激励

邓小平指出，物质文明建设和精神文明建设要两手一起抓，两手都要硬。如果说物质文明是里子的话，那么精神文明就是面子。员工既要里子也要面子，这一点对优秀员工尤其适用。

很多企业"铜臭味太重"，在做薪酬管理时只强调钱的作用，而忽视

了精神激励的作用，这是很愚蠢的，因为精神激励只是"舌头打个滚"的事，根本不需要多少成本，却能极大地满足员工的心理需要，真是事半功倍，却偏不为之。

只有物质激励没有精神激励，激励效果只有八成；相反，只有精神激励没有物质激励，激励效果可能只有两成；两个激励都有，效果可能翻倍！

6.2　薪酬的多元化组成与激励的多样性

要避免薪酬管理的各种乱象，就要先了解薪酬是由哪些部分组成的，然后才能有的放矢地制定对策。总体来说，薪酬包括经济性薪酬和非经济性薪酬，其中，经济性薪酬又包括直接薪酬和间接薪酬；非经济性薪酬则是指工作所带来的社会地位、自豪感、精神激励等。下面我们分别进行讲解。

6.2.1　不要忽视非经济性薪酬的激励作用

薪酬是指企业根据法律法规的要求，基于员工的知识、技能、业绩等因素，支付给员工的一种回报。本质上，它是一种交换关系。

从广义上讲，薪酬包括经济性薪酬和非经济性薪酬，前者以物质形态支付，典型的如工资；后者以非物质形态支付，典型的如工作带来的愉悦感、成就感、社会地位等，它们虽然没有带来直接的经济收益，但同样能产生效用，所以也算一种薪酬。

"天下熙熙皆为利来，天下攘攘皆为利往。"自古以来人们追逐钱财，无所不用其极。重视经济性薪酬的设计无可厚非，但非经济性薪酬的精神激励也不可小视，设计好了，能花小钱办大事，可谓事半功倍，何乐而不为呢？

但现实中，很多老板执拗地认为员工利字当头，只要把钱给到位就可以了，其他东西都是空谈，所以也不屑于搞什么精神激励。

这个观点对不对呢？

1959年，心理学家赫茨伯格提出了工作动机的双因素理论，我们可以从中找到答案。赫茨伯格认为，人们的工作动机来自两方面因素：一是激励因素，它与满意感有关，比如喜爱一份工作、享受工作过程，从工作中得到无上的荣誉。二是保健因素，它只能消除不满，却不会带来满意，比如，提高工资可以消除人们对低工资的不满，改善工作条件可以消除人们对工作环境的不满，却无法使人们真正地喜爱工作。用一句通俗的话说：钱不是万能的，但没钱是万万不能的。

要让一个人把工作做好，最大的激励就是让他发自内心地热爱这份工作，但爱是金钱买不来的。我们很少听说某人之所以成就了一番伟大的事业是因为金钱的赎买，反倒经常听说有人因为发自内心地热爱某项工作，而能废寝忘食地把工作做到极致。

所以真正的激励并非源于经济性薪酬，而是源于使命感、成就感、愉悦感等非经济性薪酬，也只有把这些激励因素调动起来，员工才能爆发出惊人的创造力。正因为如此，那些伟大的企业家不会只跟员工谈钱，他们一定会重视企业文化建设，谈理想，谈使命，谈工作意义。

从这个意义上讲，企业文化也是一种薪酬，它支付给员工的是"热爱工作，享受工作"的精神回报，它是无形的，也是无价的。

6.2.2　不同员工需要不同的激励方式

每个人的追求不同，适合他的激励方式也不同。一般来讲，人缺什么就奖他什么，这是基本原则。对缺钱的人来说，物质激励一般能奏效；但对不缺钱的人来说，这一套可能就不奏效。

如果要发2万元年终奖，对保洁阿姨来说，就应该直接给，因为她缺钱，但换作一个高级销售经理，他可能就对 2 万元没什么感觉，因为他年薪上百万元，根本就不在乎这点钱，还不如把这笔钱换成一个带有标签，并且是限量版的奖品，只有公司业绩排前几名的才有，人们一看到这个奖品，就知道他是一个了不得的高级销售经理，这个奖品对他的激励作用就很大，因为带来了荣誉。

很多高管离职就不是因为钱，他们并不缺钱，缺的是职业归属感、成就感和尊重。层次越高的人，越不缺钱，缺的是精神层面的东西，这就是马斯洛需求五层次理论的启示。如果企业只注重经济性薪酬的设计，而忽视非经济性薪酬，那么是很难留住这些精英的。

▶ **分享 6－2：企业为什么要设荣誉部？**

> 企业文化是一个企业的灵魂，是价值观的提炼，是行动的指挥棒，它要明确告知员工：什么是该做的，什么是不该做的；什么是鼓励的，什么是反对的。当员工做出了符合价值观的行为时，应予以奖励；反之，应予以惩罚。但我们怎么获知这些信息呢？为解决这一问题，有的企业专门成立了荣誉部，通过它来收集"好人好事"的信息，比如设立专线电话，凡发现有好人好事的，可以随时提供线索，荣誉部核实后，对信息提供者予以奖励，对当事人，则重奖。这里重奖就不仅包括物质奖励，而且包括精神奖励，比如颁发荣誉证书，或授予明星员工称号，号召大家向他学习，把他的事迹刊发在内刊或网页上，广泛宣传。对自尊心强、好面子的员工来说，这种激励所带来的正能量是相当大的。

随着经济社会的发展，人民生活水平的提高，员工在追求物质利益的同时，对精神层面的追求越来越多，大家都希望得到别人的尊重、领导的表扬和同事的肯定，这要求我们必须搞好精神激励。如果舍不得在这一方面下功夫，仍局限于物质激励，那就是一种激励上的错位。

6.3　先设计好间接薪酬，四两拨千斤

下面我们将重点讨论经济性薪酬，毕竟，对多数人来说，它还是最重要的。根据支付形式的不同，经济性薪酬又可以分为直接薪酬和间接薪酬。

6.3.1　间接薪酬主要指社保和福利

直接薪酬是以货币形式直接打到员工账户的薪酬，"看得见、摸得着"，它包括：基本工资、岗位工资、绩效工资、提成、年终奖、加班费、分红、津贴以及企业年金、补充商业保险、股权激励等。

直接薪酬又可以分为短期薪酬、中期薪酬、长期薪酬，其中，短期薪酬一般以月为单位，典型地表现为工资；中期薪酬一般以年为单位，以年终奖为代表；长期薪酬则超过一年，以股权激励、补充商业保险、企业年金等为代表。

间接薪酬是指不直接以货币形式支付，而是通过各种福利形式或通过第三方渠道支付给员工的薪酬，前者如补充商业保险、带薪休假、节假日礼品；后者如社保，它是通过财政账户转交给员工的，且当期不能提取，将来能否提取还带有一定的不确定性，所以列作间接薪酬。

员工对直接薪酬的感知最强，它是薪酬管理的重点，但这并不否定间接薪酬的重要性。间接薪酬在人工成本中的占比并不小，以五险一金为例，一般达到30%以上，有的甚至接近一半。

6.3.2　间接薪酬有较大的弹性空间

很多人认为间接薪酬是死的，没什么好设计的。其实不然，间接薪酬还是有较大操作空间的，福利自不必说，即便五险一金也不是铁板一块。不设计好，就等于放弃了薪酬管理的一个重要杠杆。

那么，怎么设计间接薪酬呢？下面我以福利和社保为例来阐释。

1. 福利设计要灵活实用，真正起到润滑剂的作用

福利的钱虽然不多，但日积月累，也不是个小数目。设计不好，钱花了，员工不领情，打水漂都不带一声响；相反，设计得好，就能花小钱办大事，聚拢人气，它就像润滑剂，能提高员工的归属感。

现实中很多企业就不是这样，发福利就像应付差事，随便发点拉倒，白酒、色拉油成桶地发，也不问问员工想不想要。有的发多了，甚至成为员工的负担，拿着不稀罕，丢了又可惜。这是福利管理最忌讳的。

要做好福利设计，首先要做好福利调查，让员工表达他们想要什么，再结合实际情况设计，甚至可以拿出一个福利清单让员工自己选，千万不能闭门造车。

思考 6-1：生日福利该怎么设计？

对一个百人企业来说，每年用于生日福利的开销可能会高达几万元，精细化管理要求把每一分钱都用于刀刃上，如何发挥这几万元的作用呢？很多企业都会送蛋糕卡，但有人喜欢，也有人不喜欢，可谓众口难调。假设有一家企业，平时工作节奏很快，员工收入也很高，对实物并不在意，用送蛋糕卡的形式就起不到什么效果。针对这种情况，您能为它设计一种更实用的生日福利形式吗？

答疑参见封底微信号。

2. 社保也有一定的弹性空间，可适当节约成本

社保是国家的强制规定，按理说必须交，但成本也确实很大，能否在合法合规的基础上降低这一块成本呢？答案是肯定的。以养老保险为例，之前很多企业按当地最低指导线交，就是一种变通处理，考虑到企业的不易，政府一般也不太追究。

但在 2018 年 3 月 21 日，中央印发的《深化党和国家机构改革方案》中提到，为提高社会保险资金征管效率，将基本养老保险费、基本医疗保险费、失业保险费等各项社会保险费交由税务部门统一征收。2018 年 7

月 20 日，中共中央办公厅、国务院办公厅印发的《国税地税征管体制改革方案》中明确提出，自 2019 年 1 月 1 日起将基本养老保险费、基本医疗保险费、失业保险费、工伤保险费、生育保险费等各项社会保险费交由税务部门统一征收。虽然目前在很多地方社税合一工作只在机关事业单位进行，企业暂缓执行，但它也提醒我们，如果今后社税真的合一了，那么在社保缴纳方面还有没有操作空间呢？答案是还会有的。

从理论上说，只有正式员工，企业才有义务为其缴纳社会保险，非正式员工，比如劳务派遣的员工，企业不必缴纳。有些高科技企业，对某些有一定专业要求但替代性又比较强的岗位比如基层程序员，就通过劳务派遣方式来解决，把社保压力转移到派遣公司。因为程序员数量多，光这一块每年就能节约巨大的成本。程序员从事基础编程工作，不会造成核心技术泄露，另外，他们一般都是项目制工作方式，当项目结束时退还给派遣公司，不会出现人员赋闲的情况。

思考 6-2：可以不交社保吗？

因为社保个人也要出资，有些员工特别是工资比较低的员工就可能会提出来不交社保。如果有几十个员工不交，那一年下来还是能节约不少成本的，所以对企业还是有诱惑力的，但可以不交吗？如果不交，最严重的后果是什么？进一步地，如果企业答应他们不交，那么怎么处理才更稳妥呢？

答疑参见封底微信号。

6.4 薪酬的 3p 逻辑与三项原则

6.4.1 薪酬的 3p 逻辑

要设计好薪酬就必须从根源上厘清发薪逻辑，即企业为什么给员工发工资？员工上班，不论从事什么岗位，不论贡献大小，企业都有责任给员工发一份保底工资以保障他和家人能过上基本的生活，这就是基本工资。基本工资随物价水平、生活成本而变。实践中，很多企业都是在当地最低工资标准的基础上适当上浮来制定基本工资的。

有了基本工资垫底，接下来的工资差距就是"八仙过海，各显神通"了，概括起来就是以下因素：

（1）有人位置（position）坐得高，凭岗位拿高工资；

（2）有人业绩（performance）做得好，凭本事拿高工资；

（3）有人能力（person）强，凭等级证书拿高工资。

这就是著名的 3p 薪资模型，它基本概括了薪酬的几个决定因素。

6.4.2　薪酬的三项原则

与 3p 逻辑相对应，薪酬管理一般要体现三项原则：

1. 公平性

公平性主要是针对企业内部不同岗位间的工资比较。不同岗位的工资，应该孰高孰低？这取决于岗位价值。岗位价值大的，工资就应该高一些；岗位价值小的，工资就应该低一些。工资与岗位价值对应，这才是最公平的。岗位价值就对应 position，它要通过一定的方法来评估。怎么评估？后续我们将专门讲解。

2. 激励性

激励性主要是针对同一岗位不同任职者之间的工资比较。在同样的岗位上，不同任职者有干得好的，也有干得差的，干得好的要多拿，干得差的要少拿，奖优罚劣，才能起到激励作用。业绩因素就对应 performance，要客观评价业绩，就必须做好考核工作。对那些业绩容易识别的岗位，要大胆地启用激励型薪酬，薪酬坚决向优秀员工倾斜，要敢于根据业绩差距拉开薪酬差距。

也有一些企业为了鼓励员工不断提升能力，会对能力付酬，这就对应 person，比如，对工程师按能力分级，高级工程师的工资比中级工程师高；中级工程师的工资比初级工程师高。这也可以理解为激励，只不过激励的不是业绩而是能力。

3. 竞争性

竞争性主要涉及外部薪资比较，即与同行业其他企业相比，本企业的薪酬竞争力。每个企业都要在人力资源市场上与同行业其他企业展开人才争夺，所以薪资设计不能闭门造车，要做薪资调查，看看别人开多高，自己有无竞争力。但薪资比较要有一个统一的标尺，只有工作内容相近的岗位才有比较的基础，比如会计是一个标准岗位，任何一家公司的会计工作内容基本都相同，它就可以进行对比。有些岗位虽然名称一样，但在不同企业工作内容有很大差异，就不能进行比较，比如物流经理，有的企业是做这些工作的，有的企业是做那些工作的，这就没有比较的基础。

6.5　薪酬的三种基本模式

不同岗位的薪资模式不尽相同。各岗位的工作属性、业绩测量、能力要求等都有很大差别，相应地，设计薪酬模式时对 3p 因素中各个因素的侧重也不同，这就形成了如下三种基本的薪酬模式。

6.5.1　岗位工资制

岗位工资制以 position 为发薪的主要逻辑，强调岗位价值的影响。

既然岗位价值是发薪的主要依据，那么就要计量岗位价值，一般来讲，岗位价值主要取决于岗位职责：职责越重要，价值越大，所以岗位工资制适用于那些职责边界清晰、工作内容相对固定的岗位，即标准化的岗位，典型的包括行政、人事、财务等后勤岗位。

对于各个岗位的价值，我们并不是要计算其绝对值，而是要按大小从低到高对它们排序，再根据排序情况对各个岗位划分薪级，这叫以岗定薪。

当一个岗位被划分到某一个薪级时，不管任职者是谁，都拿该薪级的工资。但要注意，每个薪级的工资并不是一个固定的数字，而是一个浮动区间，一个员工究竟拿多少工资，要根据其年度业绩情况在这个区间内浮动，但一般跳不出这个框。

岗位工资制下的工资分为两个部分，即基本工资和绩效工资，当考核达标时，绩效工资不奖不扣，此时，对应的工资称为标准工资。每个薪级的浮动区间是指标准工资的浮动区间。

基本工资相当于无责任底薪，绩效工资则要根据业绩情况来发，对应不同的考核结果，做一定比例的浮动，比如，当考核结果为 A 时，绩效工资上浮 30%；为 B＋时，上浮 10%；为 B 时，不变；为 C 时，下浮30%；为 D 时，扣光。

岗位工资制里有一种特殊的形式，即职务工资制。从本质上说，职务工资制也是以岗位价值作为付薪逻辑的，只不过它把职务高低与岗位价值大小简单地画上等号，默认职务级别高，岗位价值也大。在很多情况下，确实如此，比如总经理比副总经理的岗位价值要大，财务总监比会计的岗位价值大，所以以职务级别来代替岗位价值有一定的合理性，但也不尽如此。对一家饭店来说，采购主管的职务级别比厨师高，但其岗位价值未必比厨师大。职务工资制适合于那些价值贡献与职务级别基本匹配的岗位序列，典型的如员工—主管—经理序列，职务级别依次递增，岗位价值依次递增，薪级也依次递增。

6.5.2 业绩工资制

业绩工资制以 performance 为发薪的主要依据，强调业绩的影响。按薪酬与业绩挂钩的形式，它又可以分三种不同的模式：

1. 提成（或计件）工资制

提成工资制适用于那些业绩简单明了、产出可通过货币形式计量的岗位，如销售员、生产工人、物流人员，"凭本事吃饭"的特点很明显。

这些岗位的工资构成一般是：底薪＋销售提成（或计件工资）＋星级津贴。

这类工资设计的重点是提成比例或计件标准的核定，既要考虑激励的力度，也要考虑到财务成本能否承受。为鼓励业务员冲刺更高的业绩目标，通常会设定阶梯式提成比例。

与激励相伴的是约束。为了把压力传递给业务员，底薪一般定得比较低，在这个问题上，很多企业处理得不好，要么底薪偏高，业务员没有冲刺业绩的压力；要么底薪太低，影响招聘。如前所述，招聘时薪资竞争力主要取决于基本工资，底薪低在人力资源市场上就会处于劣势。那么底薪究竟定多少合适呢？一方面，要参照最低工资标准。业务员可能会出现业绩为零的情况，这种情况下就只能拿底薪，底薪要符合当地最低工资标准的要求。另一方面，要做好薪酬调查，参照其他企业的水平来定。

思考6-3：业务员一定适合用提成工资制吗？

对多数企业来说，业务员工资都是采取提成制形式，但这有个前提，那就是，销售业绩一定要与销售员的个人努力相关。现在有两家企业，一家处于初创期，产品尚未成型，几乎无人知晓，刚启动市场铺垫工作。另一家企业则相反，处于成熟阶段，知名度高，产品美誉度高，市场基础牢。请问，对这两家企业来说，业务员适合用提成工资制吗？如果不适合，应采取怎样的工资模式？

答疑参见封底微信号。

2. 利润分享制

提成（或计件）工资制是以销售额（或产量）为业绩依据的，但对公司来说，最终的业绩是利润，它等于销售额减成本，销售额只是其中一端，成本是另一端，完整的业绩工资制应该是两端兼顾，既与销售额挂钩，也与成本挂钩，只不过对销售员来说，他们只能控制销售额，很难影响运营成本，所以提成只与销售额挂钩，但对那些能同时控制销售额和成本的岗位来说，提成就应该与最终的利润挂钩了。

那么，哪些岗位符合这个条件呢？那就是以总经理、副总经理为代表的高层管理者，他们对整个公司的运营负责，既对营业收入负责，也对运营成本负责，其薪酬就应该与利润挂钩，所以高管们普遍实行年薪制。

年薪一般分为基础年薪和绩效年薪，其中基础年薪占小头，按月发放，目的是保证高管及家人的日常生活；绩效年薪占大头，它是有风险的，一般是按年度利润的一定比例来计提，利润高就多拿，利润低就少拿，低于一定数字就没有。所以年薪制是一种典型的分享制。

在 M 形组织结构下，公司按产品、地区或客户分成若干个事业部，各事业部领导对其下辖的事业部的利润负责，年薪与事业部的利润挂钩。

3. 项目工资制

项目工资制主要针对项目管理人员，他们既要抓项目进度、项目质量、回款，又要对项目成本负责，项目部就相当于一个小型事业部，所以也可以实行分享制。

项目工资包括底薪和项目奖金，底薪按月发放，项目奖金按项目利润的一定比例计提。对于项目周期长的，不能等到项目结束才核发，平时可以按节点发放，这属于预发性质，等项目结束后再算总账，多退少补。

还有一些项目是对内承接的项目，典型的如研发人员承接内部设计任务，对这些项目，可以参照市场价制定一个内部承包价，从本质上讲，它是将节省出来的外包费用作为模拟利润分享给研发人员，所以也算是分享制。

6.5.3 技能工资制

技能工资制以 person 作为主要发薪依据，强调能力的影响。在这种模式下，员工按工作技能的高低分成若干等级，薪酬与技能等级挂钩，等级越高的，工资越高。我们希望通过这种形式来鼓励员工提高工作能力，毕竟员工能力才是企业最为长久的核心竞争力。

显然，技能工资制适用于那些专业性强、对工作技能要求明确、技能易识别的岗位，典型的如研发人员、中试人员、产品支持人员。以程序员为例，编程是一个专业性特别强的工作，它需要明确的岗位技能，比如熟练掌握 C 语言、JAVA 语言，具备源代码编写能力、除错能力等。

技能工资制要对员工的工作能力进行客观、公允的评定，这对任职资格管理提出了较高的要求。在第七讲我们会做专门讲解。

对一个企业来讲，最重要的岗位包括技术类、业务类、后勤类、项目管理类等几大类，如上所述，它们分别适用技能工资制、提成工资制、岗位工资制和项目工资制，下面我们分别进行讲解。

6.6　后勤部门的岗位工资制设计与调薪通道

对以行政、人事、财务等为代表的后勤岗位以及各中基层管理者来说，适用岗位工资制。岗位工资制的设计要突出两点：首先，处理好各岗位间的工资关系，体现公平性原则；其次，构建工资调整通道，使优秀员工即便岗位不调整，也有工资晋升的机会。做不到这两点，就会出现各种问题。

▶ **分享 6 - 3：工资双轨制的困扰**

很多企业可能都遇到过如下困扰：三年前招一个会计，按市场平均工资水平，以 5 000 元/月把人招进来，入职后工资就没再调整过，但人力资源市场上工资却在连年上涨，三年后会计的工资可能已经涨到 6 000 元/月，此时，要再招一个新的会计，工资就必须开到 6 000 元/月，但老会计仍旧只拿 5 000 元/月，这就出现了前面所提到的"老员工不如新员工工资高"的工资倒挂现象，这显然是不合理的。但领导也很为难：如果把老员工的工资也提上来，人工成本会猛增，企业吃不消。最后只能"新人新办法，老人老办法"，这会严重挫伤老员工的积极性。

为什么会出现这种情况呢？关键还是缺乏工资调整通道，在"一岗一薪"的工资制度下，那些没有职务晋升机会的员工，即便业绩再好，也无法涨薪，除非工资普调，但这又没有区别性，无法凸显业绩好的员工的价值。

那该怎么办呢？下面我们分五步来谈解决方案。

6.6.1 设多少个薪级？

设计薪酬结构就像盖大楼，先要规划好盖多少层。一层楼就是一个薪级，有多少层楼就有多少个薪级。那么对一个企业来说，设多少个薪级合适呢？这取决于如下几个因素：

1. 岗位数量

回到盖楼的例子上，盖多少层楼取决于有多少类业主，一类业主住一层，有 10 类业主就要盖 10 层。对企业来讲，一类业主就相当于一群岗位价值相同或相近的岗位，它们被放在同一个薪级。如果把所有岗位合并起来，通过估算发现，它们的岗位价值可以被分为 N 段，那么，至少就要有 N 个薪级。

显然，在其他因素相同的情况下，一个企业的岗位数越多，岗位价值的分类可能就会越多，薪级也越多。

2. 行业性质

如果薪酬最高岗位和薪酬最低岗位间的工资差距被定死了，那么各级间的工资差距与薪级数量成反比，也就是说，薪级越多，各级间的差距越小；反之亦然。

相对于传统行业来说，高科技企业面临更大的不确定性，各岗位的价值贡献有很大区别，工资差距拉得更大，相应地，薪级可以更少一些。实践中，宽带薪酬结构在高科技企业应用得最多就是基于这个道理，宽带薪酬结构的最大特点就是薪级少、带宽大。

3. 企业文化

有的企业强调狼性文化，薪酬坚决向重要岗位和优秀员工倾斜，所以不怕拉开工资差距，像这样的企业，薪级就可以少设一些。相反，还有一些企业倡导中庸文化，忌讳贫富悬殊，薪级就应多设一些。这以国企为代表。

薪级太多或太少都不合适：薪级太多，各级之间的工资差距太小，员工升职并不能获得太多好处，无积极性；薪级太少，各级之间的工资差距太大，万一晋升不科学，会无谓地增加人工成本。

对多数企业来说，以 10 为中位值来设薪级数可能是比较合适的，往上不要超过 20 级，很多世界级企业的员工数量多达数十万，薪级也就 20 多级。当然，薪级也不要太少，一般不要少于 5 级。具体多少级可依上述几个因素确定。

6.6.2　岗位评估

在上述薪酬结构中，各个岗位拿哪个薪级的工资要根据其岗位价值来确定。那么，如何评估岗位价值呢？

1. 岗位价值评估方法不宜复杂

岗位价值评估方法有很多，典型的有三种，即排序法、分类法和要素计点法等，其中要素计点法影响最大。海氏、美世、翰威特评估工具就属于要素计点法，它不像排序法和分类法那么粗糙，而是相当的精细，它试图用精确的模型从岗位职责、能力要求、工作特征、工作环境等方面把各个岗位的价值精确地计算出来。逻辑是清晰的，但做起来很难把握，往往失之毫厘，差之千里。

管理学是一门艺术，它很难做到严格科学。

岗位价值到底取决于哪些因素？各占多大权重？对每一级如何赋值？评定标准怎么定？这是要素计点法所要解决的。你会发现任何一个参数的细小变动都可能会引起评估结果的剧烈变动，甚至会颠覆之前的结果。比如本来 A 岗位得分是 150 分，薪级划分到 5 级，B 岗位得分是 149 分，薪级划分到 4 级，现在把某个参数改一下，A 岗位得分可能就会变成 149

分，B岗位得分则变成150分，两个薪级就要颠倒。那么，哪个结果才是可信的呢？

合理的岗位评估结果要与经验直觉相符。大家都认为会计的岗位价值要大于出纳，如果评估结果正好相反，那么这个工具就算再精美，也是无用的，因为它违背了常识。

于是，很多岗位评估工作陷入如下的泥潭：耗费大量的精力，不断调整各个参数，直到逼近一个符合大家预期的结果，这是典型的"屁股决定脑袋"。既然预设的答案已经有了，何必再费周折去拟合一个所谓的评估工具呢？

我们应该把问题简化，迅速区分各岗位价值的排序，它不必过于细致，但也不会错得离谱。它只做大的岗位分类，不碰扯不清的细节，舍繁取简。

2. 职系和职级是区分岗位价值的最简单方法

对岗位进行分类的最简单办法就是横向分系、纵向分级。就像找一个学生，搞清楚是哪个专业、哪个年级的，就很容易找了。

职系可以分为操作类、专业类、营销类、技术类、管理类等，它体现了岗位职责的类别；职级可以分为员工级、主管级、经理级等，体现了岗位在指挥链中的位置。

影响岗位价值的最重要的两个因素是岗位职责和技能要求，它们都能在职级和职系中找到影子。

首先看职级。一般企业里，员工—主管—经理的工资是逐级递增的，为什么？职级越高，职责越大，这就是职务工资制的默认逻辑。

再来看职系。为什么会计的价值大于出纳？这是因为它们属于不同的职系，工作性质不同，对工作技能的要求也不同。出纳是操作类岗位，从事的是执行性、重复性工作，不需要复杂的决策，技能要求也不高；会计属于专业类岗位，从事决策性工作，专业技能要求也高。

6.6.3 薪级划分

如果岗位工资制只限于后勤条线，问题就简单多了，它所涉及的职系并不多，只有三类，即操作类（非生产型）、专业类、管理类。从技能要求上讲，操作类岗位肯定比专业类岗位低；从职责重要性上讲，职务级别低的岗位一般比职务级别高的岗位低。于是我们把后勤条线的岗位分成四级，即操作类员工级、专业类员工级、主管级、经理级。这里只有员工级、主管级、经理级三级，对层级更多的企业，可以再增加。

对于同一级岗位，在不同业务部门之间不再做岗位价值区分，而是默认相同，因为很难厘清。比如，同样是专业类岗位中的员工级，一个是人力资源部的招聘专员，一个是财务部的成本会计，你能说得清谁的岗位价值大谁的岗位价值小吗？

这样，基于职级与职系划分，就可以把后勤条线的薪级分布图勾勒出来，如表 6-1 所示。

表 6-1　　　　　　　　　后勤条线的薪级分布图

薪级	职级	职系	岗位
4	经理级	管理类	部门经理、副经理
3	主管级		主管、主任
2	员工级	专业类	文秘、合同评审员、人力资源各专员、会计、审计、网管、库管
1		操作类	内勤、打字员、出纳、理货员、助理

说明：保安、保洁、司机、厨师等标准岗位按市场薪酬执行，不再单列。

6.6.4 薪酬结构

1. 薪酬结构图

岗位工资制要为那些没有职务晋升机会但业绩优秀的员工提供工资晋升的机会，所以不能是一岗一薪，而应该是一岗多薪，每个薪级的工资是一个区间而不是一个固定的数字。各薪级的工资区间组合起来就是薪酬结构（如图 6-1 所示）。

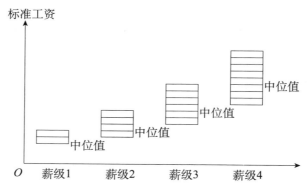

图 6-1 薪酬结构图

请注意，在图 6-1 中，纵轴是标准工资，而不是岗位工资。岗位工资制是基于岗位价值的工资制度，它不仅包括岗位工资，还包括其他工资，比如绩效工资。把基本工资、岗位工资、绩效工资基数合并起来就是标准工资。当业绩达标时，不奖不罚，绩效工资不变，这时拿的工资就是标准工资。

这里我们没有把三类工资分开而是合成为标准工资，主要是为了使工资结构更加简单明了。对于这一点，后面还将论述。

2. 各薪级的中位值

对于每个薪级，正常情况下工资应该开多少？这个正常值就是中位值。薪酬结构就以它为中心上下浮动。中位值要结合薪酬调查来设计，不能自说自话。以薪级 1 为例，对应的是内勤、出纳、打字员等标准型岗位，人力资源市场上这些岗位大概一个月能拿多少钱，这个数字就是薪级 1 的中位值，它能保证薪酬的外部竞争力。薪级 1 的中位值是个基准，以它为基础，再结合各级间的级差，就能确定后面各薪级的中位值了。

3. 级差

所谓级差是指两个薪级中位值之间的差距，通常用比率表示。以薪级 1 和薪级 2 为例，薪级 1 包括出纳、内勤、打字员等岗位，薪级 2 包括文秘、会计、人力资源专员等岗位，如果薪级 2 与薪级 1 的级差是 1.3，说明后一类岗位的工资比前一类岗位平均要高出 30%。

级差有个重要的演变规律，那就是薪级越往上走，级差也会变得越来越大。比如，薪级 2 与薪级 1 的级差是 1.3，薪级 3 与薪级 2 的级差是 1.5，薪级 4 与薪级 3 的级差则可能达到 2。这样综合起来，薪级 4 与薪级 1 的总级差达到 3.8，也就是说，部门经理的工资是基层员工的 3.9 倍，如果行政内勤拿 3 000 元/月，行政部经理大约就能拿 12 000 元/月。如果嫌这个差距大了，那么各级的级差还要压缩；如果嫌这个差距小了，级差还可以扩大，如此不断调试，直到满意为止。

4. 带宽

每个薪级最大值与最小值的比率就是带宽。以薪级 1 为例，假设最低值为 1 700 元/月；最高值为 2 300 元/月，那么带宽就是 35%。这也意味着招聘内勤、出纳、打字员等岗位，就算再中意，开出的工资最多也只能到 2 300 元/月；反之，就算再差，也不能低于 1 700 元/月。所以，带宽在相当程度上反映了企业的付薪意愿。

总结一下，中位值取决于薪资调查，体现了外部的薪酬竞争力的要求；带宽取决于企业的薪酬文化，对同一个岗位的不同任职者，干得最好的与干得最差的，企业愿意把他们的工资差距拉多大。

大家仔细观察一下图 6-1 可以发现，一个合理的薪酬结构下，带宽应该具有如下两个特征：

首先，薪级越高，带宽越大。比如，薪级 1 的带宽是 35%，薪级 2 的带宽是 50%，薪级 3 的带宽是 70%，薪级 4 的带宽可能达到 100%。为什么？薪级越高，职责越大，任职者对企业的影响越大，工资差距也应该越大。对一个内勤来说，工作干得好不好，对公司的影响没那么大；但对部门经理来说就不一样了，干得好与坏，直接影响到部门运行效率，工资差距当然要拉大。

其次，不同薪级之间有重合。比如，薪级 2 的最低值比薪级 1 的最高值小，薪级 3 的最低值比薪级 2 的最高值小，依此类推。为什么要这样设呢？就是为了打破工资的职位导向。职务越高，责任越大，薪级越高，这本来没什么问题，但我们担心会出现沉淀层问题：那些身居高位的人不思进取，能力退化，业绩滑落，如果还能凭借较高的职务而领取较高的薪酬，就有失公允，不仅不能惩戒庸者，而且会挫伤那些职位低的优秀员工的积极性。薪级之间有重合就可以打破这一局面：对职务较高者来说，如果工作懈怠，工资就会下调；对职务较低者来说，只要工作出色，工资就会上调，甚至反超职务较高者，出现"倒挂"。对前者来讲，这是鞭策；对后者来说，则是激励。

6.6.5 级内分档与调薪通道

1. 级内分档

对于每个薪级来说，在带宽范围内，还要分若干个档次。比如，薪级 3 的最低值是 5 000 元/月，最高值是 8 500 元/月，带宽是 70%，我们将工资切割为 7 档，按复利法计算，每档相差 9%，第 1 档为 5 000 元/月，第 2 档为 5 450 元/月，第 3 档为 5 940 元/月……依此类推。

2. 调薪通道

级内分档的目的是构建调薪通道。假设有一个成本会计，薪级居于第 3 级，一开始工资在最低一档，为 5 000 元/月，后来一直没有升职机会，但他能力很强，业绩也不错。根据薪酬管理制度，凡年度绩效考核优秀者，自第二年起工资自动上调一档，这叫绩效加薪。假如该员工原来的工资是最低一档，即 5 000 元/月，今年考核结果为优秀，那么从第二年起工资就上升至第 2 档，为 5 450 元/月，加薪幅度为 9%。如果这一年外部市场上会计工资也涨了 9%，那么就实现了工资的内外平衡，他就不会产生跳槽的冲动。另外，如果公司再招一个新会计，也可以直接开出 5 450 元/月的工资，就不会出现新老员工工资倒挂的现象。

因为薪级 3 共分为 7 档，如果这个会计每年的考核结果都能达到优秀，那么从最低档起，他最多有6次加薪机会，换言之，即便今后6年内这个会计都没有升职机会，但只要他业绩优秀，也能年年加薪，且与市场保持同步，这就保护了他的积极性，至少能让他安心地留下来工作6年。

注意，我们通过级内分档，只是为员工建立了调薪通道，并不保证员工年年能加薪，加薪必须满足一个前提，那就是业绩优秀，即达到业绩目标就能加薪，否则就不能加薪。加不加薪凭年度业绩说话，这就实现了"一岗多薪"。

3. 分多少档？

接下来的问题是，各薪级分多少档合适？每一薪级的档次要一样多吗？

答案显然是否定的。级内分档的目的是什么？解决非升职的加薪问题。但对不同的职级来说，升职难度是不同的。企业是个金字塔结构，越往上晋升越难。从出纳晋升到会计较易；从会计晋升到主管较难；从主管晋升为经理则更难。所以薪级越高，档次也应该越多，以便为无职务晋升机会的员工留足工资晋升的机会；相反，薪级越低，档次也可以越少，因为他们可能很快会遇到升职机会，可通过升职来解决加薪问题。

如果薪级1分为3档，薪级2分为5档，薪级3分为7档，薪级4分为9档，那么这意味着，对操作人员来说，在现岗位上，至多有2次非升职的加薪机会；对专业人员来说，有4次加薪机会；对主管来说，有6次加薪机会；对部门经理来说，有8次加薪机会。

这样做的好处是什么？对职位低的员工来说，因为级内加薪的机会较少，但晋升机会较多，这能逼他们提高能力，通过职务晋升（走管理通道）或职称晋升（走专业通道）来加薪。相反，对职位高的人来说，再往上晋升的机会较少，加薪应主要通过级内加薪实现，但这要以业绩达标为前提，它又会迫使高管努力工作，防止出现组织惰性。

4. 级内加薪和升职加薪的平衡

对职位低的员工，一定要把级内加薪和升职加薪结合起来，不能过度依赖于级内加薪。如果大量优秀的基层员工长期依赖级内加薪，而无法转向升职加薪，就说明晋升通道有问题。举例来说，如果一个居于薪级 2 的员工（比如人力资源专员）干了 5 年，业绩年年优秀，工资连升了 4 年，居然还没有升职，加薪还要靠级内加薪来实现，那就说明公司的晋升通道不合理。我们要反思，为什么一个优秀的基层员工，5 年都没有升职机会？

思考 6-4：工资顶格还怎么加薪？

虽然通过级内分档为非升职员工建立了工资调整通道，但档次总是有限的，如果某员工的工资已处于该薪级的最高档，今年的考核结果又是优秀，本应为他加薪，但他已经顶格了，该怎么办呢？

答疑参见封底微信号。

6.6.6 固定工资与绩效工资的分割

在岗位工资制下，按岗位价值付酬，但它有个前提条件，那就是，任职者能胜任，否则工资就要打折扣。正因为如此，岗位工资制并不是完全"对岗不对人"，计发时"对岗也对人"，想把工资拿满，就要凭业绩说话。

这涉及工资结构问题。

如前所述，标准工资＝固定工资＋绩效工资基数，固定工资与业绩无关，绩效工资＝绩效工资基数×考核系数，那么绩效工资基数怎么定呢？这里有两种方法：

1. 以固定工资为基数

以固定工资为基数即用固定工资乘以一定比例得出绩效工资基数。举例来说，会计的基本工资是 1 500 元/月，岗位工资是 1 500 元/月，那么固定工资就是 3 000 元/月。会计属于薪级 2，按薪酬管理制度，薪级 2 的固定工资与绩效工资基数的比例是 4∶1，所以要另外拿出 750 元用于考核。合并计算，会计的标准工资是 3 750 元。

2. 以标准工资为基数

以标准工资为基数是直接从标准工资中抠出一定比例作为绩效工资基数。注意，这时对应于各薪级，给出的不是岗位工资（或基本工资＋岗位工资），而是直接打包的标准工资（基本工资＋岗位工资＋绩效工资基数），不再区分三项内容。延续上面的例子，如果会计的固定工资与绩效工资基数的比例是 4 : 1 的话，那么换个角度说，就是绩效工资基数在标准工资中的占比为 20％。如果会计的标准工资是 3 750 元，按 20％计提，其绩效工资基数也是 750 元。

这两种方法本质是一样的，那为什么还要做如此区分呢？因为第二种方法更简单，它直接告诉人们在考核达标的情况下能拿多少钱，而不必经过计算。对员工来说，薪资越简单越好，能明明白白地拿钱。

3. 固定工资与绩效工资的比例

一般来讲，绩效工资的占比随薪级的提高而提高，原因很简单，薪级越低，标准工资也越低，如果绩效工资占比太多，固定工资太少，万一员工考核很差，绩效工资扣罚太多，到手的工资就会很少，甚至低于最低工资标准。另外，薪级低的员工，岗位职责也要小一些，干好干坏，影响没那么大，没必要拿出太多的部分用于考核。对薪级高的员工，则相反。

根据上述原则，可设定如下的绩效工资占比：薪级 1 的绩效工资基数占标准工资的比例为 20％；薪级 2 的这一比例为 30％；薪级 3 的这一比例为 40％；薪级 4 的这一比例为 50％；到部门经理级，绩效工资基数一般要占到一半以上。

6.6.7　薪资套档

薪酬设计容易，薪酬改革难，它会触动某些人的利益，搞不好会"鸡飞狗跳"。为减少可能出现的震动，一般要先做薪酬套档，测算每个人套档后的工资变化，由此推断薪酬设计的合理性以及可能出现的阻力。

套档一般遵循"就近，且就高不就低"的原则，向最近的档次上靠，保证其工资不下降甚至略有增加，以减少改革阻力。

有的员工工资比对应薪级的最高档还要高，那怎么办呢？也不能硬生生地把他的工资降下来，可先维持工资不变，今后随着工资结构整体上移，再把他逐渐纳进来。这些员工被称为红圈员工。相反，还有一些员工的工资可能比对应薪级的最低档还要低，我们也不能为了套档而给他大幅加薪，那就维持原工资水平不变，今后通过加薪再把他逐渐纳进来。这些员工被称为绿圈员工。

在薪资套档时要适当考虑员工的心理平衡。举例来说，如果原来张三和李四工资差不多，但现在划分薪级后张三在 3 级，李四在 2 级，李四心理必然不平衡。出于补偿考虑，李四在套档时可以适当往高的档次上套，等于变相多加一些薪；张三则适当往低的档次上套，等于少加薪甚至不加薪。

6.7　业务员的提成制优化与激励多样性

业务员薪资一定要突出业绩导向，对业绩优秀的员工，要敢于倾斜。业务员薪资一般由底薪、提成、星级津贴等组成。设计时应注意如下几个方面。

6.7.1　提成制下尽量不要再设绩效工资

薪资越简单越好，业务员也一样。业务员凭本事吃饭，收入跟业绩量挂钩，除此之外，尽量不要附加其他的考核内容，以免分散他们的注意力。订单就是对业务员的最大考核。

现实中有些企业觉得不过瘾，非要从业务员工资中再拿出一块作为绩效工资，以考核其工作态度、工作合规性、提交报表是否及时等，这种做法表面上看合理，实际上是本末倒置的。人的精力是有限的，在同一时间内关注的维度不能太多，因为这些维度彼此可能是有冲突的。比如，为了及时把报表赶出来，就不能陪客户吃饭；为了合规，就缩手缩脚……我们是想要一个"中规中矩、听话，却业绩平庸"的业务员，还是想要一个"有想法，但业绩好"的业务员？如果是后者，就不要再从底薪里面抠一块出来考核那些无关痛痒的东西。

上述做法还有一个坏处，那就是让底薪的成色打折，给招聘带来无谓的阻力。底薪是无责任的，带条件就不叫底薪。如果给业务员开 3 000 元底薪，又把其中的 1 000 元抠出来作为考核工资，那么底薪实际上就是 2 000 元。但这 1 000 元考核工资并不会扣多少，因为只要业务员把那些无关痛痒的事情做到，最后实发的差不多还是 3 000 元，但坏了工资的"名声"：到人力资源市场上招人，任凭你怎么解释，应聘者的理解就是，无责任底薪就是 2 000 元，那 1 000 元考核工资能否拿到还两说。"行 3 000 元之实，却只落 2 000 元之名"，只会损害薪酬的竞争力，让应聘者望而却步。

思考 6-5：不设绩效工资，过程管控怎么办？

业务员的最终业绩是订单，但过程管控也要兼顾。逾矩的、不合规的，甚至违法的订单，就是"有毒"订单，宁可不要。要业务员守住底线，就不能任凭他们为所欲为。如果把绩效工资拿掉了，这些过程管控还怎么做呢？您能否设计一种机制，既不分散业务员的注意力又能让他们不突破行为底线呢？

答疑参见封底微信号。

6.7.2　提成制要突出目标约束

传统的提成制就是把销售额的一定比例作为佣金支付给业务员，体现了多劳多得的原则。以 1% 的提成比例为例，卖 100 万元，提 1 万元；卖 1 万元，提 100 元；卖 100 元，提 1 元……卖得越多，提得越多。

既然员工卖多少提多少，那么卖多卖少就是员工的事情了，目标约束体现在哪里呢？我们应该反思，企业每年都会给各个业务员下达销售任务，但任务完没完成，究竟对销售员产生什么影响呢？这里似乎看不到约束的影子。

上述提成制还有很多其他问题。如果业务员当月只卖了 100 元产品，毛利润只有 10 元，而他的底薪却有 3 000 元，毛利润连底薪都覆盖不了，还谈何提成呢？这在逻辑上讲不通，除非是零底薪。因此，对提成要有基本的业绩要求，只有当毛利润能覆盖底薪后才能拿提成，由此倒推出基本的业绩要求。延续前例，如果业务员底薪是 3 000 元/月，产品的毛利润率是 30%，那么要覆盖这一成本，销售额就至少要达到 1 万元/月，如果这个月给他下达的销售任务是 2 万元，那么当销售任务完成率低于 50% 时，他就不应该拿提成。

进一步地，如果任务完成率达到 50%，是不是就可以足额拿提成呢？也未必，如果只完成 51%，业绩仍是很差的，提成虽然会给，但要打个折扣。怎么打呢？最简单的方法就是按任务完成率打折，计算公式如下：

$$提成 = 销售额 \times 提成比例 \times 任务完成率$$

这里任务完成率就是提成计发系数。当然，也可以采取其他一些更缓和的核算方法，比如区间比例法，如表 6-2 所示。

表 6-2 　　　　　　　　　　　任务完成率与提成计发系数

任务完成率	<50%	50%～79%	80%～100%	>100%
提成计发系数	0	任务完成率	1.0	任务完成率，1.2 封顶

表 6-2 中所列提成计发系数是阶梯式的，向下递减，向上递增。当任务完成率低于 50% 时，没有提成；当任务完成率介于 50%～79% 时，按任务完成率对提成打折；当介于 80%～100% 时，提成不打折也不增加；当超过 100% 时，再按任务完成率增发提成，并以 20% 封顶。

以上是以任务完成率为计算依据，我们也可以用销售量作为计算依据，比如当销售额低于多少时，没有提成；超过多少时，超出部分的提成比例增加 20%。

不管怎样，提成与任务完成率挂钩，相当于在激励的基础上引入了目标约束，实现激励与约束的对等性，也唯有此，激励机制才是完整的。我们反对脱离目标约束的提成制，它表面上看是合理的，但实际上是放羊式管理。

6.7.3　业务员的星级划分与多样化激励

对业务员来说，底薪加提成的薪资模式固然合理，但这种做法功利性太强，使员工缺乏归属感。为解决这一问题，对优秀业务员，我们还可以通过星级划分的方式进行多元化的奖励，这样既能达到"薪酬坚决向优秀员工倾斜"的目的，也能强化员工的职业自豪感和归属感。

1. 星级划分

从本质上讲，业务员的星级划分属于晋升通道和任职资格的内容。这在后面将详细论述。这里要强调的是，与技术人员的等级划分不同，业务员星级划分要更加突出业绩导向，主要凭业绩说话，而相对忽略能力等其他因素，因为能力、态度等因素应该反映在业绩上。

业务员的星级评定方法越简单越好，最简单的方法就是用数字说话，以成败论英雄。只要业绩达到一定水平，你就可以晋升到相应星级，享受相应的待遇。如表6-3所示，如果月均销售额达到10万～15万元，则从下一个评定周期开始，自动晋升为1星级；如果达到15万～20万元，晋升为2星级；如果达到20万～25万元，则晋升为3星级，依此类推。

表6-3　　　　　　　　业务员的星级评定条件及复合奖励系统

星级	1星级	2星级	3星级	4星级	5星级
月均销售额 （万元）	10	15	20	25	30
星级津贴* （元/月）					
高额提成	—	—		1.1	1.2
稀缺福利	—	—	在职研究生	MBA研修	出国学习

*　为启发读者思考星级津贴怎么设，此处未给出数据。感兴趣的读者可参见封底微信号。

2. 评定周期

业务员星级应该一年一评，半年一评，还是一个季度一评？这没有标准答案，我先讲两个极端的例子，大家就知道该怎么办了。

一个极端的例子是评得太频繁。有的企业一个月评一次，还美其名曰奖励要及时。确实，这个月业绩上去了，下个月星级也上去了，礼包也跟着就送来了，奖励是很及时，问题是，如果下下个月业绩又下去了，星级也跟着下去了，礼包又没了，昙花一现。

过于频繁的星级评定会使业务员没有稳定的预期，好不容易挣来的礼包转瞬即逝。从本质上说，一月一评的星级奖励与提成是一个道理，都是利益与当期业绩直接挂钩：业绩好，马上有；业绩差，马上无，丝毫没有缓冲。

我们希望借助星级评定，形成一个相对稳定的预期，即只要业绩好，在接下来的一段时间内都可以享受星级礼包所带来的好处，这样员工就有动力去冲刺业绩。

另一个极端的例子是企业星级评定周期太长，业务员凭一时业绩评上较高星级，此后，即便业绩严重下滑，也在较长时间内享受星级礼包，这种一劳永逸的制度会滋生惰性，诱使业务员"躺在过去的业绩上睡大觉"。

合理的星级评定周期应该是折中的，不能太短，也不能太长，有一年一评的，也有半年一评的，或3个月一评的，具体要看企业情况。有的行业销售周期长，需要一定的埋单时间，评定周期就长一点，比如，工业品领域一般都是一年一评；有的行业销售周期短，评定周期就短一点，比如，快消品领域可以3个月一评。还有的行业周期性特征比较明显，评定周期应该与行业的波动周期相吻合，比如，北方的冰激凌销售一般有夏天和冬天两个旺季，评定可分上半年和下半年两次，半年一评。另外，评定周期还跟企业的心态有关系，有的企业紧迫感强，生怕对员工有丝毫的怠慢，评定周期就短一些，可以3个月一评；另一些企业则相对从容，评定周期就可以长一点，一年一评。

总之，评定周期短，对业务员的督促作用就强，但星级的"保温"时间短，稳定性差，星级的吸引力较弱；反之，评定周期长，星级的含金量就高，对员工的吸引力也大，但它可能会滋生惰性。对此，企业要权衡好。

3. 星级奖励办法

如何让业务员有积极性顺着星级往上爬？这取决于星级奖励办法，如果它对业务员有吸引力，业务员就会为了得到星级礼包（见表6-3）而拼搏。星级礼包一般包括如下几个方面：

（1）星级津贴。这是在底薪和提成之外，额外给的一种补贴。

设想一下，为了留住优秀的业务员，企业要给他涨薪，有两种备选的方式：一是涨底薪；二是让他拿较高的津贴。请问，这两种方式哪种更好？

答案是第二种，我们不赞成通过涨底薪的方式来送红包，因为底薪具有向下刚性。现实中，人们对涨底薪的理解就是一旦涨上去就永远不能降下来。问题是，如果凭一时业绩把底薪涨上去，将来业绩下滑，他却继续享受较高的底薪，这就会弱化他们冲刺业绩的压力，达不到绩效激励效果。但星级津贴就不一样，它可有可无，可上可下，不会造成能上不能下的错觉。今天，员工凭好的业绩拿较高的津贴，明天业绩下来了，星级也跟着下来，星级津贴也下来了。就像野外补贴，只有野外作业才有，非野外作业就没有。

星级津贴可以理解为，在有效期（星级评定周期）内的底薪上浮；有效期满，推倒重来。这个大家都能理解，也容易接受。

思考6-6：星级津贴怎么设？

毫无疑问，星级越高，星级津贴也越高，问题是，各星级之间的津贴差距该怎么拉开呢？以五星级划分为例，有的企业规定：1星级的津贴为100元/月；2星级为200元/月；3星级为300元/月；4星级为400元/月；5星级为500元/月。您认为这样设计合理吗？为什么？如果不合理，应该怎么调整？

答疑参见封底微信号。

（2）高额提成。薪酬坚决向优秀员工倾斜，就是"强者恒强，赢者通吃"。星级高的员工，不光津贴高，提成比例也可能更高。如表 6-3 所示，1～3 星级员工的提成按正常提成比例走，4 星级员工在正常提成的基础上再乘以 1.1 倍，5 星级员工则乘以 1.2 倍。高额提成为优秀员工追加了一份奖励。

（3）稀缺福利。员工缺什么，就奖什么，这是最好的奖励。如果把稀缺的东西与星级挂钩，就会使星级更有吸引力。比如有的企业年轻员工多，学习欲望强烈，很多员工的学历不高，想提高学历，针对这一诉求，就可以设计如下星级福利：凡能评上 3 星级的员工，可以报名参加在职研究生学习，学费由公司承担，分 3 年报完；4 星级员工，可以在在职研究生和 MBA 研修之间选择，学费由公司承担，也是分 3 年报完；5 星级员工，每年有一次出国学习的机会。

每个企业员工所看重的东西不一样，星级福利也不一样，这个要做好调查。

（4）精神激励。如前所述，薪酬设计不要忽略了精神激励的作用，对业务员来说尤其如此，业务员一般都是争强好胜好面子的，精神激励就是他们的痛点，所以在"里子"给到位的同时，"面子"也一定要给足。

星级本身就是一种"面子"，是对业绩和能力的一种肯定，我们要通过一定的仪式把这种符号变成真正的"面子"，把它的精神激励效果放大，而不是藏着掖着，"锦衣夜行"。员工晋级不易，我们不能一声不吭地给他记上一笔，涨钱了事。大家都知道，表扬要当众。也许只是一个隆重的换星仪式，就可以把业务员的自豪感激发出来，让他们焕发出无穷的斗志。

6.8 技术人员的技能工资制与业绩工资制

技术人员的薪资管理需要将保健因素和激励因素结合起来：首先，工资低了，肯定留不住人；其次，即便工资高，体现不了他的价值，也未必能留得住人。把保健因素和激励因素结合起来需要引入复合型工资结构。

6.8.1　技术人员为什么难管？

以研发、中试为代表的技术岗位对管理的挑战性很大：首先，它们很专业，也很稀缺，导致人力资源市场上工资不断上涨，企业经常跟不上，这会诱使他们产生离职倾向，所以企业一般不敢得罪他们，即使他们干得不好，也只能睁一只眼闭一只眼。其次，技术人员的工作成果具有相当的"隐蔽性"，特别是中间型成果，到底做了没有，做得什么样，一般人根本没有识别能力。它不像销售额、生产量那样一目了然。所以很多企业对技术人员的管理"束手无策"，他们就像一个"黑箱"，发的是死工资，考核流于形式，干好干坏基本不产生影响。

之所以出现这种情况，主要是因为企业对知识型员工管理的特殊性认识不足，用管理一般员工的模式来管理他们。知识存在于大脑中，具有隐秘性，它不像一般劳动那么容易监督，所以也不宜用传统的考核方式来考核他们。

技术人员从事的是创造性工作，付薪的主要逻辑并不是岗位价值，而是另外两个因素：一是技能，这是创造的能力。单凭专业技术能力，企业就应该发工资，这是对知识的尊重。二是业绩，这是创造的结果。研发之所以重要，是因为它会对销售产生直接影响：产品设计得好，就好销售；设计得不好，就会滞销。单从这一点来看，技术人员的薪资一定要突出结果导向。很多企业的问题就出在这里，技术部门根本就没有目标和任务，想怎么干就怎么干。没有目标，还谈得上管理吗？

由此可见，技术人员的工资模式应该是复合的，即技能工资制＋业绩工资制，前者反映技能的价值，强调过程；后者反映成果的价值，强调结果。

6.8.2　技能工资制与序列津贴的设计

技术人员"凭技能吃饭"的特点很明显，技能是做好工作的前提，也是企业核心竞争力的一个重要组成部分。为高技能付酬，能有效促进员工提升自身的技能水平。另外，高技能员工在人才市场上都是抢手的香饽饽，为高技能支付一笔额外的薪酬，也是保持薪酬竞争力的需要，是留住人才的重要举措。

1. 对多数企业来说，更适合推行深度型技能工资制

技能工资制有两种，一种是深度型；一种是广度型。

深度型强调员工在某一专业领域技能水平的纵向提升，突出专业性，其晋升序列典型的如助理工程师、初级工程师、中级工程师、高级工程师、资深工程师。

广度型则强调员工在多个领域的横向拓展，突出多样性，比如社区医院为鼓励医生掌握多科室的医疗知识和技能，对医生进行分级，在内科、外科、儿科、妇科中，只掌握其中一门医疗技能的是 D 级；掌握两门的是 C 级；掌握三门的是 B 级；掌握四门的是 A 级。

广度型技能工资制一般与组织结构变革相联系，比如打破部门墙、岗位整合、跨职能的项目团队等都要求员工一专多能。但实际中，广度型技能工资制并不好把握。组织变革到底应该怎么推进，各个岗位需要履行哪些新的职责，相应地，应具备哪些复合型技能，这些都不好定义，贸然采用广度型技能工资制，可能会徒增无谓的成本。对企业来说，深度型技能工资制相对要容易推进一些。

2. 技能分级与序列津贴的设计步骤

第一步，确定技能要项。

技术员应掌握哪些技能？这取决于岗位职责的要求。我们对研发人员、中试人员的技能要求是不一样的，因为他们所承载的职责不同：研发人员侧重于产品设计，中试人员侧重于设计方案的检测，这叫工作（job）。

要履行这些工作，还要做进一步的分割，比如设计产品首先要分析客户需求，测试产品方案首先要制定检测标准，这叫任务（task）。

要完成这些任务还要做进一步的分解，比如，分析客户需求首先要做市场调查，制定检测标准首先要根据产品功能制定各类可检测的理化指标，这叫任务要素（element）。一般分割到任务要素就差不多了，不必再往下分了，当然，如果是简单的工作，分解到任务也许就可以了。

接下来，完成每项任务要素需要具备哪些技能呢？对研发人员来说，就市场调查这一任务要素而言，需要具备沟通能力、对市场机会的敏锐的反应能力。对中试人员来说，就制定各类可检测的理化指标这一任务要素而言，需要熟练掌握产品各项性能的检测路径、行业通用的检测指标。这就推导出了技能要项（见表6-4）。

表6-4　　　　　　　　研发与中试岗位技能要项的推导示例

	研发人员	中试人员
工作	产品设计	设计方案的检测
任务	分析客户需求	制定检测标准
任务要素	市场调查	制定各类可检测的理化指标
技能要项	沟通能力、对市场机会的反应能力	掌握产品的测试路径、通用测试指标

第二步，对各技能要项划分等级。

对于每一技能要项，根据其所达到的状态，划分成若干等级。延续表6-4的例子，以沟通能力为例，可以将它区分为四种渐次递增的状态（D→A）。如表6-5所示。

表6-5　　　　　　　各技能要项的等级划分（以沟通能力为例）

等级	状态描述
A	不仅能记录、复述、转换客户需求，还能引导客户需求按预定的方向延伸
B	不仅能记录并复述客户需求，还能将其转化为产品设计中的元素
C	能完整地记录客户的需求，并准确地加以复述
D	能完整地记录客户的需求

类似地，其他的技能要项也要做类似的划分。当然，每个要项分多少等级可根据实际情况而定，有的可能分3级就够了，有的则要分5级，不

必一致。

第三步，划分综合技术水平等级。

根据任职者工作的熟练程度，将其综合技能水平划分为若干等级，典型的如初级、中级、高级、资深，也可按星级划分。

关键是，针对每一等级，对各技能要项提出组合的要求。仍以研发人员为例，将其分为初级、中级、高级、资深四个等级，每一等级对各技能要项的要求如表6-6所示。

表6-6　　　　　　　　各技术等级对各技能要项的要求

技术等级	沟通能力	产品理解能力	架构设计能力	CAD操作能力
资深	A	A	A	B
高级	B	A	B	A
中级	C	B	C	B
初级	D	C	C	C

第四步，设计序列津贴。

为使技术人员有动力沿着等级的阶梯往上爬，我们要设计好每个等级所对应的利益，一般以序列津贴的形式来实现。对应每一等级，发放相应的津贴，等级越高，津贴越多，比如，从初级升为中级，津贴从100元/月提高到300元/月，等于变相涨薪200元/月；从中级升为高级，津贴从300元/月提高到600元/月，等于变相涨薪300元/月，依此类推。

思考6-7：能对低等级技术员工进行工资区间限制吗？

有些企业对技术人员实行岗位工资制，与后勤人员一样，在对应的薪级里再划分若干个档次，比如9档。为促使技术人员提高技能，企业规定凡技术等级为初级的，工资不能超过第5档，技术等级为中级的，工资不能超过第7档，以此形成一种倒逼压力。您认为这样做合适吗？它会带来什么问题？

答疑参见封底微信号。

有的企业试图用其他形式来代替序列津贴，这个要谨慎。

现在我要澄清一个错误观点，这个观点是我在某位作者的书上看到的。这位作者认为，我们可以通过岗位评估把技能等级和薪资挂起钩来，技能水平高的人，通过岗位评估获得较高的得分，拿较高的工资，这样就不用搞序列津贴了。必须指出，这是一种严重的概念上的混淆。岗位评估是"对岗不对人"，它区别的是不同岗位的技能要求，而技术等级划分是"对人不对岗"，它是对同一岗位不同任职者的技能区分。它们是两回事。

第五步，等级评定。

等级评定就是"对号入座"，即对每个员工进行技能测评，并按高低贴上等级标签。请注意，这里区分的是"技能"，不是"素质"，后者在任职资格模型中有较多应用。相对而言，技能更易识别，比如通过实操演示就可以展示出来，素质则难以识别，它要通过专门的测评手段来考查。关于这个问题，我们在第七讲会专门讲解。

对技术人员的管理要力求简单，越简单越好，越客观越好。技术等级的评定涉及每个人的利益，大家都很关心，孰高孰低一定要有"说法"。而技术人员让"事实说话"的思维定式比较明显，行就是行，不行就是不行，要减少争议，否则难以服众。在评定技术等级时只围绕技能来进行，相对淡化其他因素，就能使问题大大地简化，规避很多矛盾。

当然，技能等级的评定也要结合业绩来进行，以避免"唯能力论"，比如，凡要评高级职称的，应独立主持并交付过一个大型研发项目，这样就会迫使员工在提高技能的同时也注重提升工作业绩。

6.8.3　技术人员的项目制工资设计

对技术人员来讲，技能工资制只能算是一种保健因素，只能起到留人的作用，还不能起到真正的激励作用，要激发技术人员的内在动力，还要引入业绩工资制，放大业绩回报，体现知识的价值。

业绩工资制有多种形式，如项目工资制、利润分享制等，具体采取哪种形式，取决于业绩的形式。一般来讲，技术人员的业绩有两种形式：一是"中间产品"，比如基础研究成果，它们并不能立即转换为经济效益。这种情况适合采用项目工资制。二是"最终产品"，比如某一种配方，能立即用于生产并产生效益，这种情况适合采用利润分享制。

我们先来看项目工资制怎么设计。

在这种模式下，技术人员平时只拿基本工资，然后凭项目成果拿项目奖金，这里关键是要对项目成果提出明确的要求，也唯有此，才能克服技术人员难管的问题。对技术人员，我们最怕放羊式管理，不管不行，管又不知道从哪里下手，唯一的抓手就是让结果说话。过程可以掩饰，结果无法隐瞒。即便从事基础研究，哪怕结果不能立即应用于生产，也应该有中间型输出。参照学术机构的管理办法，对研究人员应通过立项的方式敦促他们定期提交中间成果，并与节点奖金挂钩。

1. 项目奖金

项目奖金的设计很重要：项目奖金太少，员工没有积极性；项目奖金太多，会增加财务成本，并造成内部矛盾。因此，它应结合两方面因素来制定：一是外部市场的估价。如果这个项目委托外部机构来做，它们会开多少价。这个价越高，项目奖金也应该越多。二是技术人员的工资水平。如果某个项目委托外部机构来做的价格是 100 万元，那么我们不可能给技术人员开 100 万元的奖金，因为他们还拿基本工资，另外还有管理成本，应该把这些成本刨掉。

2. 节点奖金

如果项目周期长，不可能让技术员在较长时间里只拿基本工资，否则生活都可能受影响，这时就要把项目总奖金分割成几笔节点奖金，并与节点的标志性成果相对应。到每个节点，验收里程碑成果，符合要求的，支付节点奖金。这属于预支性质，项目结束时多退少补。

节点成果就是过程管控，管控工具就是节点奖金。

3. 劣后责任

如果最后提交的技术成果敷衍了事，离预期相距甚远，要有一定的惩戒措施，不仅要追回已发奖金，还要追加惩罚。

惩罚可以与职称评定结合起来，比如凡主持项目未通过最终评审的一律不得评定中级以上职称，以前评上的，降一级处理。

▶ 分享 6 - 4：通过 PK 机制来强化研发的劣后责任

> 某企业过去研发效率很低，虽然也走立项程序，但某个团队承接了项目后，提交的成果究竟好不好，难以识别，就算做得不好，也只能将就着用，因为没有备选成果可选。为提高研发效率，它决定在立项环节引入 PK 机制。具体来说，当某个项目发包时，由两个团队来承接。平时每个团队只拿基本工资，当项目结项时，由评审团队对两个团队提交的成果进行比较，未被选中的那个团队算输，项目奖金一分不得；被选中的那个团队算赢，两个团队的项目奖金全部归它。通过这种机制在两个团队之间形成竞争，放大了对低研发效率的惩罚力度。

6.8.4　技术人员的利润分享制

今天我们常说知识资本化，知识与机器设备等有形资本一样，对企业的利润创造发挥着重要作用，既然如此，知识所有者应该与资本所有者一起参与企业的利润分配。这就是今天对知识型员工管理的一个重要逻辑——分享制，即通过利润分享来解决员工动力不足的问题，实现激励相容。

分享制有一个前提，那就是技术成果能直接应用于生产，并产生经济效益。比如某团队设计的新产品投放市场，产品设计的好坏直接影响到销售结果，项目奖金就应该与新产品销售额挂钩，按比例提成，这样就能大大提高技术人员改善技术成果的欲望。

因此，我们应该用管理销售人员的思路来管理技术人员，而不是用管理后勤人员的思路来管理他们。

▶ **分享 6 – 5：让技术员心甘情愿住养猪场**

> 某生物制剂企业专门生产益生菌以改善猪肠道对饲料成分的吸收率，益生菌的好坏是可以检测的，那就是比较加入不同益生菌后猪的生长效果。为提高研发效果，该公司对研发人员的薪酬进行调整，除基本工资外，全部引入分享制，奖金与新产品的销售额挂钩，如果当年销售额突破 1 000 万元，则按 5% 提成；突破 2 000 万元，按 8% 提成；低于 1 000 万元，则没有提成。在其激励下，技术人员的积极性一下子被调动起来，为提高研发的针对性，他们主动提出进驻养猪场，在现场调试配方，不断改进。因为养猪场对无菌环境要求很高，人员不能随便进出，以防携带细菌引发猪瘟，技术人员在进驻养猪场后通常连续多日不出来，与猪吃住在一起，这在以前是不可想象的。

6.9　项目管理人员的激励性薪酬设计

项目管理人员是做现场管理的，对项目进度、质量、安全、回款、效益负责，这也是对他们的考核维度。项目管理人员的工资一般分两种形式：项目工资制和利润分享制，其中利润分享制有一种特殊形式，即项目跟投。

6.9.1　项目奖金要与安全、回款类指标挂钩

首先看项目工资制。如果对做项目管理的人员采取项目工资制，那么与技术人员的项目工资制一样，平时只拿基本工资，项目结束后拿项目奖金，项目周期长的要分割项目的主要节点及里程碑成果，并据此拿节点奖金。

与技术人员的项目工资制不同，项目管理人员很多是从事特殊行业的，现场管理的职责更庞杂，所以项目奖金的发放不能完全看预期成果是否达成，还要看其他一些职责的完成情况。比如，对工程类项目来说，安

全性甚至比利润还重要，往往是一票否决的，所以要把安全性指标作为否决性指标。

　　还有就是回款。有的项目管理人员只顾做项目，不注意催收工程款，并认为那是客户经理的事。殊不知，回款也是项目管理人员的一项重要职责，因为进度把控是回款的一个重要抓手。为提高项目人员的回款意识，项目奖金应与回款率挂钩，比如本来项目奖金应该发 10 万元的，结果到期进度款只收回 60％，那么项目奖金也只能发 6 万元，回款率低于 50％的，项目奖金就要暂停发放，直至款项收回时再补发。延迟回款的要计算利息并从项目奖金中扣除。

6.9.2　项目跟投

　　很多企业面临如何留住优秀项目管理人员的问题，因为人员众多，股权激励等传统手段难以覆盖。为解决这一问题，有些房地产企业推出了项目跟投制度，取得了较好的效果。它类似于虚拟股权激励，值得我们借鉴。

　　顾名思义，项目跟投就是项目管理人员与公司一起出资投资项目，跟项目绑定在一起，共享收益、共担风险，倒逼自己提高项目管理质量。

　　具体操作上，项目跟投分如下几个步骤进行：

1. 公示项目名单

　　一个公司可能有多个项目，哪些项目可以拿出来供员工跟投，要列一个清单，载明项目名称、业务内容、项目管理人员、跟投要求、跟投份额、跟投人的权利义务等，定期公示，供员工选择。

　　其中，最重要的就是跟投份额。对每个项目，一般要设定最高的跟投份额，比如有一个项目大家都很看好，都想跟投，但公司只会拿出项目的 10％的份额让大家选择，先来先得，认光为止。大家不看好的项目，也可能认购不完。

　　个人跟投份额是日后分享项目利润的依据，它用个人跟投金额除以项目资金需求总量得出。但项目资金需求总量并不是一个固定的数字，在不同节点，资金需求量也是不一样的，对此，我们一般用峰值资金需求来代替。举个例子，如果某个房地产项目，最高峰的资金需求量是1亿元，那么某人跟投100万元，他的跟投份额就是1％，将来分享项目利润的1％。

2. 项目管理人员的强制跟投

普通员工看到公示信息后可自主选择跟不跟投，有信心就跟投，没信心就不跟投，但对项目管理人员来说，必须跟投，如果不跟投，就是缺乏信心的表现。对于跟投金额，一般有最低要求，比如不少于10万元。

3. 利润分享

从理论上说，项目跟投把项目管理人员直接捆绑进来，调动了他们的积极性，同时，其他跟投的员工也会更关心项目的运行情况，能提供帮助的提供帮助，这有利于打破部门墙，加强协作。

项目做得好，大家就能获得超额收益，项目做砸了，人人都有责任，就只能享受少许收益甚至不享受收益，所以在分红方面，它带有一定的对赌性质。

典型的做法是对项目收益率进行核算，并分两个临界值：一是门槛收益率，比如6％，它参考社会平均收益率来设定。如果这笔资金用于其他用途能带来6％的收益，那么项目收益率就不应低于6％，否则意味着它没有带来经济价值，就应该取消所有跟投的分红，这算是一种集体惩戒，也叫劣后责任。只有当项目收益率超过6％时，才能分享收益。二是超过收益率，比如10％，如果项目收益率超过10％，就意味着项目管理业绩出色，应当进行超额奖励。可在按跟投比例计算的分红基础上再乘以某个比例，比如1.2倍，算作额外奖励。

第七讲　晋升通道与职业生涯规划

7.1　企业中的晋升难题

7.1.1　晋升是人的基本需求

根据马斯洛的五层次需求理论，人有生理需求、安全需求、归属需求、尊重需求和自我实现需求，晋升至少可以解决其中三个：（1）提高物质待遇，这是生理需求；（2）晋升是得到认可，这是尊重需求；（3）晋升意味着人力资本提升，这是自我实现需求。晋升既有面子，也有里子，可以说，是人的一种基本需求，很多优秀员工之所以离职就是因为没有晋升机会，看不到希望。

关于人需要晋升的第二个心理学原因是不晋升会引起倦怠感。一个人在一个位置上长期不动，是容易产生倦怠感的，晋升可能带来工作内容上的变化，增加职业新鲜感。伴随着晋升，新的工作内容通常更富有挑战性，这又会带来能力的提升。

当然，晋升也可能是源于攀比心理，当别人晋升而自己没有晋升时，自己总会感到失落。就像同学聚会，当听到谁又高升时多数人心里是不爽的。要打破这种心理失衡，唯有自己晋升，缩小差距，所以有时候晋升是出于攀比心理。

▶ 分享 7 - 1：为什么离职员工总喜欢炫耀自己？

有些员工离职后并不消停，会想方设法给原同事传递信息，告诉他们自己跳槽后混得很不错，不是升职就是加薪。这种做法看似不经意，实际是有原因的，除了炫耀外，还有一个目的就是引发现有员工的不满，挑拨离间：你看我都升职加薪了，你怎么还是原地踏步？没有对比，就没有伤害，这样做的后果是很严重的，如果处理不好，可能会造成现有团队的不稳定，应该引起重视，不能听之任之。这也是要加强对离职员工管理的原因。

7.1.2 员工需要不断地晋升

心理学研究表明，人需要不断地被认可，而不只是一次被认可。就像考大学，即便考上名校，带来的兴奋感也是暂时的，随着时间推移仍需要不断地证明自己。

员工也是一样，每隔一段时间，人力资本就需要被认可一次，除非能力确实不行。当然，间隔随等级不同而不同，在职业发展初期，因起步低，间隔也应短，一般1～3年就应该有一次晋升的机会，如果超过3年仍未晋升，就可能会出现职业倦怠。随着职位提升或等级提高，间隔可以适当放长一些，但也要有个极限，对能力强的员工来说，太长时间不晋升会出问题。

请注意，定期晋升强调的是频率高而不是力度大，不必一步跨得太大，可以小步慢跑。

7.1.3 金字塔结构注定员工会遇到职业天花板

统计表明，入职五年是一个离职高峰期，主要原因是此时容易遭遇职业天花板，有些员工对晋升感到无望。有的员工在这家企业连个部门总监都当不上，但换个企业可能直接坐上副总的位置，这叫体外升迁。

职业天花板是优秀员工留存的一个主要障碍，但它又普遍存在，这是金字塔结构中必然存在的一个现象。

企业是一个金字塔型的等级组织，自下而上，职位资源越来越少，基层员工可以无限多，主管就少一些，部门级领导更少，副总只有几个，总经理仅1个。按平均管理幅度为5来计算，一个781人的企业，基层员工有625个，主管有125个，部门经理25个，副总经理5个，总经理只有1个。可见，越往上晋升，难度越大，所以出现职业天花板是正常的，我们要有这个预期。

既然职业天花板是金字塔结构的必然结果，那么要打破职业天花板，就不能按常规套路出牌，要有新思路。

7.2 通过双通道来分流晋升压力

7.2.1 晋升不止职务晋升一条通道

按一般人的理解，晋升就是升官，但实际中晋升远远不止升官这一条道，否则高端职位的稀缺性必然会加剧晋升通道的拥堵，造成"千军万马过独木桥"现象，最后，要么大家都熬着，等空缺职位，这会无限制地延长晋升的间隔，造成优秀人才流失；要么"因人设岗"，人为地创造一些官职来满足人们的晋升需要，但这又违背了"因事设岗，因岗择人"的组织设计原则，造成人事混乱。

▶ **分享 7 - 2：怎么会冒出 20 多个县长助理?**

据报道，某县人口不过 50 万，居然有 20 多个县长助理，这看似荒唐的人事组织背后却是一种无奈。很多年轻干部，能力强，干劲足，但资历浅，按现有的提拔程序晋升太难，高端官阶不够，副县长能有几个? 真是"僧多粥少"。怎么办? 只能创造性地对县长助理这个弹性岗位进行扩容。之所以出现这种尴尬的情况，关键还是因为优秀人才的晋升通道过于单一，只能往职务晋升通道上走。

这种情况在企业是不应该出现的，因为我们有足够的办法来应对，关键点就在于因人施策，把不同的人引向不同的晋升通道，通过分流来舒缓压力。

大家想一想，我们身边有没有这样的人，他们不适合当官，也不愿当官，只想把自己专业领域的工作干好？答案是肯定的。对这些人，为什么非要把他们往官阶的通道上逼呢？就让他们走"专精所长"的通道好了，这既符合其志趣，也能减少官阶通道的通行压力。

7.2.2 管理通道十专业通道

根据分流原理，企业应搭建两个晋升的梯子供员工选择：一个是管理通道，那些适合做管理的人可以沿这个通道晋升，这是职务晋升，它会带来权力和利益的增加。另一个是专业通道，那些不愿当官只想埋头做事的人可以选择这个通道，沿这个通道晋升就是职称晋升，它只会带来利益的增加，没有行政权力。

那些不想当官的人并不是不想晋升，晋升是每个人的基本需求，只不过采取的形式不同而已，别人追求的是职务晋升，他们谋求的是职称晋升，职称晋升也是对人力资本提高的认可，更重要的是，职称晋升也能带来相应的利益。

拿破仑说：不想当将军的士兵不是好士兵，这里将军就是一个职称，它不是一个职务。他没有说：不想当军长的士兵不是好士兵，因为没有那么多军长可当。军长是个职务，只有一个，但好士兵都想晋升，那怎么办呢？就设置若干个职称，从少尉、中尉、上尉、大尉，到少校、中校、上校、大校，再到少将、中将、上将、大将，一直到元帅，给他们提供足够的阶梯，当不了军长可以当将军。

军长只能有一个，但将军可以有若干个，这就能极大地舒缓晋升压力。

▶ **分享 7 - 3：不想当校长的可以当教研员**

政府的一些人事安排可以给企业提供些许借鉴。以教育为例，如果某老师教学能力很强，组织准备重用他，那么他可以有两个选择：一是当校长，搞管理工作。如果他不想耗费精力搞管理，那他还可以选择当教研员，专职做教学与科研工作，甚至不用坐班。这样很多优秀老师就能找到自己的定位并留下来，一些年纪稍大但还没到退休年龄的校长图清静，会主动选择当教研员，于是校长位置就腾出来了，为后面的年轻人提供了新的晋升空间，这就是双通道所带来的好处。

7.2.3　双通道的基本架构

从入职开始，员工的晋升路径大致如下：起步是预备级，相当于学徒阶段，转正后进入初级。初级可分初一、初二、初三级，初三级相当于有经验者。

从有经验者开始再往上走，分两条通道：一条是管理通道。那些有能力、有意愿担任管理者的员工，凭能力先晋升至班组长、区域经理等基层管理岗位，再往上，则晋升至车间主任、部门经理等中层管理岗位，最后晋升至副总经理、总经理等高层管理岗位。另一条是专业通道。那些只想专精所长的人，凭卓越的作业能力沿职称阶梯往上走，先晋升至中级专家序列，再晋升至高级专家序列，最后到资深专家序列，甚至首席专家序列（见图7-1）。

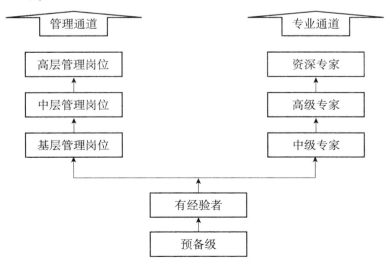

图7-1　双通道晋升架构

为什么双通道从中级专家开始分叉？因为即便走管理通道，管理者也要懂基本的作业技能。这就像军队，"猛将必出于行伍"，军长、师长、团长、连长等各级军官要是不懂基本的作战技能，连枪都没摸过，那是不可想象的。企业也是一样，一个员工只有掌握基本的作业技能，并至少达到有经验者的水平（对应于初三级专业技能），才有资格选择走管理通道或继续沿着专业通道往上走。

7.2.4 哪些岗位适合建双通道？

一讲到双通道，人们就容易走极端，恨不得对所有岗位都搞双通道，这会把问题复杂化。企业的精力是有限的，对所有岗位都设若干专业等级，会带来两个问题：首先，分散精力，把双通道搞乱。其次，本来没什么技术的人都爬到较高等级，享受较高的津贴，无谓地增加人工成本，所以我们要把精力聚焦于那些真正需要建、适合建双通道的岗位，不能胡子眉毛一把抓。

那么，哪些岗位适合建专业通道呢？一般来说，这些岗位应具备三个特征：首先是重要性高，对企业的价值增值影响突出。其次是专业技术性强，优秀员工与一般员工在技能方面有明显差异。最后是社会替代性差，人才流失后很难从社会上及时补充。凡不符合这三类特征的岗位，可以不建或缓建双通道。

思考 7-1：如下哪些岗位适合建双通道？

某企业是一家高科技企业，为解决困扰已久的晋升难题，决定搭建双通道，并从部分岗位开始试点。现有如下岗位：采购员、库管员、行政文秘、行政内勤、研发人员、生产工人、销售员、客服、网管、出纳。你认为，该从哪些岗位入手建立双通道？

答疑参见封底微信号。

7.3　专业通道的设计要点

7.3.1　专业通道要足够长

晋升通道设计的一个要点就是晋升的阶梯要足够长，足以覆盖一个员工职业生涯的主要时期，使他每隔一定时间就有机会晋升，如果晋升阶梯太短，晋升几次之后就可能会出现晋升空间不足的问题。

延长晋升阶梯不能靠管理通道，只能靠专业通道，原因很简单，管理通道上的岗位不是想增加就能增加的，一个萝卜一个坑，不能乱增加，特别是在今天强调组织扁平化的背景下，管理岗非但不应增加还要压缩，就更不能指望通过它来提供更多的晋升空间了。但专业通道就不一样了，企业可以设 3 级职称，也可以设 5 级职称，甚至 10 级职称，弹性很大，没有什么硬性约束。

那么，专业通道设多少级合适呢？

我们可以做个初步测算，如果某员工 25 岁入职开始做研发，一直到 40 岁，如果将来不走管理通道，那么专业通道应该至少能为他提供 15 年的晋升之需，按 1～2 年晋升一次计，需设 10 级，即预备级、初级、中级、高级，在初级、中级、高级里再各分三档。在较低等级时，晋升快一些，后面则慢一些，从预备级开始到初三级，一年一晋升，历时三年；从中一级开始至高三级，两年一晋升，历时 12 年，共 15 年。这也意味着在未来的 15 年内，即便他不当官，只要能力达到、业绩达标，该员工都有足够的职称晋升机会，且每次时间间隔都不会超过两年，满足"小步慢跑"的晋升心理。

现实中很多企业没有注意到这个问题，比如技术人员就分四级，这意味着从转正开始员工最多只有三次晋升机会，按 15 年职业生涯算，平均五年才能晋升一次，间隔太过漫长。

思考 7 - 2：这个晋升通道设计合理吗？

某企业为业务员设计的晋升双通道如下：以年为单位，月均销售额达到 50 万元以上，为骨干级，只有达到骨干级，才有资格选择走管理通道或专业通道。走管理通道的，可以沿区域经理—大区经理—销售总监阶梯晋升；走专业通道的，若月销售额达到 100 万元以上，可以晋升客户经理；达到 200 万元以上，可以晋升资深客户经理。请问，该晋升通道合理吗？它有什么问题？如何优化？

答疑参见封底微信号。

7.3.2 如何提高专业通道的吸引力？

实际上这个问题在上一讲已经涉及，在那里我们提到了如何让业务员有积极性沿着星级阶梯往上爬。现在我们把这个问题普遍化，对于所有划分专业等级的岗位来说，如何让员工有向上爬的冲动？

这是一个严肃的问题。如果专业通道没有吸引力，大家不愿往那上面走，那么双通道就是跛脚的，人们还是会争先恐后地往管理通道上走，专业通道起不到分流的作用。实际中很多企业都有这个问题，员工对职称晋升无所谓，有它不多没它不少，人们关注的还是职务晋升。

如何把员工的注意力从管理通道引向专业通道？关键还是改善专业通道的利益设计。打个比喻，专业通道就相当于另搭一个梯子，要想让员工有兴趣顺着往上爬，就要在梯子的各个档级上拴礼包，这些礼包就不能轻描淡写，意思意思，要有足够的吸引力。只要礼包足够大，就不愁员工不往这里赶。"无利不起早"，就是这意思。以工程师为例，如果达到高级序列，月津贴近万元，相当于部门总监级的待遇；资深序列可以享受副总裁级的待遇，在这种情况下，很多人就会无心争夺官位了，而会转向职称晋升。

再以工人为例，可以分十级技工，最高级为首席工人，首席工人不仅年薪可观，且直接进入公司董事会。不仅物质待遇给到位，还给政治身份，让员工颇有荣耀感，就不愁员工对专业通道不感兴趣。

如前所述，激励的基本原则是员工缺什么就奖什么，这为等级大礼包的设计提供了基本思路：员工缺什么，我们就往高的等级上捆绑什么。

思考7-3：如何让员工往专业通道上靠？

某企业以女职工居多，且多已婚已育，一直以来，工作负荷很重，加班频繁，员工颇有微词。另外，由于企业存续已久，老人占据着管理岗位，年轻人很难有晋升机会，离职倾向较强。现在企业准备对营销类、技术类岗位设计专业通道以分流管理通道的压力。如果让你来设计，你会怎样提高专业通道的吸引力？

7.3.3　专业通道也要能上能下

晋升通道只是为员工提供了一种晋升的可能性，能否晋升还要凭业绩和能力说话。业绩和能力达标，才能晋升；否则，就不能晋升，甚至还要降级，这就是能上能下的原则。

坚持能上能下的原则有助于保持组织活力，打破慵懒习气。试想，若没有降级制度，如果员工凭一时之勇，业绩冲上去了，并成功晋级，但此后一蹶不振，业绩不断滑坡，他仍能坐享其成，专业通道就会变成养懒人的温床。因此，我们要通过降级通道向员工持续地传递压力。

实践中有的单位为防止员工止步不前，制定了"非升即走"制度，这有点像末位淘汰，让员工无法"安贫乐道"。以大学为例，有的学校规定讲师多长时间不能晋级副教授的就要转岗，这对讲师来说就是一种巨大的压力。

思考7-4：降级制度会削弱晋级的吸引力吗？

降级制度可能会削弱晋级的含金量。以销售员为例，如果星级评定周期是三个月，某业务员凭借出色的业绩晋级了，享受星级大礼包，但三个月后，如果业绩下滑了，那么又要降级，屁股还没坐热，大礼包就得而复失。想到这些，业务员在一开始就可能会失去晋级的动力。这正如一把双刃剑，降级会给已晋级者传递压力，但也会削弱未晋级者的积极性。那么该如何处理这一问题呢？

答疑参见封底微信号。

7.4 管理通道的设计要点

7.4.1 管理通道的主要问题是沉淀层拥塞

在双通道下仍会有很多员工选择走管理通道，他们迟早会遭遇职业天花板。一个公司的高级职位就那么多，要为新人打开空间，就只能跟老人要位置，这时就要处理好沉淀层的问题。

如前所述，沉淀层是指进公司较早，占据位置较高，但能力跟不上发展需要，甚至斗志涣散的人。他们就像江河中的泥沙，本来是应该随着河水奔涌向前的，却沉淀下来，拥塞了河道，堵住了后面河水的去处，最后只能淤出河床。这是千百年来水患的主要原因。年富力强的新人就像后面奔涌的河水，他们摩拳擦掌、跃跃欲试，准备大干一把，却苦于没有位置，这既限制了他们能力的发挥，也扼杀了他们打拼的积极性，有的甚至因此选择离开。

当年岷江水患不断，就是泥沙淤积造成的，李冰父子通过都江堰解决了这一问题。他们治理水患的原理就是分流。李冰父子用鹅卵石把奔涌的岷江分成两个河道，在力的作用下泥沙沉积到一个岔河道，将主河道留给清澈的河水，后者继续向前。自秦开始，成都平原再未出现水患并延续至今。

类似地，对任何一个强调组织新陈代谢的企业来说，都要重视干部年轻化，到一定时候老人都要像泥沙一样拐到岔河道，将主河道留给年轻人，为他们腾挪位置。

7.4.2　如何让沉淀层心甘情愿地腾出位置？

但如何让老人心甘情愿地腾出位置呢？人的本性都是贪念权力的，一个人坐在一个较高的位置，享受权力和资源带来的职业快感，是不会无缘无故地把权杖拱手让出的。只要他不犯错，老板也不能把他怎么样，因为中国传统文化认为，"无过便是功"。

让老人腾出位置，要讲究技巧，不能蛮干。李冰父子在建都江堰时，也不是蛮干，他们巧妙地运用"天人合一"的道家原理，通过一小块一小块的鹅卵石的沉积作用，改变河流的力量，四两拨千斤。企业在解决沉淀层问题时也一样，不能蛮横地把一个业绩平平的老人拿下，这会搞得鸡飞狗跳，既会伤老人的心，也会让新人有所顾忌。

那么，如何处理呢？答案是：利益交换！

权力的背后跟的是利益，一个人舍不得放弃权力，关键还是放不下它背后的利益，如果把权力拿走了，把利益留下，那么问题就能迎刃而解，这可以理解为"权钱交易"。从经济学的角度讲，没有任何人受到损失，却有人利益增加，新人有了晋升机会，这是一个帕累托改进的过程，只是老板要付出一些经济代价。

▶ **分享 7 - 4：杯酒释兵权，都高高兴兴**

中国历史上历来都存在如何处理沉淀层的问题。当初跟着皇帝一起打江山的开国元老，建国后就变成了沉淀层，非但能力用不上了，还让人看着碍眼，甚至被担心谋反。怎么处理他们？最粗暴的方法就是杀掉。但这毕竟不地道，于心何忍。宋太祖赵匡胤就很聪明，请大家吃顿饭，杯酒下肚，推心置腹地阐明利害关系，奉劝各位让出兵权，告老还乡，国家则以优厚的俸禄让他们颐养天年，衣食无忧，何乐而不为呢？这样做既解决了问题，还对得起良心。这就是以利益来交换权力，也算厚道。

企业能不能也来一次杯酒释兵权？当然可以，只要交换的利益得当，对老人有吸引力，就不妨一试，比如利用股权激励手段回馈那些主动禅位者。

▶ 分享 7 - 5：提前退休，股份保留

某企业创办时间较长，老员工多，晋升通道拥塞，优秀员工的留存很成问题。为打开晋升通道，该企业决定结合股权激励政策实行提前退休制度。一直以来，该企业实行虚拟股权激励，高管手上都有大量的股权，由于业绩优异，每年都能分得丰厚的红利，其数字甚至远远超过工资和奖金，不过一旦员工离职或退休，股份就会被收回。现在规定凡年满 45 岁的员工可以提前退休，凡提前退休者股份保留，可以一直享受分红。在这一制度的刺激下，那些年龄较大但离法定退休年龄还有一定距离的高管为确保今后能继续享受分红就会主动选择退休，把位置让出来，为新人腾出了一大批职位。

7.4.3　内部创业是解决沉淀层问题的一个有效手段

上述股权激励手段是直接的利益交换，我们还可以设计其他一些间接的安抚手段，比如内部创业。内部创业是指鼓励员工自立门户，独立创业，但并不完全脱离原企业，而是围绕在它的周边，与之合作。

以某销售主管为例，他过去一直销售公司的产品，既熟悉产品也熟悉客户，我们就鼓励他走出去创办一家自己的公司代理公司的产品，他的工作没变，还是销售公司的产品，只不过身份发生了变化，从过去公司的高管变成自己的老板。为了鼓励内部创业，要为他们提供支持，比如给一般代理商的折扣价格是八折，给他可以五折，另外再赠送一批设备用于开业，这就是间接的利益交换。

内部创业能达到一石三鸟的作用：首先，高管离职创业，腾出位置，为新人打开了晋升空间。其次，通过新老交替，促进组织新陈代谢，提高

组织活力。最后，高管虽然离开企业，但仍与公司紧密合作，不会成为敌人，不但不会伤害企业，还会继续为企业出力。

思考 7-5：这个企业的内部创业机制该如何设计？

某大型模具企业生产的汽车配件行销世界。通用、福特、大众等都是它的重要客户，其主要竞争力在于非标准模具的开发，即定制化能力，对每一类模具的开发、检测、生产等都有很高的水平，因此订单经常接不过来，需要把部分订单外包给其他企业生产，自己主要是把好设计关。近年来随着年龄老化，部分高管已不能适应发展的需要，提拔新人已迫在眉睫，但如何让老人腾出位置呢？老板想到了用内部创业的方式来"杯酒释兵权"，但创办一家代工厂，投资不菲，高管根本拿不出来这些钱。如果让你来设计，你会怎么解决这个问题呢？

答疑参见封底微信号。

7.5　横向轮岗也是一种特殊的晋升机制

7.5.1　晋升的本质意义在于人力资本提升

晋升由两个字组成，先是晋，后是升，晋是指人力资本晋级，升是指职务或职称的升迁，它是对晋级了的人力资本的认可，人力资本晋级是因，职务或职称升迁是果。完整的晋升过程包括这两个环节，我们可以把它们拆开分别执行，如果某些人暂时升不上去，可以先把人力资本提上去，为今后的升迁做准备，退一步讲，就算今后不能升迁，离职去别的企业，这些人力资本也能用上。

但现实中很多企业在设计晋升通道时都过于短视，只注重升而忽视晋。员工却未必如此，那些志存高远的员工不仅关注能否得到升迁，而且关注能力能否得到提高。今天提高员工能力是留住员工的一个重要法宝。

7.5.2 通过轮岗为员工储备晋升机会

那么，怎样才能让员工的人力资本得到提升并为今后升迁做好准备呢？横向轮岗就是这样一种机制。

轮岗可以积累多岗位、多部门、多地区的工作经验，这些周边经验对于培养"一专多能"的宽精型人力资本非常重要。如果一个销售员懂技术，将如虎添翼，这能大大提高客户沟通效果；相反，如果一个技术员懂市场，那也会如鱼得水，因为懂得客户需求能使研究方向更加精准，避免盲目研发。这种复合型人才走到哪里都是炙手可热的，不愁没用武之地。

明白了这个道理，企业在晋升博弈中就有了回旋的余地，不至于钻牛角尖。如果某个优秀的销售经理暂时没有晋升机会，可以通过轮岗的形式让他积累新的人力资本，比如到研发部、售后服务部甚至海外市场部历练，而这些部门的工作经验能为他未来晋升增添筹码，因此很可能会打动他。

7.5.3 把横向轮岗和纵向升迁有机结合起来

任何一个组织，大到国家，小至企业，都可以把横向流动机制和纵向升迁机制结合起来，这才是完整的晋升通道，所以晋升通道并不是只能往上走，有时候也可以横着走。

在这一方面，企业应帮助员工建立这样的意识，并通过相关制度进行引导，比如在干部任免制度中规定没有海外工作经历的人不得提拔，这就迫使员工做好海外轮岗的准备；再比如，担任部门级以上领导，必须有周边部门的工作经验；还有一些企业规定中高层领导必须实行定期的职务轮换制度。

这些制度都把轮岗作为升迁的前提条件，给员工释放一种信号：轮岗为将来升迁奠定了基础，是升迁的前奏，即所谓"今天栽树，明天乘凉"。

这种信号能在一定程度上满足员工的晋升心理。

再回到国家的例子上。我们发现，党政机关的高级领导一般都有多个地区或部门的主政经验，如果某位领导在几个地区一把手位置上轮动，多半意味着他要被重用了，甚至不排除进中央的可能性。

7.5.4　怎么轮岗？

轮岗机制的设计，还必须解决"往哪里轮"的问题。轮岗要有内在的逻辑，不能往风马牛不相及的岗位上轮，那是瞎轮。

一般的原则是尽量往与原岗位有上下游关系的岗位上轮，让他原来的人力资本得到发挥，并在新的岗位上得到升华。最常见的就是研发部和市场部之间的轮岗，因为二者之间有密切的协同关系。所以研发部领导很可能来自市场部，市场部领导很可能来自研发部。

还有一种轮岗是地区间的调动，工作内容不变，比如销售员从东北调往华南，从国内市场部调到国际市场部，这样可以积累多地区的工作经验，并积累不同地区的人脉资源，这也算另一种形式的人力资本提升。

思考 7-6：生产部部长该往哪里轮岗？

某食品企业的生产部部长干了近 10 年，能力和业绩俱佳，但一直没有升职机会。老板担心他离职，同时也为了激发他的活力，决定通过轮岗来培养其周边部门的工作经验，为其下一步向副总位置的晋升做能力储备。这个公司有研发部、采购部、生产部、销售部、仓储物流部、售后服务部，后勤条线有行政部、人力资源部、财务部、网管部、法务部。您认为，该生产部部长向哪个岗位轮岗合适？

答疑参见封底微信号。

7.6　破格晋升

有些优秀人才迫切需要提拔，但资历不够，走常规的晋升通道远水解不了近渴，这时就要敢于打破常规走特殊的晋升路径，比如破格晋升。

7.6.1　破格晋升主要用于专业通道

破格晋升主要适用于专业通道，它要求员工做出特殊贡献，并且有比例限制，以防干扰正常的晋升秩序。

以大学为例，职称评定竞争非常激烈，且论资排辈现象较严重，有些年轻老师科研教学能力特别强，著作等身，但晋升无望，如果按正常的程序走，可能三五年都解决不了职称问题，如果有别的学校开出条件，他们就很可能会见异思迁。为留住这些人才，大学一般都会开通一个破格晋升通道，只要在权威学术刊物上发表多少篇论文，主持过多少个项目，或获得多少奖项，就可以申请破格晋升，这在一定程度上缓解了优秀教师的晋升难题。

笔者就是大学破格晋升制度的受益者之一。大约从 2010 年开始，中国人民大学推行破格晋升制度。每年全校大约只有三个破格晋升的教授名额，由各学院提报候选人，然后在全校范围内竞争产生。2014 年，我凭借在《中国社会科学》《经济研究》《管理世界》等权威刊物上发表的一系列学术论文，被破格晋升为教授。如果走正常的申报通道，估计到现在我的职称问题也未必能解决。

7.6.2　管理通道的特事特办

对管理通道来讲，为避免权力结构的混乱，一般还是要遵循正常的晋升秩序，较少引入破格晋升制度。当然，对少数能力强、有个性的员工，在职务晋升中也要有特事特办的余地，把人的价值发挥到最大。

思考 7-7：这个"上不去下不来"的人，该怎么办？

某快消品公司有一百多个业务员，管理通道的晋升阶梯是业务员、区域经理、销售总监。区域经理以省为单位，下辖 3～5 个业务员，后者分管省内几个地区，该公司市场主要分布在江苏、安徽、湖南等 9 个省份，其余省份尚未开发。

2015 年，负责豫北地区的一个业务员引起了公司的注意，该业务员入职不到一年，就把豫北地区的销售量做到了公司第一，老板决定将他提拔为河南省区域经理。但这个员工并不懂管理，作风粗暴，上台后，下辖的几个业务员对抗情绪严重，消极怠工，甚至离职，短短半年时间河南省市场几近陷入瘫痪，业绩大幅下滑，甚至还不及过去豫北地区的销售量。老板心急如焚。

这个员工更是压力重重，他本来就很要强，遭遇此滑铁卢是他无法承受的，精神近乎崩溃，最后向老板提出辞职。老板知道他是个人才，舍不得放他走，但留在公司怎么安置他呢？显然，河南省市场不能再让他管了，但把他从区域经理的位置上拿下来降为普通的业务员，他在情感上是肯定接受不了的。升一个人的职容易，降一个人的职难。如果您是人力资源总监，会给老板出个什么主意呢？

答疑参见封底微信号。

7.7　从晋升通道到职业生涯规划

设计好了晋升通道，接下来就要对着它帮助员工进行职业生涯规划了。

7.7.1　为什么要做职业生涯规划？

职业生涯规划也称职业生涯设计，是企业和员工一起，根据组织发展需求、员工兴趣、技能和特长，共同设定员工未来的发展目标和路径。

职业生涯规划之所以重要，有三个原因：

（1）有期望才有希望，有希望才有动力。员工的动力在相当大程度上取决于能否对未来形成一个明确的预期，有奔头才有干劲。没有职业发展目标，员工就像茫茫大海中的一叶扁舟，随波逐流，不知彼岸在哪里。有人之所以吊儿郎当、得过且过，就是因为没有目标，混一天算一天。

令一个人最痛苦的事情不是达不成目标，而是压根就没有目标。其实，谁都不希望这样。职业发展规划就是帮员工在心中树立一座灯塔，指引未来航向，明确告知自己，我适合做什么，可以做到什么程度。

（2）做好职业生涯规划，可以保证个人发展目标与组织发展目标的一致性，少走弯路。任何一个组织都有自己的发展目标，相应地，也会对员工的能力提出要求。职业生涯规划要帮助员工设计好沿晋升通道往上爬的步伐，同时，为达到相应的阶梯，员工必须进行能力储备，所以说白了，职业生涯规划是能力规划，让员工的能力建设有计划表。

（3）职业生涯规划，是人才梯队建设的重要组成部分，其本质就是人才储备计划。员工按职业生涯规划往前发展，于自己，是不断成长的过程；于企业，是人才输出的过程。分期、分批地输出人才可以保证人才供应的连续性，防止人才断档或后继无人。任何一个有长远谋略的企业都应该做好员工的职业生涯规划。

7.7.2 辅导人制度

要做好职业生涯规划，需要人力资源部、辅导人、员工三方的共同参与。人力资源部要设计好面向全体员工的职业生涯规划制度、系统及表单，同时要为员工找到职业生涯规划的辅导人。辅导人相当于员工的职业导师或引路人，一般情况下，辅导人由直接主管担任，他对员工的能力、特长、工作业绩及表现最清楚，知道他适合做什么、不适合做什么，将来能做到什么程度。员工则要坦诚地告知自己的真实想法，包括兴趣、志向，以便共商未来的发展方向。

从新员工入职开始，职业生涯规划就要启动，这算是 V1.0 版的，比较粗糙，甚至有较大的偏差，但没有关系，后续还有机会调整。

7.7.3 蛋筒模型

辅导人要与员工进行沟通，根据其自我认知、兴趣、特长等，选择其未来适合从事的工作、晋升通道、晋升计划等。我们把它称为蛋筒模型（见图7-2）。

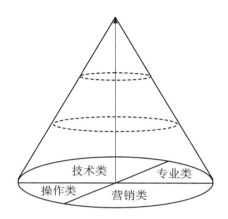

图7-2 职业生涯规划的蛋筒模型

蛋筒模型包括三个组成部分：

1. 适合从事的工作

职业生涯规划首先要确定的是员工适合从事哪方面的工作。如前所述，工作岗位大致可以分为若干个职系，比如技术类、营销类、操作类、专业类。

有人入职时应聘的是营销类岗位，但通过观察发现他并不适合做这一类工作，而适合做技术类工作，那么就可以建议他转到技术岗。这就像在图7-2的底盘中找到坐标。

2. 晋升通道

确定适合从事的工作后，员工还要选择晋升通道——将来走管理通道还是专业通道？对那些适合当管理者也愿意当管理者的人来说，就选管理通道；相反，对那些只想埋头干活、不愿耗费精力与人打交道的人来说，则可以选择专业通道。

这个选择很重要，因为选择不同的通道，接下来的能力储备也不同。选管理通道的人后面就要重点储备管理能力，而选择专业通道的人则必须在专业能力上不断寻求突破。

3. 进阶计划

进阶计划即在纵向序列上准备用多长时间达到什么层次，比如，对一个选择管理通道的销售员来说，准备用几年时间做到区域经理，几年时间做到大区经理，几年时间做到部门级领导。类似地，对选择专业通道的销售员来说，准备用几年时间从初级销售员晋级到中级销售员，用几年时间从中级销售员晋级到高级销售员。这就像围棋选手给自己定目标，几年时间必须达到多少段位。

7.7.4 职业生涯规划的过程管控

当 V1.0 版本的职业生涯规划出来后，后面就要出 V2.0、V3.0 等新版本了。具体来说，每年年底或下一年年初，辅导人都应与员工进行一次关于职业生涯规划的沟通，主要是根据这一年来的表现，包括业绩、能力、培训等，对其职业发展情况进行总结，找出实际与目标间的差距，同时，对下一步的职业发展进行规划，拿出具体的改进措施，比如，通过怎样的学习计划来弥补知识和技能短板，通过怎样的工作计划来改善业绩，尽快达到晋级条件等。这就是一种过程管控，否则无法保证长达数年的职业发展目标能如期推进。

通过多次沟通可以形成一个职业生涯规划表（如表 7-1 所示）。

表 7-1　　　　　　　　　　　职业生涯规划表

项目	内容
员工基本信息	姓名、毕业院校、学历、专业、年龄、司龄、部门、岗位等
员工的职业兴趣与需求	职业发展的志向，如想从事弹性大、有创造性的工作等
对目前工作感兴趣的程度	感兴趣、不感兴趣
技能与特长	如取得的资格证书
绩效考核结果	对历年考核结果进行对比分析，看有无改进
升降级记录	历次的职务调整或职称晋降级记录
对目前工作的胜任程度	根据既往业绩做出判断
未来适合从事的工作	根据兴趣、能力、业绩，有无必要调整现有工种

续前表

项目	内容
适合管理通道还是专业通道	将来适合当管理者，还是技术专家
若干年内的晋升计划	3～5 年内准备达到什么层次
所需知识和技能	根据各级任职资格确定
知识与技能短板	根据任职资格评定结果确定
知识与技能提升计划	如参加什么培训
业绩提升计划	为达到对应等级的业绩要求，下一步的工作改进计划
求助清单	需要领导、辅导人提供的支持

最后需要强调的是，职业生涯规划是帮员工建立职业发展目标，是一份期许但不是承诺，能否达成还需要看员工自身的努力程度。就像鼓励孩子好好学习，以后考北大，但以后能否考上还要看孩子自己的努力程度。

第八讲　任职资格管理与人才梯队建设

8.1　因功提拔引起的反思

8.1.1　一个优秀的业务员一定适合当销售总监吗？

所谓的因功提拔是指提拔干部主要凭借业绩说话，谁的业绩好，就提拔谁。以银行为例，谁拉来的存款多，谁就当分行行长。因功提拔这一概念源于战争，战场上杀敌最多的士兵就是英雄，选团长时自然就想到他，于是火线提拔。

但一个杀敌本领很强的士兵就一定适合当团长吗？答案当然是否定的，因为士兵和团长做的事不同，要求的能力也不同。士兵，专事杀敌，强调的是作业能力；团长，专事管理，强调的是管理能力。如果一个精兵只知如何杀敌，却不通晓管理，那么把他提拔到团长位置，就是人岗错配，结果只能是累死自己，累死组织。之所以累死自己是因为他不擅长管理，却赶鸭子上架，焦头烂额；之所以累死组织是由于管理不到位，造成组织效率低下。更有甚者，有的管理者万事不求人，凡事都是自己亲自操刀上阵，使下属员工失去锻炼的机会，后继人才成长不起来。对一个组织来讲，这才是致命伤。

▶ 分享 8-1：诸葛亮是一个优秀的管理者，还是一个优秀的业务骨干？

> 诸葛亮是千古名相，但从管理学的角度讲，他并不能算一个顶级管理者，这从挥泪斩马谡就可以看出来。管理者的一大职能是组织，把合适的事交给合适的人做，识人能力很重要。但在第一次出师北伐

曹魏这一事关蜀魏两国国运的重大战役中，诸葛亮却误用马谡而遭遇街亭惨败。实际上，当年刘备在白帝城托孤时就曾提醒诸葛亮马谡只善纸上谈兵，不可重用，但并未引起诸葛亮的重视。从这一点看，刘备的用人眼光比诸葛亮高明。但反观三国之战事，凡是诸葛亮亲自操刀的战役，几乎未曾尝过败绩。可以说，诸葛亮是一个不折不扣的顶级业务骨干，但在管理方面确实有瑕疵，千百年来人们对他的评价就是：鞠躬尽瘁，死而后已。诸葛亮凡事事必躬亲，却不能有效识人、培养人才，"蜀中无大将，廖化作先锋"就是写照。后继无人是后来蜀国很快灭亡的主要原因。这就是累死自己，累死组织。

我相信很多老板都有这样痛心疾首的体验，提拔错了一个管理者，不光管理搞得一团糟，该管理者自己的业绩也荒废了，两头踏空。管理者强调计划、组织、领导、控制等能力，业务骨干只定位于作业能力，我们不能因为一个人的作业能力强就断定他管理能力也强，而莽撞地将他提拔到管理岗位上，否则遗祸无穷。

思考 8-1：该提拔谁？

某公司想提拔一个销售经理，有两个人供选择：张三业务能力非常强，销售业绩几乎占公司的 1/3，因此十分受领导器重，同事也非常敬佩他。李四的销售业绩也比较好，但并不算十分突出，不过李四有个优点，与人相处有手段，有办法让别人听他的。老板左右为难，提拔张三吧，怕搞管理工作影响他的业绩，毕竟公司在很大程度上靠他吃饭；提拔李四吧，他的业务能力并不是最强的，怕大家不服他。如果你是老板，你会提拔谁呢？

答疑参见封底微信号。

8.1.2　专业通道也不能完全因功晋级

干部提拔错了，祸害无穷；专家晋级错了，同样也会出问题。在双通道下，专业序列也可能存在因功晋级的问题。这典型地表现在业务员的晋级上。

如前所述，业务员晋级强调"以成败论英雄"，谁的业绩好就给谁晋级，这大体是对的，但也不完全对。如果业务员不是凭能力而是凭运气，甚至靠不正当手段来获得订单，那还能给他晋级吗？答案显然是否定的。因为没有能力的支撑，业绩是不可持续的。如果给他晋级，就是向其他业务员释放信号，鼓励他们不择手段地搞业务，只要能把业绩搞上去就能得到认可。

企业是追求效益的组织，重视业绩没问题，问题是，如果没有能力的提升，那么业绩是不可持续的。能力才是核心竞争力，才是业绩的根本保证。所以但凡是追求长期发展的企业都会重视员工的能力建设，都会把业绩因素和能力因素兼顾起来综合评价员工，而不是完全凭业绩来决定员工晋级与否，尽管业绩是最为重要的因素。

简言之，即便是像业务员这样强调业绩的岗位，在专业晋级评定时，哪怕是把 90％的权重放在业绩上，也要拿出 10％的权重来兼顾一下员工的能力评定。以业绩为前提，兼顾能力，是最完美的晋级方法。

8.2　任职资格管理的本质是提前储备能力

8.2.1　任职资格就是上岗证

打个比喻，任职资格就像驾照，先拿到驾照才有资格开车，当然，拿到驾照也未必就能开车，但拿不到驾照就肯定不能开车，所以驾照是开车的必要条件而非充分条件。

搞任职资格就是为了持证上岗。对于每一岗位的任职者，为保证正常履责，他们应具备一定的知识、技能、经验及职业素质等，提前把这些列出来，既有利于招聘，又能帮助员工提前储备。当然，即便是同一岗位，对不同等级的任职者的要求也是不一样的。就像司机，对拿 A 照和拿 B

照的人的要求是不同的。

也许某人还没走上管理者岗位，但他将来想当管理者，先从基层管理者开始，那么就可以对照基层管理者的任职资格，提前储备相应的知识、技能、素质，并通过考核认证，这就相当于提前拿到了上岗证，等某一天机会来了，就可以竞聘管理者岗位了。"机会是留给有准备的人的"，如果没有拿到上岗证，连参加竞聘的资格都没有。

反过来说，因为已提前储备管理者所应具备的知识、技能和素质，当竞聘者走上管理岗位后，就不会对管理一无所知，干部选拔的风险就会大大降低。这就是搞任职资格的好处。

8.2.2　任职资格应该与晋升通道一一对应

既然任职资格是对岗位履责能力的要求，而不同岗位以及同一岗位不同级别的职责是不一样的，任职资格也不一样，它就应该与晋升通道的设计严格对应。

就以双通道架构为例。先看管理通道，管理者分初级、中级、高级，相应地，要对这三级管理者的任职资格提出要求，初级管理者应该具备哪些知识、能力、胜任力素质？中级管理者应具备哪些？高级管理者应具备哪些？要分别列出来。

再看专业通道，它以技术人员和销售员为典型，这里仅以销售员为例，如果销售员分五个星级，那么，除业绩因素外，我们还要对这五个星级的销售员分别提出任职资格要求，一星级业务员应具备哪些知识、能力、胜任力素质；二星级业务员应具备哪些知识、能力、胜任力素质；依此类推。

8.2.3　任职资格为员工的职业生涯规划和能力建设提供了坐标

当把上述条件列出来后，员工的职业生涯规划和能力建设就找到了坐标，若某员工想当中级管理者，那么就要提前储备中级管理者所需要的知识、能力和胜任力素质；如果某销售员想晋升五星级销售员，那么除业绩达标外，还要提前储备五星级销售员所需具备的知识、能力和胜任力素质，可谓有的放矢。

8.2.4　任职资格管理的三个步骤

第一步，开发任职资格。针对各个岗位、各个等级，要明确告知任职者或拟任职者要胜任其职责要求，需具备哪些资格。这就像一面镜子。

第二步，任职资格评定。如前所述，任职资格就像驾照，员工想要竞聘哪个岗位或晋升哪个等级，需提前考驾照。公司会组织专家，通过各种方式，评定其是否达到前述的任职资格。这是照镜子。

第三步，反馈。对于通过任职资格评定的，该怎么办？未通过任职资格评定的，又该怎么办？一般来说，对通过管理通道任职资格评定的，进入储备干部序列，待有岗位空缺时，竞聘上岗；对通过专业通道任职资格评定的，则晋升等级序列，享受相应的福利待遇。

凡未通过任职资格评定的，说明还存在知识、能力等方面的短板，要制订相应的弥补计划，比如通过培训、轮岗来弥补差距。这是找差距、补短板。

8.3　任职资格的三个构件

8.3.1　光有知识和能力，够吗？

一个人要胜任一个岗位的工作，首先要有一定的知识储备，这是毋庸置疑的。没有知识，就没有思路，就找不到解决问题的钥匙。其次才是能力。

但在梳理任职资格时，我们不能只局限于知识和能力，尽管它们很重要，但光有它们是远远不够的。日常工作中，我们常能见到这样一些员工，人很聪明，知识很完备，能力也很强，但瞧不起别人，不愿跟人合作，同理心差，生怕吃亏，听不进别人的意见……这样的人能把工作做好吗？

这就像评价一个人的健康状况，四肢健全是基本要素，但光四肢健全就一定健康吗？如果心理扭曲，那也不能算健康。从某种程度上讲，心理健康更重要，我们宁可要心理健康但四肢不健全的人，也不愿要四肢健全但心理扭曲的人。

8.3.2 任职资格还包括胜任力素质

任职资格模型不能只考虑知识、能力，还要考量其他一些内在的东西，这就涉及胜任力素质。

1973 年美国管理学家麦克利兰提出，一个人的胜任力并不主要取决于他的知识、能力这些显性的东西，而是取决于他的人格特质、价值观、自我认知、内驱力等隐性的东西。这就像一座冰山，前者是显而易见的，但只占小头，后者深藏在水下，却体量巨大。胜任力主要强调冰山下的素质部分，这就是人们常说的胜任力素质。

想想也是，那些能成就伟大事业的人未必都是名校毕业、顶级聪明的，知识未必是最完备的，能力也未必是最强的，但他们都有一项顶级优势，那就是拥有正直的人品、出众的人格特质、积极向上的进取精神、不墨守成规的创新意识等。

所以，一个完整的任职资格模型不局限于知识和能力，还要体现人格特质、价值观、自我认知、内驱力等胜任力素质方面的要求。

8.3.3 任职资格的三个构件

通过上述分析，我们可以厘清任职资格和胜任力素质之间的关系，用一个公式来表达就是：任职资格＝知识＋能力＋胜任力素质。后者以人格特质、价值观、自我认知、内驱力这四大要素为代表。

我们可以用图 8-1 来展示一个完整的任职资格模型。

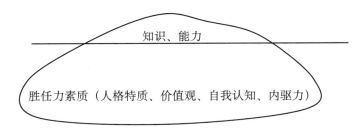

图 8-1 任职资格模型

注意，这里的任职资格与第三讲所讲的冰山模型是相呼应的。在那里，我们提到了一个人对一个岗位的胜任力不仅取决于知识、技能、经验等显性成分，还取决于其他一些难以观察的隐性成分，这就是胜任力素质。

8.4 任职资格的开发流程

8.4.1 从岗位职责推导行为要项

既然任职资格是对一个人履责能力的要求，那么我们首先要搞清楚这个岗位究竟是做什么的，即岗位职责。从岗位职责推导任职资格，是我们的基本出发点。但岗位职责还是比较粗线条的，还要把它分解为若干个具体的动作，即行为要项，才能分析出任职者所需具备的条件。

下面我以大学老师为例来分步阐释。

大学老师的岗位职责有三个，即教学、科研、社会服务。光从这三个职责，很难看出任职资格，还要逐个分解。以教学为例，它要发生五个行为要项：备课、上课、答疑、布置作业、课后辅导。

8.4.2 从行为要项推导资格要素，并汇总简化

延续上例，这五个行为要项会对老师提出要求，以备课为例，与任职资格的三个构件相对应，它们分别是：

（1）知识方面，老师要掌握深厚的专业基础知识。如果自己都半斤八两，是备不好课的，还怎么教学生？

（2）能力方面，备课需要做课件，需要熟练掌握电脑操作软件的使用技能，特别是 Office 软件的使用技能。

（3）胜任力素质方面，老师备课一定要逻辑清晰、认真细致，这要求他有严谨的品质。

8.4.3　对各资格要素分级并制定标准

老师也是分等级的，比如有讲师、副教授、教授之分，对其要求也不一样，一般来讲，等级越高，要求也越高。为此，我们还要先对各资格要素划分等级，以便于后面对不同级别的老师提不同的要求。延续上述三个构件，等级划分如下：

（1）专业基础知识分 A、B、C 三级，它们的标准分别是：C 级为基础级，能掌握专业领域的基本知识；B 级为熟练级，能熟练掌握专业领域的最前沿知识；A 级为精深级，自身在专业领域有颇深的造诣，有高质量的研究成果发表。

（2）电脑操作能力分 A、B 两级，标准分别是：B 级为基础级，能满足传统教学需要，熟练使用 Office 软件；A 级为熟练级，能适应网络教学等新型教学形式的需要，至少掌握一种编程语言。

（3）严谨性分 A、B 两级，标准分别是：B 级，讲授的内容言之有理，有逻辑性；A 级，逻辑严谨但不墨守成规，能融入合理的创新因素。

8.4.4　制定任职资格

现在要对老师提出要求了。不同级别的老师，职责的侧重点不同，要求也不同。以讲师为例，讲授的课程多为基础课，且多针对低年级学生，授课形式要求灵活多样，思路清晰，循循善诱即可，不需要引入太多的前沿知识和创新成分，对上述三个构件，分别做出如下要求：

（1）专业基础知识，达到 C 级即可。

（2）电脑操作能力，因需要适应灵活多样的现代教学需要，需达到 A 级。

（3）严谨性，达到 B 级即可。

当然，如果是副教授、教授，要求就会更高。

以上只是以专业通道为例，讲述了任职资格的制定过程，对于管理通道，道理是类似的。

8.5 任职资格的开发方法

8.5.1 任职资格不能光靠人力资源部来开发

任职资格需从岗位职责出发逐步推导，它需要对岗位工作非常熟悉，显然，人力资源部不具备这个条件，就算熟悉，也没有这个精力。

正如在绩效管理中的定位一样，人力资源部是一个集合的节点，它提供任职资格模型开发的工具和方法，并对整个过程进行组织、指导、监督，它给出框架，但具体内容需要各个部门来填写。正是从这个意义上讲，任职资格开发需要人力资源部和其他部门的共同参与。

业务部门领导应组织本部门的业务骨干，系统地梳理岗位职责、行为要项、资格要素、分级条件，毕竟只有他们最懂业务。

当然，在开发过程中可能还会遇到其他一些专业性较强的问题，特别是关于胜任力素质中的一些问题，比如外倾性、宜人性、敢为性、柔韧性的定义、分级、测评等，这些已涉及心理学知识，必要时可引入外部专家参与。

基于此，任职资格模型开发人员一般包括人力资源部、业务部门领导、业务骨干、外部专家。

8.5.2　如何开发任职资格？

任职资格开发分纵横两个维度进行：横向分岗、纵向分级，对不同岗位以及同一岗位的不同等级，从梳理岗位职责、行为要项入手，再到任职条件开发。这个讲起来简单，但做起来烦琐。任职资格开发人员不能闭门造车，搞空想主义，要深入调研访谈，在实践中寻找答案。

以技术人员的任职资格开发为例，可以先挑选 100 个有代表性的技术员，其中做得好的挑 50 个，做得一般的挑 20 个，做得差的挑 30 个，然后，对他们进行深度访谈，并通过对比分析，归纳出如下信息：要想把这个岗位工作做好，必须重视哪些职责模块；要想把这些职责履行好，哪些行为是关键的；干得好的员工，在这些行为上有怎样的特征；他们之所以干得好，主要是源于哪些突出的知识、能力、胜任力素质；相反，那些做得不好的，又是源于哪些欠缺。在此基础上得出任职资格的基本要素。进一步地，我们还要了解，各要素可以分成几个等级，每个等级有哪些标志。

这些问题，当事人最有发言权，所以样本要有代表性，沟通要有效。由于缺乏专业性，从业者在沟通中可能是漫无边际的，开发人员要对他们进行引导，比如，关于胜任力素质，可以把 MBTI（明尼苏达人格测验）、卡特尔 16PF（16 种人格测验）、大五人格等人格特质选项列出来供他们挑选，否则，他们想不到外倾性、宜人性、严谨性等专业术语。

任职资格开发出来后还要进行检验，检验方法就是对标，比如，在第一批样本外再另挑 30 个做得好的，10 个做得一般的，15 个做得差的，看看那些干得好的人，与干得一般或干得差的人，在上述知识、能力、素质上是否真的存在明显差异，如果确实如此，那么任职资格要素就是可靠的，否则就需要调整，直至吻合。

任职资格要素及分级标准确定后，就要对各岗各级提要求了，假设技术人员专业通道分助理工程师、初级工程师、中级工程师、高级工程师、主任工程师、顾问工程师六级，我们要确定，每级工程师在各要素上应分别达到哪一级。

8.6 管理通道的任职资格开发

8.6.1 从管理者职责推导行为要项

1. 梳理管理者职责

如前所述，管理者与一般员工不同，他不是专事作业的，而是要从事管理，那么管理者职责到底是什么呢？

罗宾斯在其经典教材《管理学》中指出，管理者职责主要有四：

（1）计划。即制定团队工作目标。有目标，团队成员才有工作方向。这是管理者的首要职责。

（2）组织。把工作目标分解为具体的任务，再把任务分派到个人。

（3）领导。激励员工，调动其工作激情。

（4）控制。监督员工的工作过程，发现问题并及时纠偏。

在此基础上再结合中国企业的实际情况，我们还可以再增加两个职责：

（5）指导员工作业。这对基层管理者来说，尤为重要。

（6）培养下属员工。很多企业之所以后继无人，就是因为忽视了这一项职责。

2. 从管理者职责推导出行为要项

我们要把上述各项职责再逐一分解成行为要项。一般来讲，行为要项可以用流程来梳理，流程中的一个关键节点就是一个行为要项。以组织这一职责为例，怎样才能把工作分派给合适的人呢？它需要几个关键行为：

（1）把工作目标分解为具体的工作任务。

（2）识人。了解团队成员的秉性。

（3）分配工作任务。把合适的事交给合适的人去做，人岗匹配。

8.6.2　从行为要项推导管理者的资格要素，并汇总简化

1. 从各行为要项推导资格要素

延续上例，仅组织这一职责就有三个行为要项，以第三个行为要项为例，要合理地分派工作任务，需要管理者具备如下几个方面的条件：

（1）知识方面，管理者要掌握基本的生产工艺知识，否则无法按工艺要求分派任务，比如，有些环节看起来是独立的，实际上关联性非常强，最好安排给同一个人做。

（2）能力方面，管理者要有一定的协调能力。为什么？把不同工作分配给不同的人做，负荷要得当，有的员工闲、有的员工忙，这需要协调调度。

（3）胜任力素质方面，管理者要有公正性。分配工作任务就怕夹杂私心，厚此薄彼，把好的、轻松的、油水多的工作安排给自己的死党，把累的、苦的、吃力不讨好的工作安排给异己，甚至给他们穿小鞋。这样的领导就会失去威信。

类似地，我们从其他行为要项中也可以推导出其他要求。

2. 对各资格要素进行汇总和简化

我们把各行为要项所对应的资格要素都推导一遍，就会发现它们林林总总，但并不是完全独立的，有的是重合的，有的是关联的，可以通过合并来简化。

举例来说，分派工作任务需要公正性；培养下属员工则不能有私心，有私心就会藏着掖着不教。这两个要素之间就是高度关联的，可以合并为无私性。

大道至简，在汇总资格要素时，对于不重要的资格要素要勇于放弃，轻装上阵。很多企业搞任职资格时总想把资格要素搞得很齐备，能想到的

全列进去。这是一个极错误的做法：首先，不加区别地把各类要素列进去，就会掩盖那些最核心的资格要素，抓不住重点。其次，会把简单的问题复杂化，而复杂的东西是坚持不了的。这也是任职资格管理归于失败的常见原因。

资格要素越简练越好，一般要有数量限制，比如知识类、能力类、素质类各不超过 5 个，逼任职资格开发人员挑最重要的维度，抓重点。

3. 管理者资格要素汇总表

经汇总和简化，管理者的资格要素如表 8-1 所示。

表 8-1　　　　　　　　　　　管理者的资格要素汇总表

大类	知识	能力	胜任力素质
资格要素	1. 产品与生产工艺知识 2. 管理学知识 3. 宏观经济与社会知识	1. 目标制定能力 2. 识人能力 3. 协调能力 4. 激励能力 5. 控制能力	1. 无私性 2. 宜人性 3. 外倾性 4. 敢为性 5. 变革性

下面简单阐释一下三类要素：

（1）知识。管理者需掌握三类知识：一是产品与生产工艺知识，其重要性前已述及。二是管理学知识。三是宏观经济与社会知识，它对高级管理者拓宽视野、形成战略思维很重要，对较低层级的管理者作用则不明显。

（2）能力。从管理者职责入手，目标制定能力要求管理者能制定科学的工作目标；识人能力要求管理者要有识人的"火眼金睛"；协调能力要求管理者能合理分派工作任务；激励能力要求管理者懂得如何激励员工；控制能力要求管理者能发现问题并及时纠偏。

（3）胜任力素质。无私性不必说。宜人性是指当与人发生矛盾时能从对方角度考虑问题，不把对方想得太坏，这对管理者与下属员工相处很重要。外倾性是指思想开明，察纳雅言，这对管理者民主决策很重要。敢为性是指管理者要当断敢断，不前怕狼后怕虎。很多管理者之所以不称职，就是因为不敢决策，怕担责任。变革性要求管理者要有创新思维，不守旧，同时要有危机意识。

8.6.3 对各资格要素分级并制定标准

为简单起见，所有的资格要素都分为三级，从低到高依次为：C级、B级、A级。接下来要把各级标准描述出来，这是最耗时耗力的。标准既要切中要害，又要易于识别，因为后面在做任职资格评定时就是要对着这个标准来做。下面，我们从知识、能力、胜任力素质中各举一例，其他的就不再赘述。

（1）知识方面，以产品与生产工艺知识为例：C级，知道公司主要产品系列、生产工艺的主流程；B级，熟知公司产品的二级分类、生产工艺的二级子流程；A级，熟知公司产品的所有分类、生产工艺各节点的末端流程，且能实操。

（2）能力方面，以协调能力为例：C级，能协调团队内部各种资源，做到人尽其才、物尽其用；B级，能协调内外部各种资源，达到效率最大化；A级，当遇到紧急情况时，懂得求助，通过协调各种资源渡过难关。

（3）胜任力素质方面，以无私性为例：C级，有一定的私心，但不至于影响工作；B级，小心谨慎，严格按规则办事，分配资源时主动回避；A级，凡事以效率为最高原则，举贤不避亲，胸怀坦荡，经得住历史的评价。

8.6.4 制定各级管理者的任职资格

对于初、中、高三级管理者来说，履责重点不同，初级管理者侧重于带团队作业。高级管理者侧重于从宏观层面进行战略把控，并在关键节点给予业务支持。中间管理者则居中，对上，与高层战略衔接；对下，监督团队作业。根据这一分工，可分别制定三级管理者的任职资格，具体如表

8－2所示。

表 8－2　　　　　　　　　各级管理者的任职资格

		初级管理者	中级管理者	高级管理者
知识	产品与生产工艺知识	A	A	B
	管理学知识	C	B	A
	宏观经济与社会知识	—	C	A
能力	目标制定能力	C	B	A
	识人能力	B	A	A
	协调能力	C	B	A
	激励能力	A	B	B
	控制能力	B	B	A
胜任力素质	无私性	B	A	A
	宜人性	B	B	A
	外倾性	C	B	A
	敢为性	C	A	A
	变革性	C	B	A

以初级管理者为例，其任职资格如下：

（1）知识方面，因为要带团队作业，肩负指导员工作业的任务，所以对产品与生产工艺知识要非常熟悉，要求达到最高级，即 A 级。同时，基层管理者也要懂一些基本的管理学知识，但无须太高深，达到基础的 C 级即可。至于宏观经济与社会知识，因不涉及战略管理的职责，可以不做要求。

（2）能力方面，因为带团队作业，现场激励很重要，要会给员工"打鸡血"，所以激励能力要求很高，需达到最高级，即 A 级。其他能力不再细述。

（3）胜任力素质方面，基础管理者带团队，天天和团队成员打交道，就不能"小心眼"，发生矛盾时要能换位思考，能站在对方的角度考虑问题，处理好与团队成员的关系，所以宜人性很重要，至少要达到中级水平，即 B 级。

8.7 专业通道的任职资格开发

专业通道以技术人员、销售员为代表，其中，技术人员的任职资格开发，在第六讲介绍技能工资制时已有较多涉及，不再赘述。下面再以销售员为例，对专业通道的任职资格开发做一些讲解。在第六讲介绍销售员星级划分时只强调以业绩来划分，而未涉及任职资格的内容。如果一个企业强调能力建设，那么在星级划分时应该把业绩作为前提因素，然后重点考查销售员的任职能力。

8.7.1 从专业人员的岗位职责推导行为要项

一般来讲，销售员的岗位职责包括如下几个方面：

（1）建立并维护客户关系。

（2）收集并分析市场信息，包括行业、客户、竞争对手等相关信息。

（3）销售产品。

（4）回款。

接下来，我们要分析，为履行这些职责，销售员要发生哪些关键行为。以建立并维护客户关系为例，它需要发生如下关键动作：

（1）定期拜访客户。

（2）与客户高效率沟通。

（3）做好客户接待。

8.7.2 从行为要项推导专业人员的资格要素，并汇总简化

1. 从各行为要项推导资格要素

进一步地，要把上述各行为要项做好，需要任职者具有怎样的条件？以定期拜访客户为例，需具备如下条件：

（1）知识方面，要掌握一定的心理学知识。当销售员提出要拜访客户

时，客户一般会有戒心。懂心理学的销售员能巧妙地利用心理学规律让他接受。

（2）能力方面，销售员要有一定的计划能力。要提高客户拜访效果，就要制订科学的拜访计划，安排在什么时间拜访、拜访目的、沟通什么、沟通策略、做哪些准备、带什么材料等。

（3）胜任力素质，销售员要有一定的韧性。为什么？预约客户，很可能会被无情地拒绝，但不能灰心，"屡战屡败，屡败屡战"，最后才可能成功。

▶ **分享 8 - 2：优秀的业务员不怕狗咬**

> 我认识一个女业务员，是推销饲料的，她的故事感动了我，我决定把它写下来与大家共勉。这个女孩一开始做业务时四处碰壁，去福建一家养殖场推销饲料，打电话约老板见面，被人直接怼回去，三番五次，人家都不愿见她。她就天天在养殖场门口等他，结果有一次老板很恼火，放狗出来咬她，女孩被追得满地跑。但她仍不放弃，每天在养殖场对面的茶摊等这个老板，几个月过去，天天如此。这个老板最终被打动了，一天他从厂里出来看到这个女孩傻傻地站在那里等，就主动下车并请她喝了一碗茶以示歉意，于是他们开始有了第一次沟通，直至从产品试用到大规模采购，一步一步走向合作。现在这个养殖场已经是她一个重要的大客户。可见，韧性和永不放弃的精神是一个优秀的业务员必备的品质。

2. 资格要素汇总与简化

同样，对销售员来说，很多资格要素是重合的或相关联的，可以整合和简化。比如，拜访客户、客户沟通、客户接待，都需要良好的沟通能力。另外，对一些不重要的因素要果断放弃，比如，组织能力就可以不提，尽管有它会更好。

经整合，销售员的资格要素如表 8 - 3 所示。

表 8 - 3　　　　　　　　　　　销售员的资格要素汇总表

大类	知识	能力	胜任力素质
资格要素	1. 产品知识 2. 心理学知识 3. 营销学知识	1. 计划能力 2. 沟通能力 3. 人际关系能力 4. 谈判能力	1. 韧性 2. 宜人性 3. 敏感性 4. 外向性

下面简单阐释一下三类要素：

（1）知识。销售员需掌握三类知识：一是产品知识，不懂产品知识无法与客户进行高质量沟通。二是心理学知识。营销的本质就是一场心理博弈，懂一些心理学知识对促成销售很有裨益。三是营销学知识。这个毋庸多言。

（2）能力。销售员应具备较强的沟通能力、人际关系能力以及谈判能力，这些都不用解释。另外销售员还要有一定的计划能力，这是因为销售计划对后续的销售工作具有重要的指导作用。

（3）胜任力素质。韧性的重要性，前已述及。对销售员来说，宜人性同样重要，因为当遇到客户拒绝或不配合时，能否从对方角度考虑问题，对避免冲突、维护客户关系很重要。另外，销售员要有很强的敏感性，这样才能捕捉转瞬即逝的商业机会。外向性对销售员尽快建立客户关系很重要。

8.7.3　对各资格要素分级并制定标准

同样，为简单起见，所有资格要素都分为三级，从低到高依次为：C级、B级、A级。下面我们从知识、能力、胜任力素质中各举一例，把标准列出来：

（1）知识方面，以产品知识为例：C级，能熟练讲解公司产品的主要性能及优缺点；B级，能结合客户需求，讲解公司产品的全套解决方案；A级，能引导客户需求，并结合公司产品为其提供定制化的解决方案。

（2）能力方面，以计划能力为例：C级，能制订较准确的单次行动计划，如客户拜访计划；B级，能制订较准确的年工作计划，如年度销售计划与行动方案；A级，能制订较准确的长期工作计划，比如五年市场计划。

（3）胜任力素质，以韧性为例：C级，遇到挫折时能心平气和地面对；B级，遇到挫折时能客观地分析问题所在，积极寻求解决问题的方法；A级，遇到挫折，越挫越勇，通过不断尝试，反败为胜，取得比之前更好的效果。

8.7.4 制定各级专业人员的任职资格

如果销售员分为五星级，那么各星级销售员的履责重点也不一样：1～2星级侧重于"守成"，即维护好现有的客户关系、维持好目前的销售状态，不要丢单。他们一般是跟着老销售员"打下手"，做执行性工作。3～4星级侧重于"深耕"，即在老客户基础上发掘出新业务，或扩大市场份额或打入新产品。5星级侧重于"开拓"，即开发新市场、新渠道、新客户。根据这一分工，可分别制定五个星级销售员的任职资格，具体如表8-4所示。

表8-4　　　　　　　　　各级销售员的任职资格

		一星	二星	三星	四星	五星
知识	产品知识	B	B	B	A	A
	心理学知识	C	B	B	B	B
	营销学知识	—	—	B	A	A
能力	计划能力	C	C	B	B	A
	沟通能力	C	C	B	B	A
	人际关系能力	B	B	B	A	A
	谈判能力	C	C	B	B	A
胜任力素质	韧性	C	C	B	B	B
	宜人性	B	B	B	A	A
	敏感性	B	B	B	A	A
	外向性	C	B	A	A	B

以一星级销售员为例，其任职资格如下：

（1）知识方面，因为主要是维护现有市场的业务，熟知产品性能和优劣性，能给客户提供常规的解决方案，所以在产品知识方面达到 C 级即可。另外，要略懂一些心理学知识，不至于在维护客户关系时出现低级错误。因为无须做营销策划，只是执行任务，所以在营销学知识方面可以不做要求。

（2）能力方面，因为一星级业务员侧重于"守成"，要维护好与老客户的关系，所以人际关系能力要求较高，需达到 B 级。其他能力只要达到基础级即可。

（3）胜任力素质方面，基于类似的道理，一星级业务员要维护好与老客户的关系，宜人性很重要，需达到 B 级，另外，他们天天守在客户那里，要捕捉可能出现的商业机会，敏感性也需达到 B 级。其他素质达到基础级即可。

8.8　任职资格的评定流程

有了任职资格，员工就可以根据自身情况，结合未来的职业生涯规划，申报任职资格评定了。任职资格评定的大致流程如下。

8.8.1　公布评定周期

多长时间组织一次任职资格评定？这没有一个定论，像技术类、管理类岗位，任职资格以能力为重点，兼顾业绩，而能力提升需要一定的周期，没有一年半载一个人的能力不太可能有明显的长进，所以评定周期可以适当拉长，可一年一评，而且通常放在业务淡季，尽量不影响工作。

而营销类岗位则不同，其任职资格以业绩为核心，兼顾能力，而业绩可以在较短的时间内就反映出来。考虑到奖励的及时性，评定周期可以适当缩短，比如半年一评，甚至一个季度一评。

8.8.2　提交申报材料

一般情况下，公司应专设一个任职资格评定小组，当员工想申报某岗某级的任职资格评定时，可以向任职资格小组提交申报材料。当然，为了避免盲目申报所带来的不必要的工作量，有些公司会要求个人通过所在部门提交申报材料，先由部门权衡把关，再向任职资格评定小组提报名单。

这就像大学里的职称评定，先由人事处核定各院今年的教授、副教授名额，老师先向院里提报材料，院里再根据申请人的各项条件初选名单，最后报学校审查和评聘。

8.8.3 资格审查

对有些明显不符合条件的申报者，应在资格审查阶段就直接淘汰，而不必进入后续的评聘环节浪费精力。一般来讲，资格审查包括三类要素：

1. 履历

举个简单的例子，高级管理者对应于公司级领导，至少是副总以上级别的，如果某人要申报高级管理者的任职资格评定，那么他至少要担任过部门级领导，在一把手岗位上工作过两年以上时间，否则他是没有资格申请评定的。试想，连一个部门都没有管过，谈何管理一个企业呢？

2. 是否有触碰底线的行为

每个公司都有自己的规章制度和道德要求，都有自己的底线，比如不能频繁地请假旷工，或不能出现重大的责任安全事故。一旦发生这些行为，在资格审查阶段就直接过滤掉。同时也是希望通过这样的制度安排来警戒员工要有畏惧心，不要触碰底线。

大学也一样，在职称评聘前会进行资格审查，对于那些发生过重大教学事故或学术不端行为的候选人，直接取消资格。

3. 操行分

还有一些行为，属于"大毛病不犯，小毛病不断"的，虽没有触碰底线的行为，但也属于"勿以恶小而为之"的性质。这些行为反映了员工的品性，如规范性、合规性等，如果不注意，就会积少成多，从量变到质变，对工作产生不可预估的影响，所以也要引起必要的关注。对这些行为，我们可以用操行分来加以反映，并在资格审查环节作为一个前提条件来处理，比如，低于多少分的直接取消评聘资格，以此倒逼员工戒掉那些小毛病，守住底线。

思考8-2：用操行分给员工提个醒

某公司从事电话催收业务，因行业特殊，催收员在电话催收时与欠债者之间免不了言语碰撞，但国家对催收行业有严格的要求，比如，不能辱骂或恐吓对方，不能通过不正当途径获得欠债者的信息。但有些催收员急于催款，就顾不上这些，不规范问题时有发生，公司对此十分头疼：管得太严吧，担心员工缩手缩脚的，影响业绩；听之任之吧，万一哪天被投诉，可能会带来巨大麻烦，轻则罚款，重则抓人。为平衡二者的关系，这个公司采取了一种折中办法，那就是把业务的合规性作为一项操行分指标，通过抽查，凡发现违规的，直接扣分扣钱，一年下来累积计算，凡是操行分低于70分的，就算业绩再好，也要取消晋级评聘的资格，而晋级评聘的利益很大。这种损失会让催收员在冲刺业绩时也"悠着点儿"。

8.8.4　任职资格评定

对于通过资格审查的申请人，就要组织专家进行评定，对其在各资格要素上是否达到要求进行评价。评定时某些要素可能会达到要求，另一些要素则达不到，最后综合测评结果如何计算呢？

这时，要做两件事：一是对每个等级赋值，比如，C级＝60分；B级＝80分；A级＝100分。申请人实际达到哪个级别，就给对应的分数。二是对每个要素赋权，重要的要素权重大，次要的要素权重则小。当然，也可以默认权重一样大，计算简单平均数。通过这两个步骤得出申请人的综合评分。

8.8.5　择优通过

根据比例控制原则，各级人数要有限制，对申请同一级任职资格的申请人，这时就要根据综合得分自上而下录取，比如有 20 个人申请中级工程师资格，但公司只有 15 个名额，那么就取综合得分前 15 名。

择优录取带有强制分布的意思，也有的公司比较宽松，规定凡综合评分高于 75 分的就可以获得任职资格。方法不一而足，适合自己就好。

也有的公司会对单个资格要素的得分有底线要求，比如知识类得分，凡申请中级工程师任职资格的，得分不能低于 50 分，否则，就算综合评分超过 75 分或排名前 15 名，也不能取得任职资格证书。

这就像大学里的博士研究生录取政策，都有单科最低分限制，比如英语低于 55 分的，就算总分再高、排名再靠前，也不能录取。

8.9 任职资格评定分初试和加试

对应任职资格冰山模型水面上和水面下的部分，测评要由浅入深地把一个人的知识、能力、胜任力素质分步识别出来。

8.9.1 初试包括笔试、演示、测评

任职资格中不同要素需要用不同的方法来测评：

（1）知识，主要通过笔试来测评，一张试卷就能大致检测出申请者是否具备应掌握的知识结构。

（2）能力，则稍复杂一点：对浅层次的能力，比如操作技能，通过现场演示就可以验证；对深层次的能力，比如人际关系能力、协调能力等，需要通过特殊的测评手段，比如内部评价中心等来测评。

（3）胜任力素质，比如外倾性、宜人性、敢为性等，更需要通过专业的测评手段来识别，也可以借助测评软件来进行。

8.9.2 加试就是举例

通过上述手段测试出来的任职资格只是形式上的，还没有经过实战的

检验，最多只能算初试。真正的知识、能力、胜任力素质是要能带来业绩的，要经得住实践的考验，所以还要有加试，以证明它们不是纸上谈兵，"不是抄来的"，是能真刀真枪拿出来练手的。

加试一般通过举例的形式来证明：知识和能力要用成果来举例，正所谓"知识和能力要反映在业绩上"；胜任力素质则要用行为来举例，即"在什么情况下，发生过什么行为"，以证明确实具备这样的素质。

我们将测试方式汇总在表 8-5 中。

表 8-5　　　　　　　任职资格评定方法汇总

	初试			加试	
	笔试	演示	测评	成果举例	行为举例
知识	√			√	
能力		√	√	√	
胜任力素质			√		√

8.10　任职资格评定之初试

8.10.1　知识，通过笔试来考查

在任职资格的几类要素中，知识是最容易识别的，一张试卷就能辨别任职者肚子里有多少"墨水"。

比如，研发人员分九级，不同级别的研发人员应掌握的编程语言不同，其中，九级研发人员应掌握 C 语言，五级应掌握 JAVA 语言，一级应掌握 linux 语言，对申报不同级别任职资格的申请者，就可以组织编程语言考试。

类似地，管理者分三级，初级管理者应掌握基本的管理学知识，中级管理者应掌握较深的管理学知识，高级管理者则要掌握较完备的宏观经济与社会知识，那么对各级任职资格的申请者就应组织各科考试。

既然是考试，就要有题库，就像国家考试中心的题库一样。针对不同

科目，任职资格评定小组要组织专家开发题库，届时从题库里随机抽取试题进行考核。

8.10.2　浅层次的能力，通过演示来证明

能力要素可分为浅层次的能力和深层次的能力两种，前者以作业技能为代表，属于应用型，可通过实操直接展示出来。

以行政文秘为例，如果分四级，每一级对打字速度有相应的要求：四级文秘要求一分钟能打 100 个字；三级文秘要求一分钟能打 120 个字；二级文秘要求一分钟能打 150 个字；一级文秘要求一分钟能打 200 个字。如果某文秘申请二级文秘，就可以让他现场演示，看看是否能达到每分钟打150 个字的速度。

再以研发人员为例，三级以上研发人员要有除错能力，如果某员工申请三级任职资格，就可以现场给他一些程序代码，让他从中挑出暗藏的 bug。

演示是无法作假的。

8.10.3　深层次的能力和素质，通过专业测评手段来评定

对于组织能力、协调能力、识人能力这些深层次的能力，以及韧性、宜人性、外倾性这些胜任力素质，不能轻易识别出来，它们需要通过专门的测评手段来识别。

专业的测评手段有两种：一种是人工测评，它需要有经验的专家团队，带着"火眼金睛"，通过专业性的问题，甚至场景模拟等技术手段，对申请者的能力素质进行识别。这对专家有很大的依赖性，经验成分较多，难免会出现一些偏差，能说会道的人容易赢得专家的好感并获得高分。

为克服人工测评可能带来的偏差，现在很多企业开始用机器来测评，即利用人工智能、大数据对人的能力素质进行模拟。其实，在国外这种测

评方式并不是什么新鲜事，海氏、翰威特等早就开发出这种自动测试系统，通过让申请人动态做题拟合出他的素质概貌。

通过对类似"当你看到关在笼子里的野兽时会害怕吗？"这种问题的回答，得出你在紧张性等维度上的素质得分。

素质测评的题目通常是动态的，并经过若干轮迭代进行修正。

以外倾性为例，先从题库里抽取跟外倾性有关的 10 道选择题，申请人需快速地答完，每道题必须在规定时间（比如 5 秒）之内答完，否则将失效。第一轮结果出来，若得分为 80 分，说明申请人的外倾性可能较高，但尚不确定；这时再从题库里抽取 10 道与外倾性有关的难度较大的选择题，做第二轮测试，若此次得分为 50 分，说明第一轮测试得分偏高；这时就要修正对他的外倾性的评分，于是再从题库里抽取 10 道难度比刚才小的题目进行第三轮测试。如此循环往复，直到迭代终止，得出申请人外倾性的最终评分。由于是机器模拟计算，客观性比人工测评更有保证。

8.11　任职资格评定之加试

为证明申请人的知识、能力、胜任力素质不是"纸糊的"，而是"硬通货"，下面要用实践来检验它们的"成色"，这就是举例法。举例法又分两种：成果举例和行为举例。

8.11.1　知识和能力，通过成果举例来进一步验证

如果你掌握了知识和能力，就不应该只憋在肚子里，而是会通过某种外在的形式表现出来，正所谓"才华横溢，霸气侧漏"。要是能举出这样的例子，就能进一步证明它们的真实性。

证书就是这样一种工具，本质上，它是对知识和能力的成果举例。

以软件工程师为例，如果他掌握了较多的编程知识，具备较强的编程能力，那么就应该能取得像思科认证这样的资格证书。这个证书的含金量

在业界是公认的，没两把刷子拿不到。

再以会计为例，如果申请高级别会计的任职资格，那么 CPA 证书就是证明知识和能力的最好注脚，其难度众所周知。

要拿到这些证书必须过五关斩六将，学很多门课、掌握很多知识、通过一系列严格的考核，所以证书相当于替企业把了一次关。也正因为如此，在做任职资格评定，特别是技术类、专业类岗位的任职资格评定时，一般都会在专业证书方面提出相应的要求。

但对业务员来说，就没那么简单了。我还没听说过，有哪个权威证书是针对业务员进行认证的。为什么？业务员凭本事吃饭，用业绩说话，业绩就是知识和能力的最好说明，所以业务员的成果举例法就是销售额，没有其他。反过来说，如果通过初试发现某业务员知识很完备、能力很突出，但一到举例环节，就发现销售业绩乏善可陈，那么就要怀疑初试方法是否有问题，因为其知识和能力都是假的，"茶壶里倒饺子，倒不出来的就不能算饺子"。

"知识和能力一定要反映在业绩上"，我们反复强调这句话，意思就是凡是知识和能力强的员工，一定要有业绩做背书。

推而广之，对一个软件开发人员来说，如果知识和能力达到一定级别，那么除了拿到相应的证书外，在工作中也应有所表现，比如开发过怎样的产品，取得了怎样的专利，主持过多少个项目等，这些都要求他能拿出真材实料。

这就是在做任职资格评定时，要对申请者的工作经验和成果提出要求的原因。

8.11.2 胜任力素质，通过行为举例来进一步验证

组织行为学认为，一个人的素质会通过行为反映出来，换言之，行为的背后都能找到素质的原因。通过一个人的行为可以反推他是什么样的人。举个例子，"好人不会做坏事"，如果我们之前推测一个人是好人，但

某天发现他干了一件坏事，那就要推翻之前对他的判断，得出他可能不是个好人的结论。

这就是行为举例的基本原理，我们通过一个人的行为来验证之前对其胜任力素质的判断是否正确。

研发人员有一个重要的胜任力素质，那就是严谨性。如果某人申请三级工程师的任职资格，那么就要展示他的严谨性是可信的。假若在行为举例环节，有人指出他曾因工作疏忽造成重大事故，比如因文档管理不规范而造成重要资料丢失，并迫使研发团队返工，那么他的严谨性得分就要打折扣。

行为举例有两个要点需要注意：

（1）哪些胜任力素质需要举例？如果每种素质都要举例，就会大而散，抓不住重点。显然，我们应聚焦于那些对工作业绩有直接而重要影响的素质维度。以售后服务人员为例，在各类素质中，服务意识是最重要的，没有服务意识，其他都是枉然，所以可以针对服务意识设行为举例的要求，比如，未曾出现对客户投诉无动于衷的情形。一旦被领导举出这样的例子，那么前面初试环节对其服务意识的评分就要重写。

（2）怎么举例？举例可以从正面举例，也可以从反面举例。如果按"就少不就多"的原则举例，就能把问题简化。假设一件事特别难办，很少有人能做到，那么就让他从正面举例，举出他做过的例子。假如一件事多数人都能做到，只有少数人做不到，那么就由别人（如主管）举出他没有做到的例子，所以举例可以自己举，也可以由别人举。

就像一个人，你不能看正常情况下他做了什么，只有观察在异常情况下他干了什么，才能看出他的本质，我们要举的就是这些极端情况下的个案。

所以，行为举例法最简单的操作就是举反例，它会带来一个好处，那就是，倒逼员工平时不要做不该做的事，否则在做任职资格评定时会失分。

思考 8-3：如何通过行为举例法来进一步验证售后服务人员的服务意识？

如前所述，售后服务人员的胜任力素质中最重要的就是服务意识。如果要对该素质做进一步验证，您会设计怎样的行为举例法？

答疑参见封底微信号。

8.12　通过任职资格评定后的褒奖

员工通过任职资格评定后应该得到相应的褒奖，这样才能调动他们参与任职资格评定的积极性。在双通道架构下，对通过管理通道任职资格评定的人的褒奖办法与通过专业晋升通道任职资格评定的人的褒奖办法不一样，下面分别阐释。

8.12.1　通过管理通道的任职资格评定等于获得储备干部身份

对走管理通道的人来说，取得某级管理岗的任职资格，就等于拿到了"驾照"，说明他已经具备这一级管理者所应具备的任职资格，在知识、能力、胜任力素质方面已提前做好准备。现在"万事俱备，只欠东风"，这个东风就是岗位空缺，一旦出现，他就可以通过竞聘上岗了。

对通过任职资格评定的员工，应列入储备干部序列，在管理上做一些特意安排以加快他们的成长，并为接班做准备。

思考 8-4：如何防止道德败坏的人混入储备干部队伍？

相对于一般员工，干部应该正派、正直，在道德水准上有更高的要求。有人可能会提出，任职资格评定只能证明某个人具有较完备的知识、较强的能力、更过硬的胜任力素质，并不能保证其基本的道德水平。如果一个道德败坏但通过了任职资格评定的人被列入储备干部序列，很显然是不合适的。如果你是人力资源总监，你会设计怎样的机制来防止这种情况出现？

答疑参见封底微信号。

8.12.2 通过专业通道的任职资格评定等于直接晋级

对走专业通道的员工来说，通过任职资格评定，就可以直接晋升专业等级并获得对应的津贴、福利及其他待遇。

正因为如此，专业通道的任职资格评定一定要有比例控制，否则成本会失控。合理的分布比例应该是橄榄型的，中间大，两头小，比如，中间职称的占50%；初级职称的占30%；高级职称的占20%。

如果过多员工拥挤在高等级序列里，不仅将来会遇到晋升空间狭窄的问题，而且太多人享受较高等级的津贴，人工成本太大。

8.13　如何平衡能力和业绩的关系？

8.13.1 企业不是学校，不能只重学习而忽视业绩

搞任职资格管理的目的是建设员工的能力体系，但企业不是学校，不能为了搞能力建设而搞能力建设，能力建设要为业绩服务。不能带来业绩的能力不算是真正意义上的能力。

现实中很多企业会陷入两个极端：一个极端是，不注重能力建设，只以成败论英雄，只要业绩达标，就默认达到任职资格，这是"下里巴人"的做法。这会造成员工的短视行为，他们为了冲业绩很可能会不择手段，而不注重自身能力的提高，业绩没有可持续性。

另一个极端是，只注重能力建设，却忽视了业绩上的要求，任职资格管理与业绩脱钩。只要员工知识、能力、胜任力素质达标，就视同通过任职资格评定，并享受相应的待遇。这是"阳春白雪"的做法，太过清新。没有业绩，企业怎么生存呢？能力建设也失去了意义。

8.13.2 任职资格管理要以业绩为前提，以能力为核心

任职资格管理要平衡好能力和业绩的关系，不能偏废，应视能力为长

期的因，视业绩为短期的果，二者缺一不可。

基于此，任职资格管理要以业绩为前提，以能力为核心。就像找对象，不能光看对方的人品，一点不顾经济实力。

思考8-5：如何把业绩因素融入任职资格评定中？

某高科技企业非常注重员工的能力建设，特别是近年来随着年龄增长，很多员工开始滋生惰性，不愿学习、知识老化、技能退化现象很严重。而这个行业的技术革新速度很快，可谓一日千里，如此下去，企业核心竞争力必将受到影响。为解决这一问题，老板决定引入任职资格管理，对研发人员划分等级并在薪资待遇上拉开差距。但老板又担心，这样会不会导致员工只注重学习，不注重把工作干好。为避免这一情况，在任职资格评定时怎么把业绩因素融入进去？

答疑参见封底微信号。

8.14　任职资格管理的瘦身运动

任职资格管理是个系统工程，对很多企业来说就像雾里看花，操作难度大，要想搞下去，就不能太复杂，越简单越好，哪怕一开始粗糙一点。企业可以结合自身实际对任职资格管理做一些瘦身处理。

8.14.1　任职资格要看菜吃饭，号着人定条件

到目前为止，我们在定任职资格时都是从"应该怎么样"出发来定的，但按这个条件搞下去可能会脱离企业实际，造成两种极端情况：要么一个人也达不到，伤了大家的积极性；要么所有人都能达到，太多人晋级，增加无谓的成本。

定任职资格不能太理想主义，光看"应该怎么样"，还要看"实际怎么样"，要结合企业实际情况来定。

以技术人员定级为例，如果分9级，我们首先要有一个比例控制，即

希望多少比例的员工在初级（1～3级），多少在中级（4～6级），多少在高级（7～9级），假如是1：2：1，那么先按"应该怎么样"，推导一下任职资格，再比对员工实际，试算一下，看看实际分布比例是不是1：2：1，如果相差太远，比如1：1：2，那就说明任职资格定得太低，太多人跑到高等级上，这时任职资格就要往上调一点，调整后再试算一下，如果比例变成2：1：1，太多人落在低等级上，那就说明任职资格定得太高了，再下调一些，如此往复，直至把人员分布比例调为1：2：1。

这就像打靶，笨的办法是先画靶子再开枪，这样可能会脱靶，聪明的做法是先开枪再画靶子，保准枪枪都是十环。

在上述调整中最好能借助计算机，用一些简单的编程把结果快速试算出来。我曾手把手地教过一些企业的人力资源管理人员，用 stata 等简单的程序编程，速度很快。比如调换任职资格中的某一参数，人员分布比例图很快就出来了，如果不合意，再调换另一个参数，反复试几次就能找到理想的任职资格。

8.14.2　任职资格管理要由易到难，先从知识入手

如果一开始任职资格全面开花，知识、能力、胜任力素质一起上，评定时，笔试、演示、测评、举例一起搞，就会力不从心。我们可以由浅入深，由易到难，把容易搞的先搞好，难搞的用简化方法先替代一下。

在任职资格三个构件中知识是最重要的，员工能力强不强，在很大程度上取决于知识储备，一个从来不看书的人，天天喊着要提高能力，那是骗人的鬼话。没有知识，拿什么提高能力？另外，知识也是最容易识别的，组织一场考试就行了。此外，它还可以通过证书来识别。

对于条件有限的中小企业来说，我建议任职资格管理先从知识入手，好好梳理一下各岗位从业人员需要掌握哪些知识，应该看哪些书，列一个清单让大家自学。一些重要的科目可以组织培训，然后定期组织考试，考过了就给学分。同时规定积多少学分才能申请几级任职资格评定，这样把

任职资格评定和培训又结合起来了，迫使员工形成学习的习惯。我想，就算短期内没有带来业绩提升，但把大家学习积极性搞上去了，也是令人高兴的。

关于能力测评，中小企业一般不太容易掌握专业的测评方法，就不要再勉为其难了，最简单的处理办法就是用业绩来代替，"能力应该反映在业绩中"，这是我们反复强调的。业绩就是能力的最好代名词。

至于胜任力素质，也不要搞太复杂的测评方法，直接用行为举例法，而且是反向举例法，基本逻辑是，"如果你的素质过硬，就不应该干不该干的事"，我们可以列一个负面清单，把员工不能触碰的底线行为明确列示出来，并告知员工，将来一旦被举例发生了这些行为，对应的素质要项得分就是零，会对其任职资格评定及工资晋升产生影响。这样，把任职资格管理和作业规范性管理结合起来，就可以杜绝员工无视规章制度和劳动纪律的情况。

8.15 能力高配与人才梯队建设

8.15.1 人才梯队要强调连续性

企业最怕人才断档，如果过度依赖某一个人而无储备人才，那么将来此人离开会是一个致命打击，可能会使工作陷入瘫痪。反过来，这还会造成另一恶果，那就是这些人知道企业离不开他，会滋生骄横情绪，为所欲为，没人敢管。

▶ 分享 8-3：老板为什么这么能忍？

　　某公司的 CRM 系统由 IT 中心负责建设。IT 中心主任是个老员工，也是个高手，IT 中心由他一手组建，核心技术和资料全部掌握在他的手里，十年来，无人能代替他。老板对他的倚重溢于言表，这也助长了他的野心。据闻，竞争对手出重金从他手里购买了近 50 万个客户的资料，这些资料都是公司的核心资产，公司客户不过 100 万个，近半流落敌手，性质何其严重。公司内网安全部门已查证此事。大家都以为老板会大发雷霆，结果出乎很多人的意料，他没有吭声，而是息事宁人了。为什么？他离不开这个人，如果把这个 IT 主任开了，甚至投入大牢，IT 中心没有人能撑起来，甚至连剩下的 50 万个客户的数据都可能丢掉。

对每个企业来说，建立有连续性的人才梯队很重要，保证人才队伍不断档，"江山代有才人出"，才能杜绝对个别人的依赖。这就像家庭，香火要延续，能力要传承，才能世代兴旺。

8.15.2　能力高配有助于提高人才梯队的连续性

提高人才梯队连续性的一个最好办法就是能力高配。所谓的能力高配是指，每个岗位的任职者要具备高于该岗位本应具备的任职资格。举个例子，某人从事九级岗的工作，要具备十级岗的任职资格；从事十级岗的工作，要具备十一级岗的任职资格；从事十一级岗的工作，要具备十二级岗的任职资格；依此类推。

这样做的好处是什么？

首先，形成犬牙交错的后备军队伍。试想，干着九级岗工作的人已经具备了十级岗所应具备的知识、能力和胜任力素质，将来只要有机会，随时可以上位，不会出现人才断档，人才队伍就像涛涛江水绵绵不绝，形成一个严密的序列稳步推进。

其次，会形成"鲶鱼效应"，对各岗位的任职者，特别是关键岗位的任职者形成震慑效应。因为下一岗级的任职者已经具备上一岗级的胜任能力，他们就像后备军，对高级岗充满渴望，如果高级岗的现任者不胜任，公司可以让这些储备人才随时代替现任者，现任者就会有危机感，不断提高自我，杜绝"舍我其谁"的骄横作风。这与第二讲"人力资源规划"所提到的关键岗位编制冗余一起，是打造人才梯队的两把利剑。

▶ **分享 8－4：日本是个能力高配的国家**

　　去过日本的朋友应该都有印象，这个国家处处都有能力高配的迹象，它可以简单地概括为：市民具备士兵的素质；士兵具备军官的素质。日本市民的组织纪律性很强，这从过马路可以看出来，他们不苟言笑、作风严谨，绝不逾矩，严格服从指挥，这与士兵管理是一样的。再看日本自卫队，虽不过十万人，但可不要小看他们的战斗力，据称，日本自卫队士兵的训练不是按照单兵训练来进行的，不只练习投弹、射击、挖战壕等项目，还要学习战争组织管理知识，比如，如何制订作战计划，如何部署兵力，这就是让士兵具备军官的能力。一旦发生战争，其战争组织能力是很强大的，因为下至士兵上至军官，已建立起严密的人才梯队。

8.15.3　两条腿走路，培养复合型人才

　　如果某技术高手想走管理通道，但又不想放弃自己的技术专长，那么可以允许他同时参加管理通道和专业通道的任职资格评定，待遇按"就高不就低"原则来处理。

　　举个例子，若管理通道分初、中、高三级，技术通道分 1～9 级，某员工申报中级管理者的任职资格并获通过，其后也有机会担任部门级领导，岗位津贴是 4 000 元/月，同时，他也申报了 7 级工程师的任职资格并获通过，7 级工程师的序列津贴是 4 500 元/月，那么按"就高不就低"原则，他就拿 4 500 元/月的津贴。如果某天他从领导岗位上退下来，还可以走专业通道，享受 7 级工程师的待遇，仍然拿 4 500 元/月的津贴。这样做的好处是鼓励员工两条腿走路，往复合型人才方向发展。

　　今天企业最缺少的就是复合型人才，技术人员懂管理，管理人员懂技术，就是绝配。对同一个员工，两条通道同时打开，就会打消他们的后顾

之忧，管理通道走不下去了，还可以退回到专业通道，他们就敢大胆地尝试。

就像大学，允许校长、副校长、院长这些行政领导参加专业技术职称评定，校长也可以拥有教授职称，将来有一天不当校长了，还可以退下来当教授，享受教授待遇，这样大家才敢尝试当校长。

当然，两条通道同时打开要避免管理通道的人员在评定专业通道职称时利用手中的权力徇私舞弊，构建公平的评定规则，包括必要的回避制度，否则两条通道会被领导通吃，引起员工不满。

8.16　储备干部的培养

8.16.1　对照任职资格补充能力

对于通过管理通道任职资格评定的员工，通过考查将列入储备干部序列，并进行有针对性的成长管理。

如果按做人和做事两个维度来划分，储备干部可以分成四个象限：第一象限是既会做事也会做人，这是干部的理想人选；第二象限是只会做事不会做人，这是次等人选，接近于业务骨干；第三象限是只会做人不会做事，"会来事"，这样的人具有较大的迷惑性，不应提拔，否则会带坏团队习气，大家沉迷于搞关系，玩办公室政治；第四象限是既不会做人也不会做事，这是最不合适的。

我们要培养的是第一象限的干部，这样的干部既有业务能力又有管理能力。

金无足赤，人无完人，虽然储备干部通过了任职资格评定，但在某些要素上仍可能存在不足，比如，某些知识、能力或胜任力素质上还有欠缺，这时，就要有针对性地补短板。

举个例子，假如某人的韧性较差，经不住挫折，就要对他进行一些挫折教育，比如让他接受一些挑战性大的工作，故意让其承受失败的痛苦，并找办法克服。

▶ **分享 8-5：让助理比赛请吃饭**

> 某公司老板有两个年轻助理，均通过了中级管理者的任职资格评定，将来只要出现岗位空缺，随时都可能调任某一部门级领导，但这两个助理都是女士，比较腼腆，外向性不够，不太愿意跟人打交道，沟通能力也有待提高。为此，老板鼓励她们走出去，多跟周边的人打成一片，并给她们设了一个擂台，看谁请同事吃饭多，不光公司报销费用，而且请人吃饭多的那个人算胜出，老板发红包。

这个老板很聪明，他用这种半开玩笑的方式鼓励助理们走出去，锻炼外向性和沟通能力。培养人才、历练人才的形式可以多样，不拘一格，有时候非正式的形式甚至更好，也更轻松。

思考 8-6：部门脱不开，怎么办？

张三通过了初级管理者的任职资格评定，但在能力测评中公司发现他的计划能力不够，公司有意培养他弥补这一短板，并准备把他送到生产计划部锻炼两个月。但张三现在工作很忙，根本脱不开身。如果你是人力资源部主管，能不能想一个两全其美的办法，既不耽误工作也能帮张三到生产计划部锻炼锻炼？

答疑参见封底微信号。

8.16.2 为 B 角创造练手的机会

让储备人才成长的最好办法就是"干中学"，真刀真枪地上岗，边干边学。这就要创造机会，让他们上位练手。

但管理岗位都是一个萝卜一个坑，不能两个人都当领导，同时发号施令，这就要设计好替补机制。带薪休假就是这样一个机制，当部门的正职领导（A角）带薪休假时，领导岗位就让出来了，B角就可以顶上。

还有一些企业采取轮值制度，与联合国安理会轮值主席制度类似。为了培养一个合格的 CEO，可以把四个储备 CEO 组成一个团队，每人当一个季度的 CEO，此间所有决策都是集体决策，由轮值 CEO 最终拍板。通过轮流坐庄的形式使每个人都有上位锻炼的机会，几轮下来，通过观察再选择最合适的人选。

实际上，不光 CEO，其他一些关键岗位都应该设 A 角、B 角，其中 A 角是现任者，B 角是储备人才，B 角对 A 角是一种压力，更是一种鞭策，我们要想尽一切办法让 B 角有机会上位练手，以便在关键时刻能够顶上，否则 B 角不仅能力得不到提升，还可能会遭到 A 角的排挤。

第九讲　构建高效的培训系统

9.1　员工为什么会抵触培训?

9.1.1　不爱学习是人的天性

培训是一个人扩展知识、提高能力的重要途径,也是企业提升核心竞争力的重要渠道。过去老板舍不得掏钱给员工培训,现在愿意培训了却发现员工不领情,甚至视培训为负担。为什么?

这是人的本性决定的。根据人性假设的 X－Y 理论,除极少数自动自发的人外,一般人都得过且过,不会自讨苦吃。学习要耗费脑力,不爱学习是个普遍现象。

▶ 分享 9－1:知乎上一篇文章的启发

> 知乎上曾流传一篇文章,其大意是:在这个社会中有太多的人每天疲于奔命,他们能忍受起早贪黑谋生活的苦,却不愿承受哪怕一点点学习的苦,他们认为学习是心累,而且没用,还自我安慰"读书是无用的,能值几个钱?不如上班来现钱快"。殊不知,这个社会正在严厉惩罚那些不学习的人!学习是提升一个人核心竞争力的根本所在,没有核心竞争力怎么可能发展得好呢?只干眼前那点事却不学习,就是近视眼,只顾眼前利益而忽视长期利益才是穷根所在。

当我们看透人性的这个特点后,就能理解为什么很多人不爱培训了,管理者不要大惊小怪。除非有外力的强制,或从根本上改变员工的意识,否则,多数人都会有意无意地逃避培训。

也正因为如此，做培训时尽量不要增加员工的思想负担，让他们产生"培训好累"的感觉，只有不觉得累才会不抵触培训。员工感到累的一个典型表现就是占用业余时间培训，触犯了他们的利益。

▶ **分享 9 – 2：员工最讨厌周末培训**

> 　　某公司每年要花费数百万元搞培训，但员工参加的积极性很低，要么请假，要么糊弄，培训效果很不理想。公司后来才知道问题出在培训时间上，为不影响工作，公司所有培训都安排在周末，员工则认为周末属于休息时间，不应占用。特别地，公司女员工居多，她们都希望周末在家陪陪家人，结果被赶来培训，很有怨言。老板则认为公司花钱培训，是一种福利，是帮他们提高能力，他们应该感谢公司才对。孰是孰非，难有定论，但对立情绪一直都没有得到缓解。

9.1.2　员工抵触培训的几个常见原因

1. 供求错位

其实有时候员工并不是不喜欢培训，只是不喜欢公司组织的培训，他们觉得没价值，而有价值的培训公司又不搞。一个值得深思的现象是：很多员工一说起公司的培训就蔫头耷脑；但一提起外面的培训就精神十足，他们宁可花钱参加外面的培训，也不想参加公司的免费培训。这说明员工并不是不爱学习，只是不爱学公司所提供的那些东西。

2. 形式枯燥

再好的内容，形式死板，听着难受，员工也会排斥。唐僧的话也有几分道理，但絮絮叨叨、反反复复地说，孙悟空就听不进去。这跟孩子排斥家长无休止说教是一个道理。不能把培训搞成说教。

3. 组织不当

这典型地表现在培训时间安排不科学上，要么与休息时间冲突，要么与工作时间冲突。挤占休息时间，员工不愿意；挤占工作时间，主管不愿意。

4. 反馈不够

培训的目的是学以致用，只有让员工看到培训有用，能带来价值，他们才会从心里接受培训。很多企业只注重培训的过程，却忽视了培训结果的应用，培训结束后不引导员工自觉地把所学东西应用到工作实践中，或在应用过程中不能对他们进行指导帮助。久而久之，员工就会觉得培训都是做无用功。

5. 培训没有与薪资晋升等挂钩

员工不爱培训，不重视能力提升，从根子上说，还是因为没有危机感。一个有危机感的人会抓住一切机会提升自己，而不是挑肥拣瘦。

要让员工重视培训，就必须把培训与任职资格评定、晋升、薪资等挂钩，让他们看到培训的好处。比如，通过任职资格评定，让他们看到自己在知识、能力、胜任力素质等方面存在的短板，只有通过培训才能弥补这些短板，才有机会晋升、涨薪。

6. 领导带头不学习

人都是社会动物，有学习效应，他们会模仿周边的人的行为，特别是领导、同事、朋友、家人的行为，所以要让员工重视培训，就要营造一个学习的氛围。在这方面，领导一定要以身作则，树好榜样。有的领导口口声声叫员工多学习，自己却从来不学习，培训也从来都不参加，这等于向员工传递一个信号：学习不重要，老板自己都不学，我们干吗学？上行下效。

9.2　根据晋升通道设计培训地图

现实中，我们可以看到企业培训非常庞杂：生产技能、安全管理、企业文化、管理知识、沟通技巧……那么，企业培训到底应该包括哪些内容呢？这要从培训的目的入手，有怎样的培训目的，就有怎样的培训要求。

9.2.1　素养类的通用培训

素养是一个人的底子，它虽不能立即产生效益，但对工作效果却能发挥极为重要的隐性作用。员工能力再强，不忠于企业，不认同企业文化，工作素养差，也无益于企业。要做到为我所用，就必须对员工灌输企业文化，植入工作素养，比如服从意识、团队精神、执行力。它们不分职级职系，各个岗位的任职者都应具备，所以也称素质词典。企业文化和工作素养培训，就像大学的通识类课程对所有专业的学生都适用，故称为通用培训。

9.2.2　技能类的专业培训

技能是能立即用于工作实践中的，能迅速产生效益。技能类培训要纵横分割，针对不同岗位、不同级别区别进行，因为它们的职责不同，对任职者的技能要求也不同。

如图9-1所示，从预备级开始到业务骨干，再往上就要分开走了：管理通道沿着初级管理者、中级管理者、高级管理者的序列往上；专业通道则沿着一级专家、二级专家、三级专家……N级专家的阶梯往上走。

培训内容也应该围绕晋升通道来展开，并将管理通道和专业通道区别开来：管理通道侧重于管理技能的培训，专业通道侧重于专业技能的培训。即便在同一个通道内，不同级别的培训内容也不同，比如，高级管理者侧重于战略思维培训，中级管理者侧重于团队执行力培训，初级管理者强调业务监督和指导能力培训。类似地，在专业通道中一级专家、二级专家、三级专家，直到N级专家的培训内容也不同，越往上，专业性应该越强。

9.2.3　根据晋升通道分解出若干个培训中心

图9-1勾勒了一个完整的培训地图。从新员工培训开始，到业务骨干的作业技能培训，然后分叉，先是管理通道的储备干部培训、初级管理者培训、中级管理者培训、高级管理者培训。专业通道要分各个职系组织培训，技术类、营销类、专业类、操作类等的培训重点都不同，即便对同一类，不同等级的培训重点也不同。以技术类为例，同样是研发工程师，一级工程师侧重于JAVA语言的培训，九级工程师则侧重于

架构思维的培训。

　　图9-1中的培训地图与晋升通道基本是吻合的，只不过增加了新员工培训和通用培训这两个柱石。有条件的企业可以根据这个地图把培训分成若干个中心，比如，企业文化培训中心、新员工培训中心、储备干部培训中心、研发培训中心、营销培训中心、生产培训中心等，对培训进行专业分工。

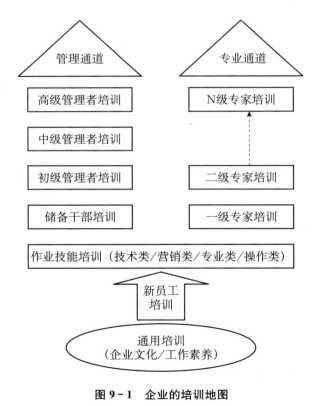

图9-1　企业的培训地图

9.3　要舍得花力气把新员工培训做扎实

9.3.1　磨刀不误砍柴工

　　很多企业不愿意在新员工培训上费力气，一方面觉得没必要；另一方面也觉得等不起，招员工来就是干活的，恨不得马上让员工上岗创造效益。殊不知，磨刀不误砍柴工，新员工培训做好了，后期收益是巨大的；反之，马马虎虎地搞，以后补都补不上，"过了这个村没有这个店"。

这就像一个孩子，家长急着让他出去打工，却舍不得花钱让他多读几年书，最后发现，越是着急让孩子挣钱的，孩子越是挣不到什么钱，因为在该学习的阶段没有机会学习，该掌握的知识没有掌握。

企业也是一样，在什么阶段就干什么事。有些事必须在新员工入职阶段做的，就在这个阶段做；必须在这个阶段传授给新员工的，就在这个阶段传授给他们，不能三步并成两步走、能省一事就省一事，这样新员工会"带病上岗"，最后还是得不偿失。

9.3.2　新员工培训的重要性

（1）通过入职培训对新员工进行二次识别，以便于人岗匹配。对于这一点，我们在第四讲曾详细论述过，不再赘述。

（2）新员工入职阶段是企业文化灌输的最佳时间点，此时他们还是一张白纸，没有被"污染"过，植入价值观相对较易，如果不在这个阶段植入，等将来他们成为"老油条"时价值观已成型，再植入就为时已晚。

据研究，小鸡被孵出来后约8天内必须听到母鸡的叫声，否则，将来它无法识别妈妈的声音。类似地，如果新员工在入职后一定时间内听不到企业文化的声音，将来它也无法识别本企业与其他企业在价值观、行为指向等方面的差异。可以说，不重视新员工阶段的企业文化培训，是很多企业企业文化导入失败的重要原因，即使后面补，也事倍功半。

（3）新员工培训是提高员工忠诚度的重要途径。新员工在被植入企业文化后会把企业的价值观作为自己的行动准则，这自然会抬高企业在他心目中的位置，提高对企业的认同感和忠诚度，这对防止员工流失是极重要的。

（4）新员工培训是锻造职场战斗力的基石。除了掌握产品知识、作业技能外，更重要的是，很多工作素养都是在这个阶段形成的，比如守时意识、服从意识、团队精神、抗压性等。不重视新员工培训，这些素质可能在很长时间内都形不成，甚至永远形不成。

9.4 新员工培训要分三个阶段循序渐进地推进

心急吃不了热豆腐，新员工培训要分层推进，一般来讲，它包括三个阶段，即初识期、过渡期、磨合期。初识期一般是指新员工入职后 1 周至 1 个月的时间；过渡期是 1 至 3 个月的时间；磨合期是 3 个月至 1 年的时间。每个阶段培训的侧重点不同，培训形式也不同。下面我们来具体阐释。

9.4.1 初识期，重在企业文化和职业素养的导入

在这个阶段，新员工要了解公司发展历程、组织结构、规章制度、业务组成、工作流程等，更重要的是，它是新员工形成对公司的第一印象的重要时期，也是新员工价值观导入的重要时期。此时，企业文化、工作素养的导入所遇到的抗拒最小，可谓事半功倍。价值观和工作素养是决定一个人工作能力和业绩的重要柱石，因此要毫不含糊地夯实。

企业文化是一个企业的基本的价值观和行动理念，灌输企业文化首先要梳理清楚企业到底要倡导什么、反对什么，员工该做什么、不该做什么，并用简单的、易懂易记的形式表达出来，比如口号、标语、仪式等。

企业文化不同，要求的工作素养也不同。如果打造狼性文化，那么从一开始就要给员工灌输服从意识、拼搏精神、团队精神，因为狼性文化强调群狼作战，而不是独狼作战。如果要打造和文化，就要灌输友爱精神、谦让精神、包容性和同理心。

有的企业强调工匠精神，那从新员工入职第一天开始就要告诉他们，事无巨细，都要一丝不苟、精益求精。另外，没有定力就不可能专注，工

匠精神也就无从谈起，所以还要强调"板凳要坐十年冷"，杜绝好高骛远。

　　这些内容都要在新员工入职时明确无误地传达给他们，否则将来员工遇到相应的情况就不知道该怎么做，甚至做错了还自鸣得意。

▶ **分享 9 - 3：员工"通敌"，不以为耻反以为荣**

> 　　每个企业都应该打造忠诚度文化，忠于组织，这是一个人最基本的职业素养。中国共产党预备党员在入党宣誓时都要宣誓永不叛党，这是忠诚度文化。
>
> 　　但很多企业就不重视忠诚度文化建设，似乎员工天生就知道应该忠于企业，也知道怎么做才算忠于企业，实际情况却并不是这样。
>
> 　　某企业的一位核心高管离职后自己开了一家公司，与原东家展开激烈的竞争，撬公司的业务，挖公司的墙脚。最令人痛心的是，很多员工还与这位"叛将""眉来眼去"，私下保持密切的沟通。IT 主管甚至把公司的服务器信息告诉了他，老板与这位主管对质时，这位主管竟不以为然地说，"就算我不说，别人也会说，再说了，这又不算什么商业机密"。老板想不通：员工怎么会这样？事做得不地道，还不觉得理亏。原因就在于，公司从来就没有对员工做过忠诚度文化的灌输，也从来没有告诉他们不要主动联系离职高管，更不能向离职人员泄露任何公司信息。如果当初公司做过这样的培训，那么就算少数员工做了背叛企业的事，至少他们也知道这样做是不对的，心里发慌，更不敢肆意妄为。

　　这就像家教，如果从小父母不告诉孩子偷东西是可耻的，那么将来孩子偷了别人的东西也丝毫不会愧疚。如果从小不建立这样的荣辱观和是非观，长大后是很难掰过来的。

　　对企业来讲，荣辱观、是非观，就是企业文化，从一开始就要给新员工讲，以后还要坚持讲，年年讲，天天讲，一直讲到他们有条件反射，转化成实际行动就不会忘记了，这时企业文化就算打造成功了。

9.4.2 过渡期，要夯实专业知识和作业技能

企业文化和职业素养导入后，身形就正了，下面还要立稳脚跟，那就是扎牢产品知识的篱笆，为将来的工作储备好动能，这需要"上手段"，用魔鬼训练来加大培训力度。

之所以称为魔鬼训练，是因为残酷程度超出想象，其作用有二：第一，考查员工的耐受性和抗压性。在超负荷学习压力下，看他怎么应对，能否应付过来。第二，夯实产品知识基础，带足弹药上战场。产品知识是高能食品，不管做销售，搞研发，还是做售后服务甚至后勤工作，熟练掌握产品知识都会如虎添翼，让人高看一眼。很多员工能力差，业绩始终上不去，追根求源，都是入职时产品知识培训不到位造成的。

有人可能觉得，我们公司的产品或服务很简单，简单学学就能掌握，不需要复杂的培训，其实，这是一种误解。任何一种产品都有它的基本原理和设计逻辑，要把它们了解透彻都有很多需要掌握的知识，比如行业知识、基本构造、工艺流程、竞品对比、本品特色、性能指标等，再小的产品里都藏着偌大的学问。

"一分汗水一分收获"，新员工要熟练掌握产品知识，轻轻松松、优哉游哉是不行的，必须付出十二分的努力。人力资源部要设计相应的机制把员工的学习潜能激发出来，使他们带着压力学习，负重前行。我很少见到谁轻轻松松就能学好的，除非天才或人精。

▶ **分享 9 - 4：培训压力快把人逼疯**

> 我见到过一家企业，为"折磨"新员工，采取近乎变态的培训模式。他们把跟公司产品有关的知识分成基本原理、工艺流程、产品结构、调试安装等七大类，然后编写了七本教材分发给新员工，白天老师讲解，晚上自习，一天讲一门课，七天后考试，用一张综合试卷考，

考试不及格的给一次补考机会，再不及格的做转岗处理或直接辞退。在如此高压下员工被逼得像疯了一样学习，但等他们走上工作岗位后发现当初的付出是值得的！因为储备的知识应对工作绰绰有余，所以大家都很怀念新员工培训时的"峥嵘岁月"。

作业技能同样需要魔鬼训练。特种兵在执行任务时会遇到各种棘手的情况，处理不当就会贻误战机甚至危及生命，所以，在特种兵刚入伍的时候，就要对他们进行严格的作战技能训练，投弹、射击、爆破、潜水、求生、搏击等，只有通过考核才能走向战场。美国海军陆战队每年都会淘汰很多新兵，就是这个环节苛求的结果。

企业也是一样，一些基本的作业技能在上岗前是需要熟练掌握的，比如，对售后服务工程师来说调试安装设备是家常便饭，为避免将来吃夹生饭，现在就要把米煮透，通过高强度培训让新员工能在规定的时间内把设备调试出来，否则就要进行惩戒，对表现好的员工则进行嘉奖。通过这种"胡萝卜加大棒"的方式迫使员工想尽一切办法尽快掌握技能。

9.4.3　磨合期，强调干中学和导师制

1. 干中学

到磨合期，新员工已经上岗，但还是个生手，为了让他们尽快进入角色，要敢于赋予工作任务，让他们边干边学，边学边干。干中学是新人成长最快的方式，这就像学游泳，说一百遍道理也不如把他扔到水里实实在在地游一回，就算本来不会游泳，求生的本能也会逼他摸索出游泳的方法。

有的企业总觉得新员工没有经验，重要的工作不敢交给他们做，越是这样，新员工越没有机会练手，成长越慢，如此恶性循环，造成的结果就是滋生出很多"小老树"：论工龄，是老员工；论技能，却一直停留在新员工的水平，似乎永远长不大。

"小老树"扎堆，一定是企业的人才培养机制出问题了，不敢大胆启

用新人。在这方面企业应该有魄力。培养新人是需要成本的，将重要工作交给他们，可能会出现一些失误，但只要不是致命的，都不必大惊小怪，关键是借此机会新人能够得到锻炼，这才是最大的收益。

▶ **分享 9－5：跑步上岗**

> 我们不必等到把 100％ 的知识和技能教给新员工后，才把他们放到岗位上去。这既不可能，也没必要，我们只需教会他们 51％ 的知识和技能，就可以扔出去干。新员工在摸爬滚打中掌握的工作技能，往往更扎实，有人把这种大胆启用新人的方式叫跑步上岗。就像军队，招募新兵后，简单地教会他们基本的军事理论和射击技巧后，就把他们派上战场，让他们在枪林弹雨中操练。不必担心学生军行不行，黄埔军校不都是学生军吗？

2. 发挥好导师的作用

当然，大胆启用学生军并委以重任，并不是信马由缰、放任自流。扶上马还要送一程，新员工在工作中会遇到各种困难，产生各种困惑，当遇到棘手问题时如果有人给他们指点一下迷津，效果会更好，这就是导师制的由来。我们应该给新员工配备导师，让导师对新员工的工作进行监督、指导、帮扶。

要让导师发挥预期的作用，还需具备如下一些条件：

首先，导师要有精力对新员工进行指导，不能打酱油。导师制最好是一对一，这样精力才有保障。导师不适合由领导来担任，因为领导的精力顾及不过来。在平均管理宽度为 6 的情况下，一个管理者的直接下属员工有 5 人，要对这 5 个人的工作进行全方位的监督、指导，谈何容易？最后只能敷衍。

其次，要解决导师的激励问题。"教会徒弟，饿死师傅"，导师天然地不会有内在动力去竭尽全力地辅导新员工。但用心教与三心二意地教，效果完全不同。怎么办？这需要设计好导师的激励机制。我们没有理由强求导师热爱新员工，也无法强制他们这样做，唯一的办法就是从利益引导的角度让导师尝到培养新员工的好处，这样他们才会从内心重视，这就要设计好像导师津贴这样的激励机制。

3. 导师津贴的设计

为激励导师指导好新员工，应设计好导师津贴。不管采取何种形式，合理的导师津贴都要遵循两个原则：

第一，津贴要源于新员工的业绩增量，而不是存量。增量才能体现出导师的价值。如果没有导师时新员工的业绩是 10 万元，安排导师后反而降为 8 万元，那么导师的价值体现在哪里呢？他是不应该拿津贴的。如果原来业绩是 10 万元，经导师指导后增加为 15 万元，那么这 5 万元增量就反映了导师的价值，他就可以拿津贴。

第二，导师津贴要足够丰厚，并足以抵补导师因指导新员工而耽误自己工作所带来的机会成本。以销售员为例，导师的时间既可以指导新员工也可以自己做销售，指导新员工必然会挤占自己做业务的时间，有机会成本，这是很多人不愿当导师或不好好当导师的原因。如果导师因指导新员工而导致自己业务受影响，损失了 1 000 元，那么你给他发 500 元津贴是不够的，因为不足以抵补 1 000 元的机会成本，他还是没有积极性去指导新员工。

思考 9-1：这样的导师津贴合理吗？

导师一般都是不脱岗的，辅导新员工是额外劳动，这份劳动的价值理应得到尊重和认可，所以应该给导师发津贴。给导师发津贴是为了调动导师指导的积极性，但怎么发呢？有的企业会发一个固定金额的津贴，比如，凡担任导师的每月发 500 元导师津贴。也有的企业规定，导师津贴与新员工业绩挂钩，并分享其业绩，以销售员为例，导师可以拿新员工销售提成的一半。你觉得这两种津贴合理吗？有什么问题？如果让你来设计，你会怎么改进？

答疑参见封底微信号。

9.5　老员工培训要抓好四个环节的工作

随着时间的推移，再能干的员工，知识也会老化，技能也会褪色，不及时充电都会跟不上发展的步伐。要阻止老员工的人力资本退化，就要不断地进行培训。一般来讲，老员工培训要分四个环节来进行，即挖掘培训需求、制订培训计划、组织实施培训、促进培训转移。

9.5.1　挖掘培训需求，要精准到位

培训是为了弥补员工在知识、技能、素质等方面的短板，要达到预期效果，首先要知道短板在哪里，这样才能有的放矢地组织培训。很多企业是为了培训而培训，甚至是为了把培训经费花完而培训，而不考虑为什么要培训，通过培训要解决什么问题。这就是盲动，效果不可能好。就像一个医生，不知道病人的病症在哪里，是不能胡乱开药的。

9.5.2　制订培训计划，要平衡好工作与培训的关系

知道了培训需求，下面就要开"药方"了，这个"药方"就是培训计划，包括培训主题、培训形式、培训时间、培训地点等。它要与受训部门沟通好，在尽量不影响业务运营的情况下开展。沟通时，双方会存在一定的博弈关系，受训部门的人可能会认为培训挤占了他们的工作时间，人力资源部门则抱怨培训都是为了他们好，办好事却落一身埋怨。

要化解分歧，最好的办法是把培训"掰碎了"，见缝插针地穿插到工作间隙，利用碎片化时间把工作和培训犬牙交错地结合起来，而不是大块地占用时间来搞大块头的培训。利用碎片化时间，也是时间管理的一个重要法则。碎片化的培训要求碎片化的培训方式，对此，人力资源部门要协助业务部门设计好。

比如，某电话销售公司要组织话术培训，就可以用现场会形式来组

织，每天下班前开个晚例会，今天哪些员工话术表现比较好，与大家分享一下，哪些员工出现了话术错误，也要拿出来与大家探讨一下，引以为戒。这些活学活用的现场培训就是碎片化培训。

今天很多企业都强调案例教学，案例教学就是一种碎片化的培训方式，不仅不会占用太多时间，还能通过员工"现身说法"提高实战效果。

思考9-2：如何提高员工的表达能力？

不少员工都有表达障碍，比如当众演讲时手足无措，汇报工作时词不达意，这会直接或间接地影响工作效率。如何提高他们的表达能力？如果安排一次专门的演讲培训，耽误时间不说，光靠一次培训也很难达到效果。如果由您来设计，那么采取何种培训形式，既不用耽误太多时间，又能长期坚持产生实效？

答疑参见封底微信号。

9.5.3　组织实施培训，要充分发挥内部资源的作用

这是执行环节的工作，但仍有很多问题需要考量，比如，如何安排师资？

一说到培训，很多人立即想到请外面的老师，"外来和尚会念经"，但实际上，这是一个极大的误解，外来和尚未必真的会念经，他们往往不如内部和尚，因为不懂企业运营，只能讲通用原理。企业培训应该以内部讲师为主，外部讲师为辅。有些知名企业甚至坚决不请外部讲师。

内部讲师包括各级领导和业务骨干，原则上，每位领导都应该给大家上课，因为领导的一项基本职能就是培养下属员工，把自己的经验和心得与大家分享。另外，领导给员工上课更有助于建立权威，因为此刻他不光是领导，还是老师，是以传道授业解惑的身份出现在下属员工面前，更容易赢得尊重。

组织培训时还要注意调动讲师特别是内部讲师的积极性，不能像抓壮丁，应付了事。有的讲师讲课时很不情愿，课件都不认真准备，甚至把课件往那一放，让学员自己看。要调动讲师的积极性，就必须解决讲师激励的

问题，比如课酬。即便是内部讲师也应支付必要的课酬，因为那是额外劳动。

另外，还要调动学员的积极性，这就需要做好两点：首先，培训形式不枯燥，不说有多喜闻乐见，至少不招人厌倦。其次，在培训组织形式上，可以做一些新鲜的设计，比如尝试一些收费制度，在心理上刺激大家的学习欲望。

9.5.4 促进培训转移，强调行为和业绩的改进

培训的目的是学以致用，不能光学不练。培训结束后人力资源部要力促受训员工把所学知识应用到工作实践中，这就是培训转移。

按柯氏培训评估模型，一个真正有效的培训应该由浅入深，在四个层面影响员工行为和绩效：第一个层面是反应评估（reaction）。受训者对培训的满意度调查，包括课程内容、教材、教学过程的评估，这是最浅的一层。有些培训现场热闹，但未必真的有用。第二个层面是学习评估（learning），即受训者是否通过培训学到相应的知识、技能、素质，这可以通过考试和操作来检验。第三个层面是行为检验（behavior），受训者是否将所学知识、技能、素质用于工作中并带来行为改进，这只能通过观察来辨别。第四个层面是成果评估（result），主要考查通过培训是否带来绩效提升，比如，销售量增加、产品质量提升、客户投诉减少等。这个最难评估，但也是最重要的。

一场培训结束，不是简单地发一张问卷看看培训现场的反馈效果就可以了，而要看后续变化，关键是员工行为改进和绩效提升。在这方面人力资源部要配合受训单位，督促后者学以致用，培训后每隔一段时间就要调查一下培训转移情况，看一看转移过程中有无困难，以及是否需要进一步的指导。

▶ **分享 9 - 6：活学活用让秘书的文书能力大幅提升**

　　某公司行政文秘的文书能力普遍较差，起草文件词不达意，三番五次被退回，经统计，平均退回率达到 4 次，严重影响工作，为此，各级领导很是头疼。后来公司将各分（子）公司、业务部门的秘书集

中起来进行培训，由一家专业机构负责。培训内容分文书起草、文具管理、会议纪要等模块，为期一个月。培训结束后，培训部要求各秘书回到工作岗位上定期汇报所学技能的应用情况、心得及困惑，并邀请培训机构重返公司指导，经努力，秘书的文书能力有了较大的提高，起草文件的平均退回率降为 1.5 次，基本达到了公司的要求。

9.5.5　培训管理的微笑曲线

制造业中有一个微笑曲线原理，说的是在任何一个价值链中最前端和最后端是价值最大的，中间环节价值最小，把它们连起来就像一张微笑的嘴。

这个原理也可以应用到培训管理中。在培训管理的上述四个环节中最重要的还是一头一尾，即挖掘培训需求和促进培训转移。试想，培训需求没找准，培训就是乱培训；培训做得再好，最后不用，也是纸上谈兵。

正因为如此，培训专员要舍得花时间分析培训需求和促进培训转移，而不是沉迷于事务性的培训组织工作。如果成天忙于印讲义、定场地、协调住宿餐饮，哪还有时间来分析培训需求和促进培训转移呢？这就是时间分配的错位，就算累趴下，价值也有限。

9.6　如何推导老员工的培训需求？

9.6.1　不要过度依赖培训需求调查

一般情况下，为了解员工的培训需求，培训专员都会做需求调查，但这只能作为参考，不能完全作为培训的依据，因为在很多情况下员工并不知道自己真正需要什么培训，不少员工就是根据直觉甚至喜好来填写调查表，价值不大。

严格意义上讲，培训需求是需要经过专业推导的。培训就像是补品，人体缺什么就补什么，不知道缺什么，补也是瞎补。

我们一般是从两个维度来推导培训需求：一是基于任职资格评定中的知识、能力和胜任力素质短板；二是根据绩效考核结果。在此基础上，再结合培训需求调查来推导培训需求。下面我们分别来阐释。

9.6.2 任职资格短板就是最直接的培训需求

培训的目的是补短板，但如何发现短板呢？任职资格管理就是一条重要的途径。员工想要沿着晋升通道往上走，就必须申请任职资格评定，评定结果会告诉他哪些要素已达到要求，哪些还没有达到，后者构成了他的任职资格短板，也是培训所要弥补的。

以某中级管理者任职资格评定结果为例，如图 9-2 所示，管理知识应达到 B 级，但实际只有 C 级，这是知识短板；计划能力应达到 B 级，但实际只有 C 级，这是能力短板；在胜任力素质中，宜人性应达到 B 级，但实际只有 C 级，这是素质短板。通过这一结果，让员工看到自己"几斤几两"，这是"照镜子"，在接下来的培训中就要补短板了，要通过各种方式充实管理知识，提高计划能力，增强宜人性。

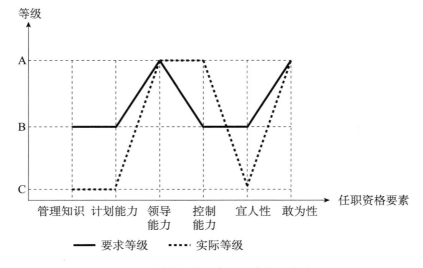

图 9-2 某中级管理者任职资格评定结果

9.6.3 组织诊断产生最迫切的培训需求

所谓的组织诊断是指根据绩效考核对员工的知识、能力、素质进行一次盘点，对那些业绩不理想的员工分析原因，找出差距。

每个月考核结果出来后人力资源部要统计一下员工的业绩情况。对那些业绩不理想的员工，要看看是这个月不理想还是持续几个月都不理想，如果是后者，就要引起关注。要统计一下这些员工的特征，从多个维度对比，找到他们业绩差的原因：如果是态度有问题，就要从激励机制的维度来解决；如果是知识、技能、素质等方面有不足，就要考虑通过培训来解决。当然，有些短板也不是培训所能解决的，只有那些必须通过培训才能解决的短板才优先考虑安排培训。

举个例子，如果通过分析发现，那些业绩不理想的员工普遍存在一个问题，那就是谈判把握不住火候，经常临门一脚错失良机，那就要有针对性地安排谈判技巧培训，把谈判中的一些关键节点及注意事项向员工讲透，并实操练习。

9.7 构建以自主学习为主的多元培训系统

9.7.1 高效率的培训系统一定是以自主学习为主的

学习好的人一般都是主动学习型的人，逼着学、被动学是不可能学多好的，这个原则应该用到培训中。培训的最高境界是引导大家学，告诉大家应该学什么，然后让他们自主学习。学习应该是启发式的，不应该是由企业来包办。怎么学、何时学、如何安排学习进度，应交给员工自己来处理，这就是自主学习系统。

自主学习系统的代表就是自学。有条件的企业，可以建立在线学习系统（e-learning），定期上传学习资料，先由员工自学，然后由老师答疑，甚至组织讨论，最后要考试。

自主学习系统特别适合于知识类短板。如果储备干部缺乏管理学基础知识，我们列一个经典的管理学书籍清单，让他们自己看。因为管理学知识并不高深，没必要在课堂上让老师带着大家读，自己看反而更容易静下心来消化。

当然，自学也不能脱离现实，一定要引导员工结合工作实际去学，在实践中检验理论知识并升华。实践的最好脚本就是案例，所以要把案例教学与自学系统结合起来。当员工自学完了之后，让他结合自身工作找一些正面或反面案例进行讨论，这样既能加深对书本知识的理解，也能活学活用提高应用能力。

9.7.2 低重心培训及其灵活性

培训未必都是集中授课的形式，那可能只占 1/10，"水无常形，兵无常势"，只要能达到预期效果，形式不必拘泥，可因地制宜，灵活调整。

知识类培训以自学为主、集中授课为辅，公司统一发放书本、光碟，或电子资料。

技能类培训以案例教学为主，通过故事会、分享会、辩论会，把成功或失败案例讲透，像解剖麻雀一样阐明作业的关键点，要尽可能创造实操的环境让员工动手实践。前面是从实践到理论，后面是从理论回到实践。

现在都强调低重心培训，要让受训员工尽可能下到业务一线，结合实操，在现场进行；要尽可能利用碎片化时间，搞"短平快"式的培训，不能太笨重，这样才能把"学"和"用"尽快结合起来。

思考 9-3：待人接物能力怎么培训？

销售员和售后服务人员常跟客户打交道，要懂得待人接物，这是一个基本的工作能力要求，但如何培养员工的这方面能力呢？如果请一个老师在课堂上教，可能很多细节都讲不清楚，员工也无法切实领悟操作要领。如果你是培训专员，能否设计一种行之有效的培训形式来提高上述人员的待人接物能力？

答疑参见封底微信号。

素养类培训可以通过军训等特殊的形式实现，比如，守时意识可以通过早上出操来培养，对屡次迟到的员工要有惩戒。

团队精神则要创造集体作业的条件，让员工感受到集体的力量。比如跳绳，虽然只是一个小运动，但要求大家精诚合作，不好好摇绳或跳动的节奏跟不上，都会影响配合。

如果要培养工匠精神，就可以给员工安排一些不起眼的小工作，故意搞得很枯燥琐碎，比如数螺丝钉，拿一大口袋各种形状的螺丝钉、螺栓、螺母，让员工归类并数数。坐不得冷板凳者是适应不了的。

思考9-4：怎么让员工不烦企业文化培训？

企业文化是一个企业的价值观与行动准则，它要告诉员工该做什么，不该做什么，这也决定了企业文化灌输很难，容易引起抵触。试想，每个人都有自己的价值观体系，对于该做什么、不该做什么，有自己的判断，如果培训的方式不当，员工即使表面上认可，内心也很可能是排斥的。如果你负责企业文化培训，你会怎么组织培训而不至于让员工厌烦呢？

答疑参见封底微信号。

9.8 如何让员工重视培训？

要让员工重视培训，制度就必须跟上，既要有激励也要有约束。激励是对认真学习者的褒奖；约束则是对不求上进者的惩戒。

9.8.1 最大的激励就是寓教于乐

任何一个学习系统，要让员工真正喜爱它，都必须有打动员工的亮点，快乐就是一个最大的亮点。谁都向往快乐，规避痛苦。如果培训能把快乐融入其中，那么它就成功了一半。寓教于乐要求培训创新，不墨守成规。

首先是培训内容创新。培训是不是只能谈工作，不能涉足其他内容？我想，答案是否定的，就像老师在课堂上讲微积分，未必从头到尾都讲微积分，也可以点缀一些其他内容，只要不本末倒置即可，或许更能燃起学生的学习兴趣。

培训也一样，10万元培训经费可以9万元都用于职业技能培训，1万元用于其他一些与工作无关但员工喜闻乐见的培训，比如，对女员工较多的企业来说，可以安排一些女性魅力、职业彩妆、亲情管理，甚至烹饪美食类的培训，把它们夹杂在职业技能培训中穿插进行，这些都是女性比较喜欢的，能改变"培训就是枯燥乏味的"这一偏见。

其次是培训形式要创新。引人入胜的授课形式对刺激学习欲望很重要。我们已多次强调这一点，不再赘述。

另外，还要尝试通过一些机制创新来调动学员的积极性。

思考9-5：培训可以收费吗?

一般人认为，免费的东西不是好东西。实践中，企业内训基本都是免费的，这可能是造成员工不珍惜培训的一个重要原因，正因为如此，有人提出内训应该收费，至少要让员工知道培训是有价值的，但也有人认为，培训是一项福利，不应收费。你认为内训可以收费吗? 哪些培训可以收费，哪些不能收费呢? 进一步地，通过怎样的形式收费能既让员工觉得合理，又调动他们的培训积极性呢?

答疑参见封底微信号。

9.8.2 培训与晋级和薪资挂钩

对那些不思进取、抵制学习的人要有惩戒机制，让他们尝到不学习的苦果。最简单的处理办法就是学分制，凡要晋升到某一级别的员工，必须修满多少学分，修不够学分就只能眼巴巴看着别人晋级、涨薪，这等于是变相地惩罚他们。

▶ 分享9-7：管理者的九级学科

> 某公司管理者水平普遍较差，但物流事业部却独树一帜，干部的

管理素养比其他部门高出一大截。老板带着大家去那里取经，发现他们居然自己开发了一套培养干部的教学方案，他们把干部分为支线物流经理、干线物流经理、部门物流经理三个层级，每往上走一级，必须修三门课，到部门级经理，共需修九门课，称为九级学科。这九门课由事业部指定教材，员工自学为主，然后由事业部定期组织学习会，大家讨论分享，每半年组织一次考试。提拔干部时先看九级学科修到了哪一级，修不够的不能提拔到对应等级。这极大地调动了大家的学习积极性，特别是那些想升职的员工，九级学科给他们指明了学习的方向。这套制度后来经人力资源部整理，在全公司推广。

9.9 把培训变成一种营销手段

9.9.1 培训只能对内吗？

一般认为，培训就是针对员工的，但实际上，如果培训工作做得好，还可以面向客户，变成一种营销手段，为销售助力。

最著名的例子就是思科的软件认证。思科公司是一家数据通信设备供应商，软件是它的强项，借力于这一优势，思科推出了认证考试和培训，由于专业性强、含金量高，思科认证的知名度在业界迅速打开，很多工程师都以拿到该证书为荣。殊不知，在这些参加认证的工程师中很多都是它的客户的技术中坚，认证和培训的过程就是思科品牌推广的过程，思科是行业内一流技术方案提供商的印象根深蒂固地植入这些人的脑海中，他们成为思科的拥趸，在设备采购过程中，一般都会坚定地支持思科。

▶ 分享 9-8：三级客户培训是客户关系的重要支撑点

某公司生产的设备具有较强的专业性，在行业内美誉度较高，在产品交付后为便于之后的维护，一般要对客户的运维工程师进行培训。

出人意料的是，由于培训精密周到、服务到位，这些人"因培训而生情"，受训后对乙方充满好感，在其后工作中都会有意无意地偏向该公司。该公司大受启发，进一步开发客户的三级培训系统，最高级的培训为期一年，次高级为半年，最低级为三个月，受训人员在培训期内全脱产，系统地接受产品培训，同时进行现场实操演练。由于高规格、严要求，参训人员大开眼界，知识和技能得到了极大的提升。当他们带着感恩的心情回到单位后，都成为该公司的粉丝。该公司但凡在招标、售后、客户关系等方面遇到问题也会找这些人帮忙。这些人被称为客户关系支撑点。

9.9.2 把培训升级为营销手段

更常见的例子是把内训和客户培训结合起来，当公司举办一次管理培训时，可以把客户也邀请过来一起参加。试想，客户也需要提升管理，但不知怎么做或没精力组织培训，如果我们请一个税务专家来讲如何合理避税或进行税务筹划，客户跟着一起听，那么既能让他们受益也能增进客户关系。

▶ 分享 9-9：军训打成营销牌

有家公司军训搞得有声有色，员工参训后既锻炼了身体，又增强了职业素养，效果很好。一传十，十传百，这家公司的军训在业界小有知名度。结果很多经销商都想把自己的员工也送来感受一下，有的甚至想把子女也送来参加军训。公司抓住这次机遇，大打军训牌，定期组织军训并邀请经销商参加，把军训作为一种营销手段来经营，经销商业绩越好，赠送的军训名额越多。很多经销商过去与公司的关系若即若离，现在通过军训与公司走得更近了，公司在军训期间通过灌输企业文化也增强了经销商对公司的认同感和凝聚力，可谓一举多得。

第十讲 优秀员工的留存管理

10.1 为什么优秀员工总留不住？

10.1.1 如何留住优秀员工，是企业面临的一个迫切课题

人力资源管理的最后一个环节是留人。优秀员工的留存管理尤为重要，甚至超过其他环节。试想，招来一个员工，一开始他什么也不懂，公司通过培训帮他把能力慢慢提升上来，他刚要发挥作用，却跑了，甚至跑到竞争对手那里跟他们联合起来对付公司。这是什么感觉？忙了半天，等于给敌人送装备！

今天，优秀员工的留存管理是企业，特别是国有企业面临的一个迫切课题。国企的薪资受到国家的严格控制，有的开不出与市场对等的工资，很多民营企业抓住这一缺点，拼命用高薪招揽人才，屡试不爽。国企的人才流失压力很大，甚至像电力系统这种传统意义上的金字招牌单位也不例外。笔者接触过东部某省电网，优秀的农电工都很难留住，因为民企也需要电工，电网刚好就是最好的电工的培养摇篮！他们就用高薪从电网挖。

▶ 分享 10-1：业界黄埔军校，是美誉还是讽刺？

　　某公司在业界颇具知名度，很多业务员在公司的历练下快速成长，积累了丰富的人脉资源后，就开始单飞，三五成群地开办新公司，并与原公司展开业务竞争，在他们的冲击下原公司的业务已呈疲态，江河日下。或许是出于对原公司的感念，这些单飞后的老板们常把原公司戏称为黄埔军校。但我们想想，这家公司为什么留不住这些

优秀员工？难道一个人能力强就一定要单飞吗？如果真是这样，微软、思科、谷歌、华为等世界一流的公司，人才济济、卧虎藏龙，优秀员工还不全跑光了？它们之所以没有出现这种情况就是因为员工留存管理到位。反过来，如果一个企业被称为黄埔军校，那么其员工的留存管理肯定是缺位的。由此看来，黄埔军校不是一种美誉而是一种讽刺。

10.1.2 忽视员工留存管理，是传统人力资源管理的一大通病

不重视优秀员工的留存管理，是人力资源管理的一大通病，在实操环节，甚至在理论上就没有引起足够的重视，这从人力资源管理的模块划分上就可以看出来。

如前所述，传统意义上人力资源管理有六大模块，唯独没有员工留存管理。模块划分是根据专业性来设置的，如果员工留存管理需要一套专门的办法来执行，那么没有这个模块也就意味着根本没有把它当作一项专业性的工作来看待。在我看来，这是很多企业留不住人的一个根本原因。

留人，特别是留那些能力超群的人，需要专业化的方法，不是靠小恩小惠的手段就能奏效的，可以说，常规手段根本不行。

我们常说人力资源管理就是选、育、用、留四大环节，如果只有选、育、用，却没有留，就会出现一个巨大的漏洞，资源就会流失殆尽。这就像一个水池，入水是招聘，加热是培育，洗澡就是使用，现在底部出现了一个大洞，澡还没洗完，水就漏光了，所以我们要未雨绸缪，提前把洞补好，但补洞是需要专业的水暖工程师来做的，它是个技术活。

如果忽视留人的专业性，公司就会很被动。举例来说，现实中很多员工从未有过离职意向，但忽有一日他们突然提出辞职，此时无论采用什么手段，都已很难挽留他们了，他们去意已决。为什么离职会毫无征兆呢？

思考 10-1：他为什么会突然辞职？

某企业有二十多家分公司，其中上海分公司是经营得最好的。五年前该分公司由一李姓员工从无到有一手组建，做大做强，至今已有 300 多人，年利润超千万元。因组建有功，他一直担任上海分公司总经理至今，年薪为 50 万～100 万元，具体视效益情况浮动。五年来，一直相安无事，这个李总也从未提及对薪资不满或离职意向，老板对他赞许有加。但就是这么一位让老板最放心的中坚有一天却突然提出辞职了，震惊之余，老板连夜赶往上海协调，试图挽留他，并提出大幅加薪的承诺，但第二天，经过慎重考虑后，他婉拒了老板的条件。一个核心高管就这样流失了。你认为此间可能发生了什么事？如果你是老板，该怎么办？

答疑参见封底微信号。

10.2　留人的五大传统手段

如何留住优秀员工？这要看员工的工作诉求，员工追求的无非是薪资待遇、发展机会、归属感、福利等，因此留人手段常被概括为：金钱留人、事业留人、培训留人、感情留人、福利留人。具体选择什么手段，要因人而异。

10.2.1　有吸引力的薪酬

人才流失的原因有多种，但排第一位的仍是薪酬，毕竟绝大多数人工作还是为了钱。薪资到不到位，不能光看绝对数，还要看相对数。你给一个员工开 10 万元年薪，够不够？这要市场说了算，如果别的企业给他开 15 万元，那就不够，这个人迟早会流失。俗话说："人往高处走，水往低处流"，这个高处就是高薪，所以留人需要做好市场薪资调查，否则，不知己不知彼，如何争夺人才？

思考 10-2：市场工资高于企业，员工一定会辞职吗？

我们发现，市场工资普遍要比企业高，一个软件工程师月薪为 1 万元，市场上可能已经到 1.2 万元了。其他岗位也类似，只要跳槽，工资都能涨一点。基于此，有的员工会要挟公司如果不涨薪就辞职走人。您认为，市场工资开得比企业高，员工一定会辞职吗？为什么？

答疑参见封底微信号。

除薪资水平外，还有一个问题就是薪资模式。那些真正有本事的人，都想与老板一样享受企业发展红利，而不是仅仅拿一点死工资，所以引入分享制薪资模式很重要。如何设计利益共享、风险共担的薪资模式，是留人环节不可回避的一个重要话题。关于这个话题，后面我们还将做重点阐述。

10.2.2 开阔的晋升通道

对那些能力强、有抱负的员工来说，绝不会只为金钱而工作，他们更想寻找一个能发挥才能的平台，即所谓的"良禽择木而栖"。很多资深员工离开企业并不是因为钱的事，而是因为事业上找不到自己的位置，发展空间受阻。

要留住能人，就必须不断地为其提供发展通道，不能让脚步停下。就像一辆自行车，停下来就会倒下。事业留人就要设计好晋升通道，打通优秀员工的晋升通道。这个问题在第八讲已多有阐述，不再赘述。

10.2.3 人力资本提升机会

对一些年轻的员工来说，更关注在未来职业发展中能否实现人力资本增值，如果能提供足够多的锻炼机会，使他开眼界、长本事，那么即便其他条件一般，他也会留下来。这要求企业要有一套吸引人的培训体系，让人不"枉来一场"。

在这方面，很多跨国企业树立了典范。"我们生产人才，顺便生产电器"，就冲着这句著名的口号，松下电器吸引了无数青年才俊。类似地，宝洁公司也以其独树一帜的培训体系而著称。即便今后员工离开企业，带着增值的人力资本走向其他职场也能获益。

10.2.4　良好的企业文化和组织支持

有的员工离职不为别的，就是因为待在这里不舒服，要么不认同企业文化，价值观相左，要么人际关系淡漠，感受不到温暖。用马斯洛的五层次需求理论来说，就是没有满足安全需求、社交需求或尊重需求。在一个缺乏关爱的组织中，开的薪资再高，工作幸福感也不会强。相反，在一些名不见经传的小公司里，老板待人和善，从不苛责员工，大家嘻嘻哈哈、乐乐呵呵，谁也不多计较什么，犯点小错也一笑了之，员工就会十分依恋公司，稳定性很强，有的人在公司一干就是十几年甚至一辈子。

感情留人在员工遇到挫折时表现得最为明显。组织行为学认为，每个人都需要组织支持，一个员工在其遇到困难时能感知到的来自组织的支持程度，决定了他的工作满意度和组织忠诚度。一个组织是否富有感情并不主要看它在员工业绩优秀或一帆风顺的时候如何对他，更重要的是看它在员工业绩不良或遭遇挫折时如何对待他。前者是锦上添花，后者是雪中送炭，显然，雪中送炭的意义要远大于锦上添花。

10.2.5　有特色的福利

有些东西可能是员工非常看重的，我们虽未察觉，但实际上已成为留人利器，这些可以概括为福利，比如，有的企业每年都组织远足，那些爱好户外旅游的人冲着这一点可能就会留下来；也有的企业经常举办一些联谊会，这对单身青年相当有吸引力；还有的企业有一支强大的篮球队，横扫社区，抓住了篮球爱好者的心；有的企业有完善的休假制度，每年能带薪休假两周，这满足了那些想要休息放松的人的心理……

人在走与留之间可能只是一念之差，一根稻草就会改变天平的砝码。

福利就像这根稻草，它虽不能改变那些"吃了秤砣铁了心"的人的选择，但对那些举棋不定的人还是能起到一定作用的，一个小小的理由就可能改变他们的决定。

▶ **分享 10 - 2：饭菜也能留人？**

> 谷歌开创了世界上饭菜留人的先河。锅碗瓢盏也能成为留人的砝码？这看似很荒谬，但细思起来并不奇怪。民以食为天，员工忙活半天，能吃上一顿可口的饭菜就是一个大大的福利，它对员工的吸引力不言而喻。笔者就曾见过一家公司，其食堂伙食在当地好得出了名，几道硬菜堪称一绝，就冲着这一点，它在招工时就吸引了大批"吃货"，很多人也因舍不得食堂饭菜而不轻易辞职，员工稳定性非常高。

福利留人还能举出很多例子。有的企业为什么要建"特色小镇"？鸟语花香之间，一列粉红色的通勤火车缓缓驶过，载着员工从宿舍区通往办公区，人们在火车上欢声笑语。那是什么感觉？这或许叫"意境留人"吧。

10.3　工作设计留人

有些员工流失是工作设计不合理造成的，比如岗位任职资格要求太高，无人能及；长期单调的工作内容造成职业倦怠；家庭—工作难以兼顾等。

10.3.1　岗位难度要适中

如果在岗位设计时，我们把过多的职责分解到某一岗位头上，就会对任职者提出太高的要求，可能会出现很少有人能胜任这一岗位的情形。而难度太大，工作做不好就会打击员工信心，造成离职倾向。

举例来说，如果销售员既要做推广方案，又要做渠道拓展、客户关系维护和产品方案（这些职责实际上涵盖了营销策划、客户经理、产品经理等多个岗位的要求，除非是具有超强能力的多面手，一般人是很难搞定这么多工作的），他本来就只擅长搞客户关系和渠道拓展，结果受困于营销策划、产品方案，工作不得心应手，屡屡碰壁，久而久之，就会找不到感觉而萌生去意。

所以在设计一个岗位时，就要把职责边界定得适中，不能太窄，也不能太宽，相应地，任职资格不能要求太低，也不能要求太高，否则会把那些能力中等偏上的人逼跑。

10.3.2　通过模块化工作设计来提高人力资本专用性

通过模块化工作设计来提高人力资本专用性本来是一条内控原则，是为了防止集权造成的过度依赖。如果作业分成若干个环节，上下游环环相扣，那么应该将这些环节分割开，由不同岗位来做，否则可能会造成任职资格要求跨度太大的问题，甚至会造成失控。

设想一下，如果某个岗位的职责边界囊括了上下游各个环节的作业，那么就会缺乏来自上下游岗位的监督，任职者就会失控，同时，企业对他的依赖性也会更大，一旦他离职，就会造成很大伤害。另外值得注意的是，员工会在多环节作业中培养起全面的技能，带着这些技能，他会在人力资源市场更加游刃有余，离职的底气更足。

基于此，在设计岗位时应尽量把工作内容分割成若干个模块，把不同模块交给不同岗位去做。每个员工只接触其中一个片段，由此积累的人力资本只是片段化的人力资本，它们只能镶嵌于公司的特殊作业链条中，离开这个链条就是无用的，所以也称为专用型人力资本。

这种方法被普遍地应用于研发人员中。我们先把研发工作切割成多个环节，每个研发人员只接触其中一个环节，这样他所积累的工作经验就只局限于这一环节，换到别的企业就派不上用场。通过这种方式可以限制员工的离职冲动。

10.3.3 减少工作的单调性和枯燥感

心理学研究表明，一成不变的工作内容会使人产生厌倦，甚至能让人发疯。富士康员工为什么会自杀？既不是因为工资低，也不是因为环境差，更不是因为受到虐待，而是流水线作业使工作内容固化，单调而枯燥，长此以往，工作就是一种折磨。有些员工甚至想去打扫厕所，只要能换个工作调节一下就行。卓别林主演的电影《摩登时代》把这种控诉演绎到了极点。

有人离职时会轻描淡写地说一句："时间长了没意思"，比如，有个女老师嫌教书工作太枯燥，写了封辞职信："世界那么大，我想去看看"，大概就属于这种情况。

为预防这种情况的出现，可以通过轮岗等机制使工作内容丰富，让员工在不同岗位间体验工作变化。但如前所述，我们要尽量提高员工人力资本的专用性，使其工作局限于少数环节。为兼顾人力资本专用性和工作内容丰富化，轮岗时应尽量在不同工种之间，且有互补关系的岗位间进行，而尽量不要在同一工种不同环节间进行。以研发人员为例，最适合轮岗的是中试、销售、产品经理或客服，但不宜在研发的不同模块之间轮岗。

10.3.4 通过弹性制来平衡工作与家庭的关系

劳动关系管理的一个重要话题就是如何平衡员工工作与家庭之间的关系。有些员工辞职就是因为要照顾家庭却腾不出精力，这在女员工中较常见。通过弹性工作设计可以缓解这一问题。

以弹性工时制为例，有些岗位是不需要打卡的，比如研发人员和销售人员，他们以完成任务为导向，不必坐班。对这些岗位，可以规定每天必须有四个小时在公司上班，其余时间自定，届时只要能提交工作成果就行。

还有一种办法就是减少工作日但延长每日工时，比如每周工作四天，但每天工作十小时，这样也能保证每周 40 个标准工时，但员工可以腾出一天来照顾家庭。

有些岗位还可以搞工作分摊制度，比如，员工甲家里有事，其工作可以交给同事乙，甚至由其家人代做。工作分摊制度适合标准型工作岗位，即只要具备基础技能，不管谁来做都不影响作业效果的岗位。显然，研发、销售、客户等需要较强专业技能的岗位不适合这样做。

为平衡工作与家庭的关系，还可以充分发挥内部劳动力市场的作用，尽量满足员工的调剂诉求，比如某员工家住在城北，但在城南上班，每天通勤成本很高，能否把他调到城北分公司？如果可以，这个人就能留下来，否则，就可能会离职。实践中，很多公司并非都如此通情达理，城北分公司缺人，还要到外面招，这边有员工想到城北分公司上班，却不予理睬，最后，外招的人未必合适，这个员工也流失了，两头受损。

10.4 组织氛围对员工流失的影响

10.4.1 复杂的办公室政治会逼走优秀员工

有的企业人际关系很复杂，拉帮结派，倾轧异己，这种复杂的办公室政治是不利于优秀员工留存的。优秀员工的精力一般都放在工作上，很少能腾出时间来搞人际斗争，他们往往力不从心，甚至沦为牺牲品，这会加速他们离去。

"人只有一双手，你要对付外部世界，就无力对付内部世界。"企业应该为优秀员工创造一块干净的土壤，不要让浑浊的空气侵扰他们。

电影《芳华》中的刘晓萍就是一个例子，她是一个优秀的舞蹈演员，尽职尽责，不招惹谁，却为战友们所不容，常常被诬陷、奚落、嘲笑。如此一个乌烟瘴气的组织令人生厌，后来刘晓萍被调到卫生连，这本来是一个处分，没想到她非但不难过还很开心，因为她早就想离开这里。现实中又有多少个企业像文工团一样，又有多少个员工像刘晓萍一样呢。

"有人的地方就有江湖，就有圈子"，每个企业都有办公室政治，这本来是一个正常现象，但要适当引导，要更多地传播正能量，"君子和而不同"，办公室政治不能失控，更不能成为坏员工拉帮结伙撒野的地方，对勾心斗角不嫌事大的员工，要抓几个典型出来严惩。

10.4.2 防止非正式组织推波助澜

组织分两种形式，一种是正式组织，另一种是非正式组织，前者是正式任命的，有正规的行权权力，后者是员工之间基于某种共同的兴趣、经历而自发形成的，它虽然没有正式任命，但影响丝毫不亚于正式组织。某人因为篮球打得好，一群球友围着他转，可谓一呼百应。几个女员工就因为聊得来，一有空就围在一起，叽叽喳喳地嘀咕，别人一过去就不吭声了。这是典型的非正式组织。

非正式组织拥有一种不可名状的影响力，管理中千万不能忽视它的存在性，否则会或明或暗地抵消正式权力的影响，并带来不可预知的结果。试想，如果某非正式团体的"头目"离职了，只要他招呼一声，一群人就会随之而去，离职冲击力瞬间放大。

▶ 分享 10-3：为什么员工会成群结队地离职？

现实中我们发现一个奇怪的现象，员工离职很少是一个一个地走，通常是一群一群地走，好像事先约定好似的，这会极大地冲击员工队伍的稳定性。这些集体出走的员工很可能存在某种千丝万缕的联系，平时却看不出来，这些联系很可能都是在八小时工作之外形成的。比如，某个人特八卦，身边就会聚集一群闲人，他的意见能对大家产生重大影响，如果他离职并散布公司负面消息，这群人可能就没头没脑地跟他跑了。

这提醒我们平时管理触角要尽可能宽，不能只局限于工作场合，还要延伸到工作外，对已经存在的非正式小团体要有所认知，适当进行干预和引导，并尽量为我所用，防止其起破坏作用。

10.5　提高员工的离职成本

尽管离职原因有多种，但最常见的还是经济原因，员工希望通过离职来获得更高的收益，比如目前年薪为 10 万元，换家公司年薪涨到 15 万元，离职能给他带来 5 万元的收益。为阻止这一行为，我们可以通过增加离职成本来降低其预期收益，甚至让它变为负值，使离职变得不划算。离职成本有显性离职成本和隐性离职成本两种。

10.5.1　显性离职成本

最典型的离职成本就是违约金。延续上述例子，如果公司前期为员工付出了高额的培训费用，于是在劳动合同内约定员工在三年内离职，需交与培训费用相当的 50 万元违约金，那么这个员工离职后 10 年内即便年薪能增加 50 万元，违约金也把它吞噬光了，净收益降为 0，他很可能就不离职了。

▶ **分享 10‒4：高昂的离职费让飞行员不敢轻易辞职**

> 飞行员是一个特种职业，航空公司培养一个合格的飞行员，需花费大量精力，成本肯定不在少数。如果辛辛苦苦培养出来后飞行员却跳槽跑到别的航空公司，真可谓竹篮打水一场空，所以航空公司面临的一个紧迫任务就是如何让飞行员不离职。它们一般在正式培训前与飞行员签订合同，约定一个服务期，服务期内擅自离职需交纳一笔巨额的离职费，算作对公司的补偿。据称，这笔费用高达数百万元。正是这笔高昂的费用使飞行员不敢轻易撂挑子走人。

离职费就像离婚费，增加了分手成本。很多腰缠万贯的富翁之所以不敢离婚就是因为怕分割财产，成本太高。离职费适用于特种岗位，需要经过特殊培训才能上岗，因此会耗费较高的成本，更重要的是，公司对这些岗位有依赖性，不设离职费就不足以震慑员工的离职冲动。

在《劳动合同法》出台前，有的企业会让员工把身份证押在公司，或直接交一笔押金，如果擅自离职，就扣他的身份证或押金，这其实就是提高离职成本。当然今天这些做法已经被叫停了，但可以换一种形式来执行。

典型的做法是年终奖的递延支付。年终奖一般都是年底发，但这会有个问题，当员工拿到年终奖后，第二年春节后很容易辞职。为避开这一离职危险期，可以把年终奖推迟到春节复工后的一段时间再发。

10.5.2 隐性离职成本

隐性离职成本也可以称为机会成本，可描述为"如果你辞职，本来该拿到的××，就拿不到了"，它虽然没让员工交罚款，却让他损失了一笔应得收益，多交一笔罚款与少得一笔收益的影响是一样的，只不过后者更隐蔽。

隐性离职成本的典型例子就是年功序列工资，它起源于日本，强调资历对工资的影响，工资随工龄增长而增长，且增长速度越来越快。假设某员工22岁入职，起步工资为1万元/月，工作满5年后为1.5万元/月，满10年后为2.5万元/月，满20年后为5万元/月，越到后面，工龄越"值钱"，工资曲线为一条带加速度的二次曲线。在年功序列工资下，工龄越长，离职成本越高，因为一旦离职，工龄就清零了，到别的公司从零开始重新计算工龄。得益于年功序列工资制度，日本企业的员工队伍就非常稳定，有的甚至是终身雇佣。

隐性离职成本还可以这样设计：公司和员工约定，如果他在公司工作满5年，届时他可以选择按1元/股的价格购买公司100万股股票，假如公司发展顺利，预计5年后每股价值能达到10元，那么5年后他选择行权，则每股赚 9 元，100 万股赚 900 万元，但有个行权条件，那就是他必须干满 5 年，哪怕提前一天走人，这个权益也会取消。

这就是期权激励，它是硅谷诸多小科技公司留人的撒手锏。试想，如果一家公司有前途，股票有巨大的增值空间，那么哪个员工会走呢？走，就意味着巨大的期权损失，同样，别的公司要想撬动这个员工，就必须给他补上期权损失。其结果是，要么增加了员工的离职成本，要么抬高了竞争对手的挖人成本，竞争对手如果挖人，可谓"损人一万，自伤八千"。

10.6 优秀员工的市值评估与预防性留人手段

10.6.1 离职风险的隐蔽性

一般企业在做员工留存管理时都是应急性的，"头疼医头，脚疼医脚"，只有当员工提出离职时才启动应急机制，平时就想不到。但我们发现，员工离职越来越具有突发性，有人从未显露出离职的先兆，某天就突然提出来了，而且一旦提出基本就无法挽留了。为什么？

员工平时不提离职不代表他对工作满意，这里有三种可能性：第一种，其实不满意，但出于各种顾虑，没有表达出来。第二种，暂时满意，但企业开的条件比市场低，只要有竞争对手开出更高的价码，马上就变得不满意。第三种，真的满意，竞争对手开不出比原企业更高的条件，或即便开出，员工也不为所动。如果把第二种称为相对满意，那第三种情况就是绝对满意。

企业最害怕出现的是前两种情况，在这两种情况下，离职风险一直都潜伏着。第一种情况的本质是"骑驴找马"，员工对工作不满意，但不明说，只要有合适机会就拍屁股走人。

对优秀员工来说，最容易出现的是第二种情况，即相对满意，本来相安无事，但半路杀出个程咬金来搅局，打破了既有的平衡。很多关键人才的意外流失都属于这种情况。这就要求关键人才的留存管理必须有提前量，不能事到临头再临时抱佛脚。

10.6.2 优秀员工的市值评估

必须知道，关键人才就像一个宝藏，放在人力资源市场上就是抢手的香饽饽，很多双眼睛都在盯着。这就像文玩市场，出来一个宝贝，各路买家马上估价并出价竞购，最后，出价高者竞得之。

优秀员工也是一样，你给他开的价码未必是市场"公允价"，他的市场价值可能高于你的出价，如果真是这样，这个人迟早要流失。试想，你给某人开 20 万元年薪，但其市场价值是 30 万元年薪，等于你少付了 10 万元，他可能不知道，所以暂时相安无事，一旦竞争对手看到这个缺口，愿意出 30 万元年薪来挖他，你在薪资上的劣势马上就显示出来，这时你再增加 10 万元可能也于事无补，因为竞争对手一旦启动挖人，都志在必得，会不断加码，甚至赠送股权，这时人就很难留住。所以关键人才的留存管理重在平时，要做好预防，不给竞争对手下手的机会，让"苍蝇"找不到"缝"。怎么才能做到呢？

首先，要对员工进行 ABCD 分类，A 类员工是一定不能流失的；B 类员工尽量不流失；C 类员工流不流失均可；D 类员工是应该淘汰的。要集中资源重点做好 A 类员工的盯防和留存管理，同时适当兼顾 B 类员工。

然后，对 A 类员工做好市值评估。在人力资源市场上，他究竟"值"多少钱？换言之，如果有竞争对手来挖他，最高会出什么价码？这个价码与我们给他开的有多大差距？我们要做到心里有数，但要掌握这些信息可不是件容易的事，人力资源部要做好充分的市场调研工作，开通各种信源收集信息。

最后，知道了差距，就要采取一些必要的措施了，该提前动手就要提前动手，越早越主动。

10.6.3　预防性留人手段

采取预防性留人手段的目的是把员工的离职风险扼杀在摇篮里，而不是等竞争对手出手后才被动应招。如果通过市值评估我们发现某关键员工的市场价值比目前公司所开的年薪高出一大截，那就要引起警惕，该主动涨薪的就要主动涨薪。企业要有这个魄力，特别是对那些被视为"四梁八柱"的核心人员，不要舍不得花钱，否则因小失大，得不偿失。

▶ **分享 10 - 5：金融危机中华尔街高管年薪不降反升**

> 2008 年金融危机极大地冲击了华尔街，许多投资银行面临巨大的经营困境，大家都在想那些拿着高薪的高管们这下该要降薪了吧，结果让人大跌眼镜的是，这些高管们年薪非但没有下降，反而还普遍上涨了 30%。为什么？原因很简单，老板们早就意识到，一个企业经营困难的时候往往就是人才流失最剧烈的时候。面对金融危机的冲击，很多国家的金融机构都摩拳擦掌，准备到华尔街来挖人，与其等它们来开出高薪，还不如自己先把那些核心高管们的年薪涨上去，让竞争对手下不了手。正是这一举动吓退了竞争对手，确保了高管团队的稳定。

10.7　股权激励留人

10.7.1　股权激励对关键人才的吸引力是无法代替的

从完整意义上讲，薪酬应该包括短期薪酬、中期薪酬、长期薪酬三个组成部分，短期薪酬为月工资，中期薪酬为年终奖，长期薪酬为股权激励等分享型收益。股权激励对关键人才的留存作用已越来越明显。

在今天的知识资本化时代，"无股不富"的思想已越来越深入人心，那些年富力强、野心勃勃的员工都想通过持股一夜暴富，他们不再满足于小打小闹的工资和年终奖了，更愿意凭借自己的能力和努力，与企业共担风险、共享发展红利。但很多企业尚未认清这一趋势，仍沉迷于工资和奖金设计，鲜有引入股权激励的，这是造成人才流失的一个重要原因。

几百年前晋商就知道通过股权激励来留存能干的伙计，只不过当时普遍使用的是身股这种形式，用今天的话说，就是虚股激励。

▶▶ **分享10 - 6：为什么创二代搞股权激励的压力更大？**

> 我每年都会在福建、广东一带讲股权激励课，给我印象最深的一次是在厦门，当时班里有很多知名企业的接班人，就是所谓的创二代。这些小家伙说，父辈们打天下难，他们守业更难。当年与父辈打拼的老员工要求都很简单，管吃管喝，工资开高点，年底再包个红包，就很满足了。现在的年轻人可就不一样了，心气高得很，有点本事的都想"干一票大的"，没有股权激励这样的分享机制，很难拴住他们。

10.7.2 股权激励的分享机制让员工欲罢不能

股权激励的最大作用就是打开想象空间，让员工看到和企业"一起暴富"的希望。打工者与合伙人的最大区别就是有没有机会分享企业的发展红利。

企业的发展红利有两种，一是利润，二是增值，相应地，股权激励方式也有两种，一种是利润分享型，另一种是增值分享型，当然，也有两种兼具的。

利润分享型股票有多种形式，典型的如岗位股。举例来说，某企业对厂长设10万股的岗位虚股，占分红的10%，不管谁担任厂长，只要业绩达到要求，就可以分得公司利润的10%。"人在股在，人走股没"，对岗不对人。

岗位股能起到三个作用：第一，能提高厂长岗位的吸引力，让那些优秀人才想当厂长、争当厂长。有些企业，员工不愿当官，只想干自己的那一摊子事，关键就是因为当官费心，却得不到足够的利益补偿。利润分享能在很大程度上解决这一问题。第二，能极大地调动员工的积极性。第三，能起到留人的作用，因为一旦离开公司，员工就将失去分红权利，这构成了离职的机会成本。

利润分享型股票只能分享利润，却不能分享增值，这不能满足一些野心大的员工的胃口。在他们看来，增值的利益远大于分红，就以年利润达1 000万元的企业为例，即便把所有的利润都分掉，在上述例子中，10%也只能分得100万元，五年也只有500万元，但一旦企业上市或被高价收购，10%的股份所带来的增值收益可能是数千万元、数亿元，甚至数十亿元，所以仅仅靠分红型虚股还不够，还要辅以增值型股票。

思考10-3：增值型股票只能是实股吗？

一般人认为，虚股只能分享利润，就像身股；实股才能分享增值，就像银股。如果真是这样，那么在设计股权激励模式时就会陷入两难境地：要留住关键人才，必须让他们分享增值，但如果搞实股激励，可能会面临诸多制约，比如实股额度已经用完，实股会分散企业的控制权，实股有潜在的法律风险等，因此很多企业对搞实股激励很忌惮。您认为要让员工分享增值就只能搞实股激励吗？进一步地，您能否设计一种虚股激励模式，既能让优秀员工分享利润，又能分享增值，同时还能规避实股激励所带来的各种问题？

答案参见作者的另一本著作《股权激励十八讲》。

总之，不管是通过利润分享型股票还是增值分享型股票，股权激励都把员工和企业拴在一起，成为利益共同体，员工既有奋斗的动力，也不会贸然离职。老板要有这个格局，不要因怕失小利而终失人才，正所谓"财聚人散，财散人聚"。

10.7.3　股权激励的约束作用让员工不敢肆意离职

激励机制与约束机制总是相伴而行的，如果只有激励机制，没有约束机制，那么面对员工的离职挑衅，企业将非常被动，毫无还手之力。

股权激励就像一柄双刃剑，它既可以激励员工，也可以约束员工，让员工有所忌惮。以递延支付股为例，它把员工的一部分风险收入转换成股票，与公司绑在一起。比如，某总监的年终奖为40万元，其中20万元用现金发放，余下20万元以股票形式发放。为提高其购股积极性，可折价购买，如目前公司每股净资产为5元，可以打八折，按每股4元购买，20万元可以转换成5万股股票。这些股票可以参与分红，但有一个锁定期，锁定期内员工不得擅自离职，否则股票不予兑现。

以上是实股激励模式，一般来讲，实股激励必须由员工出资，不管是缴付现金，还是以风险收入来抵补，都具有押金性质，只不过相对于传统的押金来说，它有分红权和增值权，因此更容易为员工所接受。

股权激励要体现恩威并重的原则。因为实股激励将来有变现风险，所以员工对此有所顾忌，为打消他们的顾虑，可以承诺一定的收益率，比如锁定期满，企业将按不低于购买价的1.5倍回购股票，也就是保证员工至少获得50%的收益率，在这种情况下员工就可能会为了这50%的收益率而购买公司股票，并自愿地套上"枷锁"。

思考10-4：实股不赎回的潜在风险该如何处置？

凡实股股东都享有《公司法》所赋予的权利，比如表决权、知情权、召集临时股东会等权利，如果离职时股份不赎回，就可能会埋下很多法律上的隐患。假设某高管通过股权激励成为实股股东，他擅自离职，老板一怒之下不给他变现，高管带着这些实股离职将是非常危险的。举例来说，万一哪天公司要贷款，而银行要求全体股东在贷款合同上签字，那么这个高管就可能会卡公司的脖子而拒不签字。现在老板犯难了：给他变现吧，是纵容恶意离职；不给他变现吧，又怕他后面搞破坏。面对这一情况，你有什么两全其美的处理办法吗？

答案参见作者的另一本著作《股权激励十八讲》。

10.7.4　股权激励的十个关键内容

作为员工留存管理的一个重要手段，股权激励具有很强的专业性，涉及人力资源管理和股权设计的相关知识，是典型的复合领域。股权激励模式设计得好，能发挥激励员工、留存员工的作用；设计得不好，可能会适得其反，甚至会加速关键人才的离职。

▶ **分享 10 – 7：实行股权激励后，员工怎么跑得更快了?**

> 　　某公司从事特种行业，利润十分丰厚。为留住人才，老板决定对包括总经理在内的 5 位高管进行股权激励，并采取虚股激励的形式，其中，总经理获得公司 10% 的分红权。实施后的第一年，总经理分红近 1 000 万元，欣喜若狂，对老板感恩戴德，但老板心里打鼓了，以前这个总经理年薪不过 200 万元，现在光分红就拿了上千万元，总觉得他不值这个价，但既已承诺，就只能硬着头皮给。
>
> 　　第二年，老板留了个心眼，通过财务上做手脚，把利润做下来，总经理分红降至 500 万元，虽数字仍很可观，但总经理已心生怨气，双方心知肚明，隔阂已经产生。第三年，老板继续做低利润，总经理分红进一步降至 300 万元。双方矛盾终于爆发，总经理一怒之下辞职走人，他觉得老板不讲诚信，在利润上做手脚，老板也感到很委屈，他觉得就总经理的贡献来说，最多也就值 200 万元年薪，给数百万元分红已是格外开恩了，他怎么还不识好歹跑了呢? 这是我遇到的一个真实的故事。这个老板对我抱怨说，为什么不搞股权激励，人还好好地在这工作，搞股权激励，分了那么多钱，人还负气出走了呢? 真是赔了夫人又折兵。

从这个案例可以看出，员工留存管理并不是"一股就灵"的，只有好的股权激励模式才能发挥预想的效果。

一般来讲，股权激励要处理好如下十个问题：

（1）激励对象包括哪些人？人数不能太多，否则又是撒胡椒面，每个人的激励额度都上不去，股权激励就会失去吸引力。

（2）激励模式。股权激励少说有几十种激励模式，但万变不离其宗，根本的还是三个维度的问题，即实股与虚股，静态股与动态股，只奖不罚与奖罚对等。这就像一个魔方，三个维度组成六个面，六个面又可以组合出千百种图案。每个企业情况不同，适合它的激励模式也不同，不能照搬照抄。股权激励的技术含量主要就体现在这个环节。

（3）激励额度。究竟拿出多少股份或分红权给激励对象？这需要结合公司的股权规划以及激励对象的薪资结构来进行，不能拍脑袋定，否则就可能会失控。上述案例就属于这种情况。老板心里要有数，激励对象的目标收入应该在怎样一个区间，刨除工资、奖金，剩下的部分就是通过股权所能获得的收益，由此反推出激励额度。

（4）有效期。从决定授予股权激励的第一天起，到激励对象拿走股权激励的全部收益，中间应该间隔多长时间？如果没有这个概念，把股权立即给员工，将来可能会悔之不及。员工需要一段时间来证明自己的业绩，因此，股权激励也需要一个周期，不宜太长也不宜太短。

（5）行权速度。"一万年太久，只争朝夕"，如果股权激励有效期太长，而且要等到有效期结束时一次性行权，那么就会影响激励的及时性，解决办法就是在有效期内分几次行权，但每次行权比例定多少呢？鉴于工作负荷的分布规律，我们一般不提倡匀速行权。

（6）行权条件。股权激励不能无条件实施，它是有要求的，一般包括两类：一是时间条件，即有效期，在有效期内离职的股权激励自动取消。二是业绩条件。达到预期的业绩条件才能拿股权激励，否则无功不受禄。不设或乱设行权条件，是很多企业股权激励失败的重要原因。老板觉得员工不值这么多钱，员工觉得老板耍赖，最后两败俱伤。

（7）行权价格。股权激励不能白送，特别是实股激励一般必须要员工出资，他才能"感到疼"，才能真正起到绑定作用，但究竟让员工出多少资合适呢？这很有讲究，作价太低了，员工不珍惜；作价太高了，员工不认账。一般以每股净资产为基础打个折扣，折扣率与业绩挂钩。

（8）激励来源，包括实股和资金的来源。如果是实股激励，就要考虑实股从哪里出。实股无非有两个来源：要么是存量股票，由原大股东出让；要么是增量股票，定向增发，相当于原股东同比例稀释，因此原股东未必同意。另外，实股激励需要员工出资，资金从哪里出？如果员工没钱，该怎么解决？

（9）退出机制。如果是实股激励，待有效期满或员工离职时，股票该怎么变现？由谁来接盘？如何定价？这个问题不解决，员工心里就不踏实，他不知道将来买股票的钱能不能收回来。很多企业搞股权激励时不说清楚退出方式，导致员工不敢持股。

（10）持股平台。股权激励不一定非要持有公司本身的股票。为避免将来可能出现的股权纠纷干扰企业运营，同时，也为了减少创始人的控制权流失，一般会设一个持股平台，把激励股权搬到持股平台上。持股平台以有限合伙企业居多，也有其他形式。这个平台该怎么设计？

以上内容，需要专门的解决方案，限于篇幅，这里就不再详细讲解，有兴趣的读者可以参看我的另一本著作《股权激励十八讲》。

10.8　其他的金手铐设计

10.8.1　金手铐是一种善意的枷锁

金手铐是留人手段的统称，顾名思义，它们是一种善意的枷锁，会提高员工离职的成本，迫使他们在离职前三思而后行。金手铐有多种形式，从本质上说，股权激励就是一副金手铐，但并不是每个企业都适合搞股权激励，对那些不适合搞股权激励的企业来说，还要设计其他一些形式的金手铐。

举个例子，我们可以把某些福利设计成金手铐。先设一标的物，只要你干满多少年，就把它奖励给你。过去政府机关、事业单位、国企常用这种手段来留人。比如先分给某员工一套房子，再约定一个期限，在此期限内只有使用权没有产权，期满后再过户给他，此前离职的就失去所有权，这构成了他的离职成本。当然，在目前的社会诚信度情况下，为保护双方的利益，企业要和员工签订协议并进行公证。

有的企业为了留人，甚至打起孩子的"主意"。每个人都会面临子女教育的问题，特别是那些想把子女送出国的人，一愁没渠道，二愁没钱。针对这一情况，公司统一联系好出国渠道，把这些孩子集中起来一起送到国外某寄宿学校培养，因为解决了孩子们的教育问题，自然就把父母们拴在了公司。至于费用，先由公司垫付，只要在公司干满多少年就不用还了。

10.8.2 以补充商业保险和企业年金为例

对于关键人才，还可以在基本养老保险之外再为他购买一份补充商业保险以保证退休后收入水平不下降。举例来说，如果某员工的月收入是2万元，按基本养老保险计，退休后每月退休金只有5 000元，但企业购买的那份保险能使退休金再增加1.5万元，这样能保证退休后收入水平不下降。但领取补充商业保险有个条件，那就是必须干到退休，此前离职的一笔勾销。

思考10-5：企业年金该怎么设计？

除股权激励、补充商业保险外，企业年金也是留存员工的一个重要手段，其操作手法与补充商业保险类似。举例来说，如果某员工现在月标准工资是1万元，由企业为其设立一个年金账户，每个月向这个账户缴存一定金额的年金，比如为月工资的20%，即2 000元，但员工不能即时提取，只能在账户内滚存。企业与员工约定，只有员工工作满10年后才能提取，届时账户将存足24万元。对一般人来讲，这具有足够的吸引力。

但员工哪怕提前一天离职都将失去这笔年金，这构成了离职成本。问题是，有人认为 10 年太长，员工可能失去等待的耐心，假如有个员工工作已满 3 年，年金账户已存 3.6 万元，数字虽不小，但还要再等 7 年才能支取，该员工可能就一狠心不要了。但对企业来说，设计年金就是为了留住员工，如果时间太短，就失去了意义。面对这一矛盾，该如何处理呢？

答疑参见封底微信号。

10.9　留存管理的另一面是淘汰管理

10.9.1　只有正确地淘汰才能合理地留存

企业就像一个水池，有进水，也要有出水，只有流动起来，才能保持水的新鲜度，这就是所谓的组织新陈代谢。类似地，要留住优秀的员工，就要淘汰不合格的员工。从一定意义上讲，只有正确地淘汰，才能合理地留存，淘汰机制的设计也是员工留存管理的一个重要组成部分。

设计淘汰机制首先要界定淘汰目标。如前所述，先要对员工进行 AB-CD 分类，A 类员工是必须留存的，D 类员工是应该淘汰的，这是两个极端。那么哪些员工应该被率先淘汰呢？就是那些"有才无德"的人，这些人态度不端正、价值观扭曲、散布负面情绪、滋生是非，其组织破坏性甚至大于"无才无德"的人。当然，也有一些"好人"会被打入"冷宫"，比如，有些员工人品没问题，但不认同企业文化，不适合企业生存土壤，"志不同，道不合，不足与谋"，也要淘汰。

▶ **分享 10 - 8：分手看人品**

> 有的人特别善于伪装，平时看上去温良恭俭让，但骨子里其实素质很低，关键时刻才会露出"狐狸尾巴"。什么是关键时刻？那就是涉及他的利益的时候。有德的人，不管有利益无利益，都会坚守自己的做人底线，该怎样做就怎样做。无德的人则相反，有利益，就处心

积虑地巴结别人，极尽讨好之能事；没利益，就转身走人，翻脸比翻书还快。从一个员工的离职表现可以反推他的人品，因为离职了以后就不会再有利益关系了，这时表现出来的就是他的真性情。有德的人，就算再心有怨气，也会有条不紊地做好工作交接；无德的人，为"赶下一个场子"，工作交接就会马马虎虎，甚至不交接，更有甚者，能把电脑拎走，然后把公司的人屏蔽，玩"人间蒸发"。这样的人不管是主动辞职还是被动辞退，都早走早好，否则迟早会出问题，正所谓"靠谱的人千篇一律，不靠谱的人各掉各的链子"。

"君子坦荡荡，小人长戚戚"，当面对一定程度的员工流失时，企业不要惊慌失措，甚至怀疑自己。现在国家强调道路自信、制度自信、文化自信，企业也要有自己的管理自信！只要管理规范，问心无愧，合理范围内的员工流失是正常的，甚至是好事。

淘汰机制有两种：一种比较硬，另一种比较软，前者不考虑员工的感受，直接下逐客令，这对员工伤害较大；后者则是通过各种方式与员工达成"分开更好"的共识，好聚好散。我们不提倡前者，建议企业尽量用后一种方式。

10.9.2　硬淘汰逼出战斗力

末位淘汰就是一种硬淘汰，它依据强制分布理论，认为不管员工怎么努力，业绩怎么好，终归有一部分员工是不能胜任的，应予以淘汰。就像学生考试，就算分数都很高，也不能认为是人人都学得好，而可能是题出得太简单了，垫底的那几个也要刷下来。末位淘汰坚持"宁可错杀，不能漏杀"的理念，所以争议较大。

硬淘汰强调"以成败论英雄"，"成王败寇"，功利性强，人情味淡，但在极端情况下确实能调动人的潜能，激发出战斗力。

▶ 分享 10 - 9：市场部要学学苏联红军

"慈不带兵"，是企业家常挂在嘴边的一句话，大意是婆婆妈妈、柔情似水，成不了大事。对员工特别是对销售人员要"心狠"，不胜任的要坚决淘汰，否则不足以传递压力，逼出战斗力。有的企业会对业务进行分类，其中 A 类业务是必得项目，绝不能丢单。它们通常是口袋型项目，只要第一批拿下了，后续项目都跑不掉，所以意义重大。为了让业务员充分重视，公司规定凡 A 类项目丢单的，项目组所有成员就地解聘，不论多优秀，也不论过去业绩多好。这是一种恐怖的"死亡威胁"，产生了极大的震慑作用，他们会拼死攻城夺地，效果奇佳。

这个做法实际上是效仿二战时苏联红军的做法。当时面对德军的步步紧逼，苏联红军士气低下，节节败退。为遏制畏战情绪，重整旗鼓，苏联统帅部对参战部队制定了严苛的军纪，在一些重点防御、势不能丢的城市，守城部队必须严防死守，一旦城市易手，守城官兵将按一定比例执行军法，甚至当场处决。"战也是死，不战也是死"，这种必死决心极大地激发了士气，提高了战果。

10.9.3 软淘汰化敌为友

今天淘汰员工已非一件易事，特别是自 2008 年《劳动合同法》出台后，企业解聘员工将面临更多的限制条件，不消说胜任力不够，就是明显调皮捣蛋的员工，只要没有真凭实据，也很难辞退，令老板头疼不已。

面对这种局势，今天淘汰机制要"软化"。就像血管，只有软化，血液循环才能通畅，才不会出现梗阻。

有些员工之所以跟企业"闹掰"，对簿公堂，并不一定是因为钱的事，而是心气不顺，觉得企业太薄情寡义。这大没有必要。从严格意义上讲，企业之所以淘汰一个员工，是因为他不适合企业，反过来，企业也不适合他，留在企业里，不仅对企业不利，对他也没好处，如果员工明白这一道理，出于自身发展的考虑，他会接受劝退，甚至会主动提出辞职。这就像婚姻，两个人不适合在一起生活，分开对双方都是一种救赎，理解了这一点，就不会打得头破血流。

所以在我看来，凡是企业因辞退员工而闹得鸡飞狗跳的，企业和个人都负有一定责任，不能把责任一股脑地推给员工。有些人自以为聪明，设计一些让人知难而退的"良策"，比如，把人家的办公桌放到过道里甚至厕所对面，这种小把戏只会伤害员工的自尊，激起对抗情绪，还是少用为好。

办企业就是办江湖，多一个朋友总比多一个敌人好。淘汰员工，要尽量化敌为友，不要四面树敌。我们希望员工带着感恩的心情离职，而不是心生愤懑，伺机报复。

柔性的淘汰机制，需要做好事前、事中、事后三个环节的工作。

（1）事前，让员工知道他为什么不适合企业，离开企业不仅对企业有好处，对他的职业发展也是有益的。要"晓之以理，动之以情"。在有必要的情况下，可以安排专业的心理人员进行心理疏导，这就是 EAP（employee assistance program，员工帮助计划）。每年我招录博士研究生时，对那些情绪低落的落榜考生，也会与之沟通，告诉他们问题出在哪里，以后怎么努力。毕竟，被淘汰是难受的，我们要理解他们、同情他们，尽量减少他们的心理负担，这是做人的起码良知。如果能做到这一点，我想多数人是不会怨恨的。

（2）事中，要按照《劳动合同法》的相关规定，给予员工必要的赔偿，甚至宁可多给一点，也不要省这个钱，图个心里安宁。"宁可天下人负我，不要我负天下人。"

（3）事后，企业可以在自己能力范围之内，为员工联系下一份工作，比如，有的企业会通过上下游供应商为员工推荐就业机会。不管成不成，员工都会心存感激的。当然，如果能通过内部创业来解决离职员工的出路问题，那就更好了，但这大多只适用于那些层级较高、能力较强的员工，如果不妥善安置，他们可能会另起炉灶，干出危害企业的事情。

思考 10 - 6：该如何处理 35 岁以上的员工？

每个企业都强调组织活力，但再有战斗力的员工，随着年龄增长，家庭牵挂增多，都会滋生"过安稳日子"的想法，斗志会下降。据统计，35 岁是个拐点，过了这个年龄，顾家的想法会越来越浓，对工作上的派遣特别是出差、出国等派遣就愈发不能接受。面对这一情况，有的企业为永葆奋斗者本色，会设法辞退一部分 35 岁以上的员工，用新鲜血液来维持组织活力。但这一做法遭到很多人的质疑，毕竟这些老员工为企业贡献了青春，兼顾一下家庭，是人之常情，无可厚非，现在却被企业抛弃，太不近人情。你认为，该辞退这些员工吗？如果你是老板，面对这一情况，你会怎么办？

答疑参见封底微信号。

第十一讲　离职员工管理

11.1　离职员工也需要管理

11.1.1　几乎每个企业都被"白眼狼"伤害过

有一种人俗称"白眼狼"，他们不知感恩，冷酷而无情，隐忍却歹毒。别人对他千日好，他不曾记得，一天稍不顺心就翻脸不认人，伤害别人，心里却没有丝毫的愧疚。这在人格特质中叫精神病态。

几乎每个企业都遇到过这样的"白眼狼"，都被他们伤害过。

笔者曾接触过河南省的一家大型食品企业，它的三位业务骨干离职后开办了一家新的公司，业务与原公司完全相同，他们用非常规手段抢夺客户，短短几年时间内就超过了原公司，后者自此一蹶不振。这种现象在食品、贸易、服务业、软件等行业中是非常普遍的。

▶ **分享 11 - 1：野火烧不尽，春风吹又生**

> 资料显示，中国软件企业普遍做不大，上百人的软件公司就算是大型的了。为什么？因为一旦做到一定规模，积累了一定资源，一些老员工就开始动歪脑筋，掀起辞职潮，然后自立门户单干。据统计，中关村一年倒闭的公司有近 500 家，但新创立的公司有近 700 家，都是倒闭公司员工出来开办的，正是因为他们出来单干使原企业加速倒闭，这种"野火烧不尽，春风吹又生"的格局，看似欣欣向荣，实则两败俱伤，员工都如法炮制，最后谁也逃脱不掉被旧部碾压的宿命。

11.1.2　哪些员工离职后需要管理？

对离职员工进行管理是人力资源管理的最后一步，但最后一步并不意味着它不重要。

很多人认为，既然员工都离职了，与企业就没有关系了，也就无所谓管理了，大路朝天，各走一边。这种想法是错误的。对一些关键员工，离职后仍要进行必要的干预，否则企业很容易受到伤害而束手无策。

有几类人员需要格外关注：一是高管。他们熟悉企业的运营流程，离职后容易带走团队，另起炉灶，跟公司对着干。二是核心业务人员。他们掌握销售渠道、客户资源，离开公司后既可能单干，也可能为竞争对手所利用。三是核心技术人员。他们利用公司的平台资源进行研发，却将成果据为己有，一旦离职就可能会先公司一步对这些成果进行商业化应用，进而威胁老东家。四是其他一些涉密人员。比如会计、IT 管理人员，他们掌握公司的一些核心数据，岗位虽不重要，但涉密资料的密级很高。比如，有的会计离职后会利用公司的税收瑕疵讹诈公司，大致就属于这一类。

▶ 分享 11 - 2：离职高管怎敢如此嚣张？

某企业是做特种服务的，这个行业圈子很窄，由于专业性强，优质员工稀缺，基本都是封闭循环，就在几家大的企业之间跳来跳去。2016 年年底该公司的一位资深副总裁辞职，就在同一座写字楼内开了一家公司。一开始为了快速组建团队，他打起了老东家的主意，且丝毫不顾及颜面，居然让几个手下每天早上上班时间守在电梯间，向原公司的员工派发传单，明火执仗地抢人。这个原副总裁还亲自上阵给一些核心业务骨干打电话，劝他们反水。更恶劣的是，他还频频联系客户，通过电话、邮件、微信等形式把原公司的一些不便告人的秘密抖搂出来，并承诺只要与他合作就给予怎样怎样的优惠。对这种明目张胆的不义之举，公司上下都感到义愤填膺，但无计可施，毕竟，他没有犯法。

显然，如果离职员工严重危及公司的核心利益，企业绝不能睁只眼闭只眼，听之任之，必须进行强有力的干预。但这种干预比较特殊，毕竟员工已离职，企业并不拥有对其进行管理的行政权力，干预必须前移，不能等侵害行为发生了再来进行。因此，从本质上讲，离职员工管理是一种预防性的干预措施，是防患于未然。

11.2 离职前的脱密管理

企业最忌讳的是员工突然辞职，甚至不辞而别，因措手不及，运营很可能会遭受冲击，因此《劳动合同法》第三十七条对员工辞职有提前量的要求，即需提前 30 日以书面形式通知用人单位，试用期员工则需提前 3 日。

但这只适用于普通员工，对一些涉密岗位，特别是那些掌握技术资料、产品配方、生产工艺、货源情报、营销策略、客户资料、管理诀窍等商业秘密的员工，离职前要做脱密处理，一个月时间太短，脱密不彻底，所以时间要延长。

相对于竞业禁止条款，脱密管理是在员工离职前采取的预防措施，是前向的；而竞业禁止条款是员工离职后采取的措施，是后向的。

脱密管理涉及两个内容：一是脱密期；二是脱密措施。

11.2.1 脱密期

所谓的脱密是指员工在正式离职前从原涉密岗位被调到非涉密岗位，此间不再接触涉密信息，等过了脱密期才能离职。可见脱密期与提前通知期类似，是一个缓冲期，在这个缓冲期内企业对员工"消磁"。

脱密期的长短与岗位涉密内容和涉密程度有关。显然，涉密程度越深，涉密内容越复杂，脱密工作量越大，脱密期越长，但一般不超过 6 个月。

对于涉密员工，公司应与之签订保密协议并明确约定脱密期，在脱密期内，员工不得离职，离职前必须进行脱密处理，否则可以对其追责并提请仲裁。

脱密期可视作员工离职的倒计时，它与劳动合同的到期时间密切相关，因此脱密期设计应与劳动合同的期限管理挂钩，不宜单独进行。

人力资源部门在做劳动合同管理时有一项重要工作，那就是合同期限的规划。对涉密岗位，在规划劳动合同期限时还要考虑脱密期的影响。举例来说，某涉密岗位招聘一员工，公司希望应聘者在该岗位上服务 2 年以上的时间，但考虑到将来离职时至少要预留 6 个月的脱密期，那么，劳动合同期限至少要为 2.5 年。

11.2.2　脱密措施

所谓的脱密措施是指当将员工调离涉密岗位后，如何对其进行"消磁"？就像卡片消磁一样，这里有两种办法，一是自然消磁；二是人工消磁。

（1）自然消磁。这适用于时效性较强的技术类信息。在软件、通信工程、IT 服务业等领域，技术变革很快，可谓日新月异，很多技术秘密，过一段时间后就自动丧失价值，甚至不再是秘密，这为脱密提供了天然的漂白剂。

以某研发员工为例，在 6 个月的脱密期内被调离研发岗，不再接触任何研发信息，他所掌握的资料全是之前的。在这 6 个月的时间里，公司的研发进展很快，旧信息在贬值，他所掌握的信息已不再是秘密，甚至已对外公布，比如源代码已成为共享代码，而新的有价值的信息，他又一无所知。此时，他离开公司就不再可能形成伤害，这 6 个月就是安全缓冲期。

（2）人工消磁。这主要适用于时效性差的营销类、工艺类、管理秘诀类信息，在较短时间内不太可能改变，如果不进行特殊处理，在脱密期后，员工仍有可能携带它们离职并侵害公司。这里的人工消磁手段要依不同信息类型来设计，比如，对客户类信息，需要与客户端配合进行。一个例子就是通过客户拜访或正式发函，明确告知客户该员工已经离职，今后该员工不能再以公司名义与客户接洽，同时新的业务人员要尽快交接到位。换言之，就是将客户资源收归公司所有。

对管理秘诀类信息则很难做到彻底消磁，公司很难做到不让员工把公司的管理经验带出去，但至少可以防止他们把系统的规章制度、文件文档、数据资料带走，该移交的要移交，该封存的抓紧封存。平时这些资料都要按密级进行管理，比如分普通级、保密级、机密级、绝密级。对保密级以上的资料，脱密期内应严格禁止脱密人借阅。总之，在脱密期内要配一把新钥匙，让脱密人手中的钥匙失效。

▶ **分享 11 - 3：脱密期擅自离职引轩然大波**

> 2018 年 9 月 27 日，一篇名为《离职能直接影响中国登月的人才，只配待在国企底层？》的文章在网上迅速传播。当事人张小平为西安航空动力研究所员工，离职前其职务是副主任设计师，年薪仅 20 万元，被民企挖走后暴涨至近 100 万元。大家在感慨国企工资低、难留住优秀人才的同时注意到一个细节，那就是张小平身处涉密岗位，接触到大量技术机密信息。他与研究所签订了保密协议，并约定了一个脱密期，这意味着他在离职前要经过脱密处理，此间是不能离开公司的，但张小平却在脱密期离职。网传材料原来是研究所敦促张小平回所办理脱密手续而向仲裁机构提交的资料。

11.3　离职后的竞业禁止条款

11.3.1　禁止期和经济补偿

对一些重要岗位的员工，在签订劳动合同或保密协议时一般都会附加一个竞业禁止条款，即约定员工离职后一定期限内不能到其他与原公司有业务竞争关系的单位工作，或自营与原公司有竞争关系的业务，以保护公司利益不受到损害。

竞业禁止一般要约定两个事项：一是禁止期。根据《劳动合同法》第二十四条规定，竞业禁止期不得超过 2 年。二是经济补偿。对于遵守竞业禁止条款的劳动者来说，因为离职后的工作受到限制，收入下降，原单位理应对其进行经济补偿。《劳动合同法》第二十三条规定，对负有保密义务的劳动者，用人单位可以在劳动合同或者保密协议中与劳动者约定竞业限制条款，并约定在解除或者终止劳动合同后，在竞业限制期限内按月给予劳动者经济补偿。进一步地，《最高人民法院关于审理劳动争议案件适用法律若干问题的解释（四）》第六条又规定，当事人在劳动合同或者保密协议中约定了竞业限制，但未约定解除或者终止劳动合同后给予劳动者经济补偿，劳动者履行了竞业限制义务，要求用人单位按照劳动者在劳动合同解除或者终止前十二个月平均工资的 30％ 按月支付经济补偿的，人民法院应予支持。前款规定的月平均工资的 30％ 低于劳动合同履行地最低工资标准的，按照劳动合同履行地最低工资标准支付。

可见，对企业来说，竞业禁止条款是有成本的。到底有没有必要执行，企业应权衡好。像董事、经理这样的特殊岗位，因掌握公司的重大商业秘密，还是有必要执行的。其他一些岗位，如果涉密不多，对公司威胁不大，则没必要执行，在离职材料中可注明放弃竞业禁止条款。

对执行竞业禁止条款的员工来说，要定期向原公司报告离职后的工作动向，包括单位、工作内容，与原单位的关系等，并提交相关材料，以证明与原公司未发生竞争关系，原公司要对这些信息的真实性进行核对，核对无误后给予补偿。

11.3.2　利用股权激励来强化竞业禁止约束

股权激励不仅可以用于激发员工的工作积极性，还可以用于离职员工管理，防止发生同业竞争行为，这主要体现在离职后的股份变现上。下面通过一个期股的案例来阐释这个问题。

◉ 分享 11 - 4：离职后股份分批赎回

> 某国企拟对总经理进行股权激励，授予其 100 万股股票，每股行权价为 2 元，共需出资 200 万元。考虑到其付款能力有限，可先付 50 万元，余下 150 万元分三年还清，每年 50 万元。欠款可以用分红、奖金等来还，不足部分需补缴现金。在还清余款之前，只享有分红权，不享有其他权利。余款还清后，变为实股，但全由大股东代持并锁定，直至任期届满或离职。离职时公司与之签订两年的竞业禁止协议，股份分两年变现，第一年变现 40%，第二年变现余下的 60%。总经理离职后要定期向公司汇报去向及新工作内容，公司进行审计，如确未发生竞业禁止行为，则按月发放竞业禁止补偿金，年底再按上述比例赎回股份，赎回价为届时的每股净资产与 4 元/股之较高者，以保证有 100% 的收益率。这一期间内如发现竞业禁止行为，则对应比例的股份不予变现，并由公司注销。

在上述案例中，首先让总经理出资，不管是现金还是奖金或分红投入，都是真金白银，这构成了他的沉淀成本，由于数额不菲，他必定会重视。其次，通过股份代持把实股的法律风险给规避了，杜绝了可能留下的隐患。

今天很多公司员工动辄上万、十数万，如果没有这些手段在手，全凭人的自觉性，是很难保证员工离职后不做出损害企业的行为的。企业要把主动权掌握在自己手里。

以上是约束机制。当然，对竞业禁止行为也可以通过激励机制来实现，即员工离职后，仍可以把他们与公司利益拴在一起，实施新的股权激励。换言之，离职员工也可能会被纳入股权激励的范围内。这多少会出乎一般人的预料。

思考 11-1：离职人员的股权激励怎么设计？

某高管在职期间公司并未给予股权激励，后来他离职了，因手中掌握较多的商业秘密，公司担心他会勾结竞争对手做出不利于公司的行为，但怎么阻止呢？除了签竞业禁止协议外，还有别的办法吗？对于这样有能力、不缺钱的高管来说，竞业禁止期的补偿金并没有太大的吸引力。一位领导提议对他追加股权激励，也就是说，人在公司时没有股权激励，离开公司了反而给股权激励。所有人都觉得荒诞，但董事长觉得未尝不可，只要能在一定时间内把他与公司利益拴在一起，就能起到防止他反水的作用。但毕竟人已离职，与在岗人员不同，股权激励模式也应该具有自身的特殊性。如果让你来设计，你会怎么设计这个激励方案呢？请从激励模式、激励额度、行权条件、有效期等维度考虑。

答案参见作者的另一本著作《股权激励十八讲》。

11.4　对违反竞业禁止条款者的回击

竞业禁止条款是受法律保护的，对多数人来说，还是能起到约束作用的，但也不排除少数人在利益面前视之为无物，公然违背竞业禁止协议。面对这种情况，公司不能奉行鸵鸟政策，放任不管，必须予以坚决回击，否则会起到极坏的示范效应，其他员工也会群起而效仿之。

11.4.1　要把违反竞业禁止条款的事件当危机事件来处理

离职员工违反竞业禁止条款是对公司的公然挑衅，他们挖公司的墙脚通常有如下几个表现：对外，撬公司业务，抢公司订单；对内，挖公司员工，窃取商业秘密。另外，散布不利言论，造谣中伤，动摇客户、员工、供应商对公司的信任，蛊惑人心。特别是一些重要员工离职，如果严重违反竞业禁止条款，足以置公司于险境，所以绝不能掉以轻心。

此时很多人处于围观状态，看公司如何处置。很多公司就是因为不管不问，错失最佳的处置时机而酿成大患。当发生严重违反竞业禁止条款的事件时，公司要抖擞精神，全力以赴，把它当一次危机公关事件来处置。为什么呢？

1. 只有当危机事件来处理，才能正本清源，保护客户资源

离职员工中伤老东家的惯用手段就是到客户那里揭公司的黑料，抹黑公司。这种行为本质上就是"叛将"行为，客户往往不明就里，如果公司不及时发声，客户就很容易被一面之词牵着鼻子走。公司发声越晚就会越被动。

我们知道，危机公关的首要原则就是及时发声，让社会公众在第一时间知道真相，否则小道消息就会占得先机，左右舆情。基于此，公司应及时拜访客户，特别是大客户，要逐一拜访到位，以坦诚的态度告诉他们真相，争取理解和支持，并孤立瓦解"叛将"。

2. 只有当危机事件来处理，才能让员工明辨是非，统一行动

当出现"叛将"时，必须让员工知道谁是对的谁是错的，并明确告知员工该怎么做、什么不能做，防止有人浑水摸鱼、两头得利。人常说：不要低估了员工的能力，但也不要高估了员工的高度，很多员工并没有明确的是非观，当遇到异常情况时不知道怎么做，比如当离职高管与老部下联系套取公司的相关信息时，就不知道该怎么应对。如果公司不及时告知，这些员工就可能会被人利用。

处理危机公关事件的一个重要原则就是内部要统一认识、统一口径、统一行动。此时公司应通过正式会议、内部文件、口头传达等形式向员工讲清楚事情原委，阐明公司立场，让大家明辨是非，让"叛将"受到道德上的谴责，同时明确告知员工一些行为准则，比如严格禁止与离职高管接触，不能向其透露任何公司信息等，这样员工就会按照统一的步调行事，不给对方以可乘之机。

3. 只有当危机事件来处理，才能震慑"叛将"，警示员工

当危机事件来处理说明公司已高度重视，同时也是向违反者释放信号，警告他不要肆意妄为，否则，公司会动员一切力量反击，也警示现有员工不要效仿。依我看，很多离职员工敢肆无忌惮地搞破坏，都是一步一步尝试的结果，他们先采取一个动作，试探一下，如果老东家没有反应，胆子就会更大，再采取进一步的动作，所以从一定程度上讲，这是纵容的结果。

　　总之，对违反竞业禁止条款、恶意侵害公司利益的"叛将"，公司不能一味忍气吞声，必要时要坚决反击，否则，他们可能还会以受害者的身份站在道德的制高点上颠倒黑白，置公司于不利境地。我们要正本清源，在道义上争取客户、员工及其他方面的理解和支持。

11.4.2　对严重违反竞业禁止条款者的必要打击

　　对那些严重侵害公司利益的离职人员，公司应果断出击，阻止其进一步施害。常见措施有两个：一是不惜代价，在市场上与之发生正面碰撞，直接击垮。二是通过法律诉讼来惩戒对方，震慑对方。现实中这两种手段常结合使用。

　　关键是快。任何一个事物都有一个演进的过程，离职员工侵害企业也是一样。以自立门户为例，新企业需要一个由小到大、由弱到强的成长过程。在力量还比较弱小时，如果已显示出侵害的本性，则应迅速围剿，因为这个时候扼杀它还比较容易，一旦做大，再扼杀就很难了。这就像滩涂战术，一定要在敌人登陆前把他们消灭在泥泞的海滩上，这是敌人最困难的时候，一旦登陆，守军就会失去阵地优势。

　　管理学上有个名词叫破窗效应，意思是说如果有人干了坏事，比如把窗户给砸了，那么他必须受到严厉惩处，否则大家都会效仿他，过不了几天玻璃就会被砸个精光。对于那些离职后恶意侵害公司利益的员工，如果不及时制止，企业就可能会遭受巨大损失。

▶ 分享 11 - 5：沪科公司事件

　　2001 年，华为光传输研发部三位员工王志骏、刘宁、秦学军等离职，创办了沪科公司，主打新一代光传输设备。光传输设备是华为的拳头产品，沪科公司的一举一动令华为很敏感，因为这几个员工带走了公司的一些关键设计资料，它们很容易转化成产品应用，潜在威胁很大。2002年UT斯达康准备收购沪科公司，前者与华为有很强的竞争关系并在小灵通领域占得先机，被华为视作劲敌。如果收购成功，UT斯达康很可能会凭借这一产品在光传输领域再下一城，对华为构成进一步的威胁。为阻止这一行动，华为以罕见的刑事诉讼方式起诉了沪科公司及三位前员工。结果是，沪科公司的所有技术资料被强制转移，近600万元账面资金被封存，并作为赔偿金支付给华为，王志骏等三人分别被判处2~3年有期徒刑，收购也戛然而止。此事令业界哗然。

在沪科公司事件中，任正非显示出强势的行事风格，出手快、下手狠。当然，他的做法也引起了很大的争议。姑且不论这些事情本身的对错，单从效果上来看，确实起到了警示作用，此后很少再发生离职员工挖墙脚事件，很多人都自觉地履行竞业禁止协议，有的改做生鲜生意，有的做咨询服务，有的搞起了电动车，基本都绕开了原来的领域。

11.5 离职管理形成 HRIS 闭环

为提高人力资源管理效率，每个企业都应该建立人力资源信息系统即HRIS，记录、保存并分析各种人力资源信息，为后续的人力资源决策服务。对每个员工，HRIS都应该有记录，从进公司开始直到离开是一个完整的数据链，形成闭环。

11.5.1 离职交接

离职交接包括工作交接和档案交接。

为了把工作顺利地交接给继任者，事前应该列一个交接清单，按清单交接，并逐一核对。对业务人员来说，工作交接的一项重要内容就是客户交接。按照传统，一般都是老业务员带着新业务员到客户那里做交接，但这似乎有承老业务员人情的味道。实际上，客户资源是公司资源，不是老业务员的个人资源，为淡化这一色彩，可以不用老业务员带新业务员去，而是由公司直接通知客户变更信息，新业务员自行过去拜访客户，启动新的工作，在这一过程中凡带有老业务员痕迹的东西，比如电话号码，都应该废止。

档案交接则包括离职材料、人事档案、工资结算、赔偿金支付、社保结转等相关事宜，要有条不紊地办妥。有的公司恰在这个环节出现了一些低级错误。

▶ 分享 11 - 6：员工离职三个月社保却没停

> 这是我见过的一个真实案例。这家公司是做市政工程的，项目遍布全国各地。为更好地实行属地管理，在外地开有好几家分公司。每家分公司配有一个人事专员，负责招聘、考核、薪资、社保等具体工作，集团人力资源部进行垂直管理和监督。工程行业人员流动性较大，每年各分公司进进出出近百人，都由分公司的人事专员办理相关手续。按理说，如此简单的工作不应该出什么疏漏，但有一次集团人力资源部审计发现，有几个员工 3 月份离职，直到 6 月份公司居然还在给他们交社保。

11.5.2　信息记录与分析

从严格意义上讲，在公司工作过的每个员工都应该留下痕迹，包括：在哪些岗位工作过、业绩如何、薪资、能力特征、人格特质、主管评价、受过哪些奖惩、晋降级情况、参加过哪些培训、何时离职、离职原因、离职去向等。

记录下这些信息，日积月累就能形成一个大数据库，可用于人力资源分析和决策，比如在开发任职资格模型时可以通过比对发现具有哪些特征的员工业绩更好，具有哪些特征的员工业绩又较差，进而为寻找任职资格要素提供依据。再比如，在分析离职风险时，可以通过比对各岗位人员的离职时间发现离职危险期及触发因素。

当然，对每一位员工，在他们离职后公司都应该总结一下：这个人招对了吗？有没有起到预期的作用？如果答案是肯定的，还要总结一下成功的经验，以便于下次借鉴；如果答案是否定的，也要总结一下问题出在哪里，以便于今后吸取教训。

11.5.3 离职员工的定期回访

古话说：人走茶凉。员工离职了，很多企业就不再联系了，恨不得"老死不相往来"，这是不对的。对离职员工还要定期联系，这至少有两个作用：

首先，看看能否争取回来。有些员工由于一时意气用事或某些条件公司确实达不到而离开，他们对公司是有感情的，也未必真心想离开，定期与他们联系，能消除误解，或在某些条件上达成共识，为"第二次握手"创造机会。

过去说"好马不吃回头草"，这话未必全对。很多优秀的员工完全有可能再次回到公司怀抱，当见识过外面的不易后，他们回到公司会更加珍惜现在的工作，忠诚度更高，所以争取离职员工回来是上策，能对现有员工起到教育作用。

这也要求人力资源部对离职员工进行分类，对于那些公司不想流失却流失了的优秀员工，要记录清楚离职原因、离职去向、联系方式、沟通记录、还有无可能回到公司等，这等于建一个储备人才库，紧急情况下可能会派上用场。

其次，与离职员工定期保持联系还能了解他们的动向，减少同业竞争。

致　谢

本书写作耗时近两年时间，其间得到了诸多同人和朋友的帮助，特别是来自企业界朋友的帮助，他们的实践经验为我提供了创作灵感。

中国人民大学出版社的王晗霞老师、高晓斐老师为本书的出版付出了艰辛的劳动，他们严谨、细致、高效的工作素养令我敬佩，在此一并致谢。

这里要特别感谢我的爱人夏茹君，这些年来她对我的包容和鼓励至关重要。我们结婚时一无所有，后来携手闯过重重难关，她始终没有一句怨言。她的做人信条是善良、诚实、付出、包容，这对我影响至深。在写作本书时，她反复告诫我要把所有知识点都毫无保留地展现出来，这样才对得起读者。

2004年我到中国人民大学读博，第一次站在东门口时惴惴不安，她问我怎么了，我说："我在社会上工作那么久，这座象牙塔还会接纳我吗？"她说："英雄不问出处。"

丁守海

2019 年 2 月 26 日

图书在版编目（CIP）数据

人力资源管理实操十一讲/丁守海著 . —北京：中国人民大学出版社，2019.7
ISBN 978-7-300-26998-6

Ⅰ.①人… Ⅱ.①丁… Ⅲ.①人力资源管理　Ⅳ.①F243

中国版本图书馆 CIP 数据核字（2019）第 096987 号

人力资源管理实操十一讲
丁守海　著
Renli Ziyuan Guanli Shicao Shiyi Jiang

出版发行	中国人民大学出版社	
社　　址	北京中关村大街 31 号	**邮政编码**　100080
电　　话	010－62511242（总编室）	010－62511770（质管部）
	010－82501766（邮购部）	010－62514148（门市部）
	010－62515195（发行公司）	010－62515275（盗版举报）
网　　址	http://www.crup.com.cn	
经　　销	新华书店	
印　　刷	涿州市星河印刷有限公司	
开　　本	720 mm×1000 mm　1/16	**版　　次**　2019 年 7 月第 1 版
印　　张	20.75 插页 1	**印　　次**　2023 年 10 月第 4 次印刷
字　　数	280 000	**定　　价**　58.00 元

版权所有　侵权必究　　印装差错　负责调换